〔漢〕許　慎撰
〔宋〕徐　鉉等校定

說文解字

（大字本）

上

中華書局

圖書在版編目(CIP)數據

説文解字:大字本:全2册/(漢)許慎撰;(宋)徐鉉等校定.—2版.—北京:中華書局,2017.11(2025.6重印)
ISBN 978-7-101-12859-8

Ⅰ.説… Ⅱ.①許…②徐… Ⅲ.《説文》 Ⅳ.H161

中國版本圖書館CIP數據核字(2017)第251547號

責任編輯:秦淑華 李廣燦
責任印製:韓馨雨

説文解字(大字本)

(全二册)

〔漢〕許 慎 撰

〔宋〕徐 鉉 等校定

*

中華書局出版發行

(北京市豐臺區太平橋西里38號 100073)

http://www.zhbc.com.cn

E-mail:zhbc@zhbc.com.cn

北京盛通印刷股份有限公司印刷

*

787×1092毫米 1/16 · 87¼印張 · 4插頁 · 360千字

2013年7月第1版 2017年11月第2版

2025年6月第9次印刷

印數:10301-11100册 定價:298.00元

ISBN 978-7-101-12859-8

出版説明

《説文解字》，東漢許慎撰。許慎字叔重，汝南召陵（今河南郾城東）人，嘗從賈逵受古學，博通經籍，時人語曰「五經無雙許叔重」。

《説文解字》是我國文字學史上第一部有系統之作，創稿於和帝永元十二年（一〇〇），安帝建光元年（一二一），許慎之子許沖進上。《説文解字》書成之後，幾經傳寫竄改，以致違失本真。宋太宗雍熙三年（九八六）命徐鉉等校定付國子監雕版。

徐鉉字鼎臣，其校《説文解字》除糾正本書脱誤外，又略有增改：

一、改易分卷。許慎原書十五卷，徐鉉以其篇帙繁重，每卷又各分上下。第十五本是一卷，徐鉉分「此十四篇」以下爲下卷，並誤增「敘曰」二字於下卷之首。自「召陵萬歲里」至「二十日戊午上」（一二五六——一二五八頁）爲許沖進書表。自「召上書者」至「敕勿謝」爲漢安帝詔。

二、增加標目。古人著書，皆列敘目於本書之末。徐鉉徇時俗，別加標目於卷首，結果其文與第十五卷許慎自記者雷同。

三、增加反切。許慎時代尚無反切，注音僅云「讀若某」。徐鉉據孫愐《唐韵》加注反切於每字之下，但與漢時讀音不一致。

四、增加注釋。原注未備者，更爲補釋；時俗訛變之別體字與《説文解字》正字不同者，亦詳辨之，皆題「臣鉉等曰」爲別。間引李陽冰、徐鍇之説，亦各署姓名。

五、增加新附字。凡經典相承及時俗要用之字而本書不載者，皆補録於每部之末，別題曰「新附字」。

清嘉慶十四年（一八〇九），孫星衍覆刻宋本《説文解字》，世稱精善，但密行小字連貫而下，不便閲讀。同治十二年（一八七三）番禺陳昌治據孫星衍本改刻爲一篆一行本，以許書原文爲大字，徐鉉校注者爲雙行小字，每部後之新附字則低一格，給人以眉目清朗、開卷瞭然之感。

中華書局一九六三年以陳昌治本爲底本，印行《説文解字附檢字》四拼本，不斷有讀者來信，認爲字偏小，我們乃重新製版，編輯出版大字本，供讀者使用。并且施以斷句，請愚若先生重新編製了音序和筆畫檢字表，以方便讀者使用。本次再版，我們參考中華書局二〇一五年版《注音版説文解字》爲之標注字頭並注音，同時對檢字表中發現的訛誤做了訂正。之中或仍有錯誤及不妥之處，敬希讀者指正。

中華書局編輯部
二〇一七年九月

目録

上册

下册

孫氏重刊宋本說文序

唐虞三代五經文字燬于暴秦、而存于說文、說文不作、幾于不知六義、六義不通、唐虞三代古文不可復識、五經不得其本解、說文未作已前、西漢諸儒得壁中古文書不能讀、謂之逸十六篇、禮記七十子之徒所作、其釋孔悝鼎銘興舊耆欲及對揚以辟之勤大命、或多不詞、此其證也、許叔重不妄作、其九千三百五十三字即史籀大篆九千字、故云敘篆文合以古籀、既并倉頡爰歷博學凡將急就以成書、又以壁經鼎彝古文爲之左證、得重文一千一百六十三字、其云古文籀文者、明本字篆文、其云篆文者、本字卽籀古文、如古文爲弌爲弍、必先有一字二字、知本字卽古文、而世人以說文爲大小篆、非也、倉頡之始作、先有文而後有字、六書象形指事多爲文、會意諧聲多爲字、轉注假借文字兼之、象形如人爲大鳥爲於竈爲黽之屬、有側視形、正視形、牛羊犬豕馬兕之屬、有面視形、後視形、旁視形、如龍之類从肉指事、以童省諧聲、有形兼事又兼聲、不一而足、諧聲有省聲轉聲、社土聲杏從可省聲之屬、皆轉聲也、指事別于會意者、會合也二字相合爲會意、故反正爲乏之爲指事、止戈爲武皿蟲爲蠱爲會意也、轉注最廣、建類一首、如禎祥祉福祐同在示部也、同意相受、如禎祥也祥祉福也福祐也同義轉注以明之、推廣之、如爾雅釋詁肇祖元胎始也、始爲建類一首、肇祖元胎爲同意相受後人泥考老二字有左回右注之說、是不求之注義而求其字形、謬矣、說文作後、同時鄭康成注經、晉灼注史、已多引據其文、三國時嚴畯六朝江式諸人多爲其學、呂忱字林顧野王玉篇亦本此書增廣文字、至唐李陽冰習篆書、手爲寫定、然不能墨守、或改其筆蹟、今戴侗六書故引唐本是也、南唐徐鉉及弟鍇增修其文、各執一見、鍇有繫傳、世無善本、而諧聲讀若之字多于鉉本、鉉不知轉聲、卽加刪落、又增新附及新修十九文、用俗字作篆、然唐人引說文有

在新附者、豈鉉有所本與、錯又有五音韻譜、依李舟切韻
改亂次第、不復分別新附、僅有明刻舊本、漢人之書多散
佚、獨說文有完帙、蓋以歷代刻印得存、而傳寫脫誤亦所
不免、大氐、一曰已下義多假借、後人去之、如祖本始廟、又爲祈請道神、見
初學記引嵇含祖道賦序、渾本混流、又爲測儀器也、見太平御覽、日本太陽之精、又君象也、見事類賦注、苛本小草、
又曰尤劇也、見一切經音義、戲本偏軍、又曰相弄也、見太平御覽、此類甚多、姑舉一二、或節省其文、
如稷田正也、自商已來周弃主之、見大觀本草、唐本橘碧樹而冬生、見韻會、毋古人言毋、猶今人言莫、見尚書禮記
疏、山凡天下名山、出銅之山四百六十七、出鐵之山三千六百有九、見爾雅釋文、鯯一名江豚、多膏少肉、見晉書音
義、兕皮堅厚、可以爲鎧、嶓冢之山、其獸多兕、見蓺文類聚、或失其要義、如月食則望、日食則朔、見史記
正義、當在有字下、耤古者天子躬耕、使民如借、見初學記無底曰囊、有底曰橐、見詩釋文、大曰潢、小曰洿、天生曰鹵、

人生曰臚見一切經音義桎所以質地梏所以告天見周禮釋文瓬瓦器受六合見史記索隱或引字移易如御覽引琛寶也乃珍字廣韻引睽耳不相聽也乃睽目不相聽也初學記引池陵也自陵下一曰沱也一切經音義引繐蜀布也乃縛解或妄改其文如坏丘一成也見水經注太平御覽今依僞孔傳改作再成墓兆域也葪大也見爾雅釋文及疏今葪作菽墓作邱也茦裹如衺也見爾雅釋文今作表如裹也蟹六足二聱也見荀子楊倞注足當爲跪言足之屈折處今改八足二敖俱由增修者不通古義賴有唐人北宋書傳引據可以是正文字宋本亦有譌舛然長于今世所刊毛本者甚多如中而也而爲誤字然知而是內之譌今改作和也便失其意誠引周書曰不能誠于小民今依書作丕不丕俱語助詞矯揉箭箝也今本箝作箱帍𢄼裂也今本作祭息喘也今本作端蘜以秋華今本作似秋華揖攘也扶左也今本作讓作佐𤸫腹張今本作脹或違說文本義或無其字毛晉初印本亦依宋大字本翻刊後以繫傳刓補反多紕

繆、朱學士筠視學安徽、閔文人之不能識字、因刊舊本說文、廣布江左右、其學由是大行、按其本亦同毛氏、近有刻小字宋本者、改大其字、又依毛本校定、無復舊觀、吾友錢明經坫姚修撰文田嚴孝廉可均鈕居士樹玉及予手校本、皆檢録書傳所引說文異字異義參考本文、至嚴孝廉爲說文校議、引證最備、今刊宋本、依其舊式、卽有譌字、不敢妄改、庶存闕疑之意、古人云誤書思之更是一適、思其致誤之由、有足正古本者、舊本既附以孫愐音切、雖不合漢人聲讀、傳之既久、亦姑仍之、以傳注所引文字異同、別爲條記、附書而行、又屬顧文學廣圻手摹篆文、辨白然否、校勘付梓、其有遺漏舛錯、俟海内知音正定之、今世多深于說文之學者、蒙以爲漢人完帙、僅存此書、次苐尚可循求、倘加校訂、不合亂其舊次、增加俗字、唐人引據、多誤以字林爲說文、張參唐元度不通六書、所引不爲典要、並不宜取以更改正文、後有同志或鑒于斯、嘉慶十四年太歲己巳、陽湖孫星衍撰、

說文解字標目

漢太尉祭酒許愼記

宋右散騎常侍徐鉉等校定

說文解字弟一

一 一於悉切　丄 上時掌切　示 示神至切　三 三穌甘切　王 王雨方切　玉 玉魚欲切

玨 玨古岳切　气 氣去旣切　士 士鉏里切　丨 丨古本切　屮 屮丑列切　艸 艸倉老切

蓐 蓐而蜀切　茻 茻模朗切

說文解字弟二

小 小私兆切　八 八博拔切　釆 釆蒲莧切　半 半博幔切　牛 牛語求切　犛 犛莫交切

告 告古奧切　口 口苦后切　凵 凵口犯切　吅 吅況袁切　哭 哭苦屋切　走 走子苟切

止 諸市切
撥 北末切
步 薄故切
此 雌氏切
正 之盛切
是 承旨切
辵 丑略切
彳 丑亦切
廴 余忍切
㢟 丑連切
行 戶庚切
齒 昌里切
牙 五加切
足 卽玉切
疋 所菹切
品 丕飲切
龠 以灼切
冊 楚革切

說文解字弟三

㗊 阻立切
舌 食列切
干 古寒切
谷 其虐切
只 諸氏切
㕯 女滑切
句 古侯切
丩 居虯切
古 公戶切
十 是執切
卅 蘇沓切
言 語軒切
誩 渠慶切
音 於今切
䇂 去虔切
丵 士角切
菐 蒲沃切
廾 居竦切
𠬜 普班切
共 渠用切
異 羊吏切
舁 以諸切
𦥑 居玉切
晨 食鄰切
爨 七亂切
革 古覈切
鬲 郎激切
䰜 郎激切
爪 側狡切
丮 几劇切
鬥 都豆切
又 于救切
𠂇 臧可切
史 疏士切
支 章移切
𦘒 尼輒切

聿余律切　畫胡麥切　隶徒耐切　臤苦閑切　臣植鄰切　殳市朱切

殺所八切　几市朱切　寸倉困切　皮符羈切　㼱而兖切　攴普木切

教古孝切　卜博木切　用余訟切　爻胡茅切　㸚力几切

說文解字弟四

旻火劣切　目莫六切　䀠九遇切　眉武悲切　盾食閏切　自疾二切

白疾二切　鼻父二切　皕彼力切　習似入切　羽王矩切　隹職追切

奞息遺切　萑胡官切　𦫳工瓦切　苜徒結切　羊與章切　羴式連切

瞿九遇切　雔市流切　雥徂合切　鳥都了切　烏哀都切　𠦒北潘切

冓古候切　幺於堯切　𢆶於虯切　叀職緣切　玄胡涓切　予余呂切

放甫妄切　𠬪平小切　𣦼昨千切　歺五割切　死息姊切　冎古瓦切

骨古忽切 肉如六切 筋居銀切 刀都牢切 刃而振切 㓞格八切

丰古拜切 耒盧對切 角古岳切

說文解字弟五

竹陟玉切 箕居之切 丌居之切 左則箇切 工古紅切 㠭知衍切

巫武扶切 甘古三切 曰王伐切 乃奴亥切 丂苦浩切 可肯我切

兮胡雞切 号胡到切 亏羽俱切 旨職雉切 喜虛里切 壴中句切

鼓工戶切 豈墟喜切 豆徒候切 豊盧啓切 豐敷戎切 䖒許羈切

虍荒烏切 虎呼古切 虤五閑切 皿武永切 凵去魚切 去丘據切

血呼決切 丶知庾切 丹都寒切 青倉經切 井子郢切 皀皮及切

鬯丑諒切 食乘力切 亼秦入切 會古外切 倉七岡切 入人汁切

缶方九切 矢式視切 高古牢切 冂古熒切 𩫏古博切 京舉卿切
亯許兩切 㫗胡口切 畗芳逼切 㐭力甚切 嗇所力切 來洛哀切
麥莫獲切 夊楚危切 舛昌兖切 舜舒閏切 韋宇非切 弟特計切
夂陟侈切 久舉友切 桀渠列切

說文解字弟六

木莫卜切 東得紅切 林力尋切 才昨哉切 叒而灼切 之止而切
帀周荅切 出尺律切 𣎵普活切 生所庚切 乇陟格切 𠂹是爲切
𠌶況于切 華戶瓜切 禾古兮切 稽古兮切 巢鉏交切 桼親吉切
束書玉切 橐胡本切 口羽非切 員王權切 貝博蓋切 邑於汲切
𨛜胡絳切

說文解字弟七

日人質切　旦得案切　倝古案切　㫃於幰切　冥莫經切　晶子盈切

月魚厥切　有云九切　朙武兵切　囧俱永切　夕祥易切　多得何切

毌古丸切　马乎感切　𣐺胡感切　𠧪徒遼切　齊徂兮切　朿七賜切

片匹見切　鼎都挺切　克苦得切　彔盧谷切　禾戶戈切　秝郎擊切

黍舒呂切　香許良切　米莫禮切　毇許委切　臼其九切　凶許容切

朩匹刃切　林匹卦切　麻莫遐切　尗式竹切　耑多官切　韭舉友切

瓜古華切　瓠胡誤切　宀武延切　宮居戎切　呂力舉切　穴胡決切

㝱莫鳳切　疒女戹切　冖莫狄切　冃莫保切　冃莫報切　兩良奬切

网文紡切　襾呼訝切　巾居銀切　市分勿切　帛旁陌切　白旁陌切

㡀毗祭切 黹陟几切

說文解字弟八

人如鄰切 匕呼跨切 匕卑履切 从疾容切 比毗至切 北博墨切

丘去鳩切 㐺魚音切 𡈼他鼎切 重柱用切 臥吾貨切 身失人切

㐆於機切 衣於稀切 裘巨鳩切 老盧皓切 毛莫袍切 毳充芮切

尸式脂切 尺昌石切 尾無斐切 履良止切 舟職流切 方府良切

儿如鄰切 兄許榮切 兂側岑切 皃莫教切 兜公戶切 先穌前切

秃他谷切 見古甸切 覞曳欠切 欠去劒切 㱃於錦切 次敘連切

旡居未切

說文解字弟九

頁 胡結切 百 書九切 面 弥箭切 丏 弥兖切 首 書九切 県 古堯切
須 相俞切 彡 所銜切 彣 無分切 文 無分切 髟 必銜切 后 胡口切
司 息茲切 卮 章移切 卩 子結切 印 於刃切 色 所力切 卯 去京切
辟 必益切 勹 布交切 包 布交切 茍 己力切 鬼 居偉切 由 敷勿切
厶 息夷切 嵬 五灰切 山 所閒切 屾 所臻切 屵 五葛切 广 魚儉切
厂 呼旱切 丸 胡官切 危 魚爲切 石 常隻切 長 直良切 勿 文弗切
冄 而琰切 而 如之切 豕 式視切 㣇 羊至切 彑 居例切 豚 徒魂切
豸 池尔切 𤉡 徐姊切 易 羊益切 象 徐兩切

說文解字弟十

馬 莫下切 廌 宅買切 鹿 盧谷切 麤 倉胡切 㲋 丑略切 兔 湯故切

萈胡官切　犬苦泫切　㹜語斤切　鼠書呂切　能奴登切　熊羽弓切

火呼果切　炎于廉切　黑呼北切　囪楚江切　焱以冄切　炙之石切

赤昌石切　大徒蓋切　亦羊益切　夨阻力切　夭於兆切　交古爻切

允烏光切　壺古吳切　壹於悉切　㚔尼輒切　奢式車切　亢古郎切

夲土刀切　夰古老切　亣他達切　夫甫無切　立力入切　竝蒲迥切

囟息進切　思息茲切　心息林切　惢累二切

說文解字弟十一

水式軌切　沝之壘切　瀕符眞切　𡿨姑泫切　巜古外切　川昌緣切

泉疾緣切　灥詳遵切　永于憬切　𠂢匹卦切　谷古祿切　仌筆陵切

雨王矩切　雲王分切　魚語居切　鱻語居切　燕於甸切　龍力鍾切

飛 甫微切　非 甫微切　卂 息晉切

說文解字弟十二

乙 烏轄切　不 方久切　至 脂利切　西 先稽切　鹵 郎古切　鹽 余廉切

戶 侯古切　門 莫奔切　耳 而止切　𦣝 與之切　手 書九切　𠦬 古懷切

女 尼呂切　毋 武扶切　民 弥鄰切　丿 房密切　𠂆 余制切　乁 弋支切

氏 承旨切　氐 丁礼切　戈 古禾切　戉 王伐切　我 五可切　亅 衢月切

珡 巨今切　乚 於謹切　亡 武方切　匸 胡礼切　匚 府良切　曲 丘玉切

甾 側詞切　瓦 五寡切　弓 居戎切　弜 其兩切　弦 胡田切　系 胡計切

說文解字弟十三

糸 莫狄切　素 桑故切　絲 息滋切　率 所律切　虫 許偉切　䖵 古魂切

蟲直弓切 風方戎切 它託何切 龜居追切 黽莫杏切 卵盧管切

二而至切 土它魯切 垚吾聊切 堇巨斤切 里良止切 田待季切

畕居良切 黃乎光切 男那含切 力林直切 劦胡頰切

說文解字弟十四

金居音切 幵古賢切 勺之若切 几居履切 且千也切 斤舉欣切

斗當口切 矛莫浮切 車尺遮切 𠂤都回切 𨸏房九切 𨺅房九切

厽力軌切 四息利切 宁直呂切 叕陟劣切 亞衣駕切 五疑古切

六力竹切 七親吉切 九舉有切 禸人九切 嘼許救切 甲古狎切

乙於筆切 丙兵永切 丁當經切 戊莫候切 己居擬切 巴伯加切

庚古行切 辛息鮮切 辡方免切 壬如林切 癸居誄切 子即里切

了 了盧鳥切 孨 孨旨兗切 𠫓 𠫓他骨切 丑 丑敕九切 寅 寅弋眞切 卯 卯莫飽切

辰 辰植鄰切 巳 巳詳里切 午 午疑古切 未 未無沸切 申 申失人切 酉 酉與九切

酋 酋字秋切 戌 戌辛聿切 亥 亥古改切

說文解字標目

李承緒篆

黎永椿校

王國瑞覆校

陳昌治校刊

tiān 天 yuán 元 yī 一

說文解字弟一 上

漢太尉祭酒許慎記

宋右散騎常侍徐鉉等校定

十四部 六百七十二文 重八十一

凡萬六百三十九字

文三十一 新附

一 惟初太始道立於一。造分天地，化成萬物。凡一之屬皆从一。於悉切 弌 古文一

元 始也。从一从兀。徐鍇曰：元者，善之長也。故从一。愚袁切

天 顚也。至高無上，从一大。他前切

pī 丕　lì 吏　shàng 上　dì 帝　páng 旁

丕 大也。从一，不聲。敷悲切

吏 治人者也。从一，从史，史亦聲。徐鍇曰：吏之治人心主於一，故从一。力置切

文五　重一

丄 高也。此古文上，指事也。凡丄之屬皆从丄。時掌切

上 篆文丄。

帝 諦也。王天下之號也。从丄，朿聲。都計切

𠀚 古文帝。古文諸丄字皆从一，篆文皆从二。二，古文上字。辛示辰龍童音章皆从古文上。

旁 溥也。从二，闕，方聲。步光切

𠀜 古文旁。

𠀝 亦古文旁。

雱 籀文。

xià 丅 shì 示 hù 祜 lǐ 禮 xī 禧 zhēn 禛

丅 底也。指事。胡雅切 𠄟 篆文丅。

文四 重七

示 天垂象，見吉凶，所以示人也。从二。二，古文上字。三垂，日月星也。觀乎天文，以察時變。示神事也。凡示之屬皆从示。神至切 示 古文示。

祜 上諱。臣鉉等曰：此漢安帝名也。福也。當从示，古聲。候古切。

禮 履也。所以事神致福也。从示从豊，豊亦聲。靈啓切 𠃞 古文禮。

禧 禮吉也。从示，喜聲。許其切。

禛 以真受福也。从示，真聲。側鄰切。

lù 禄
禄 福也。从示彔聲。盧谷切

sī 禠
禠 福也。从示虒聲。息移切

zhēn 禎
禎 祥也。从示貞聲。陟盈切

xiáng 祥
祥 福也。从示羊聲。一云善。似羊切

zhǐ 祉
祉 福也。从示止聲。敕里切

fú 福
福 祐也。从示畐聲。方六切

yòu 祐
祐 助也。从示右聲。于救切

qí 祺
祺 吉也。从示其聲。渠之切
禥 籒文从基。

zhī 祗
祗 敬也。从示氐聲。旨移切

zhī 禔
禔 安福也。从示是聲。易曰：禔既平。市支切

shén 神　qí 祇　mì 祕　zhāi 齋　yīn 禋　jì 祭　sì 祀　chái 祡

天神。引出萬物者也。从示申。食鄰切

地祇。提出萬物者也。从示氏聲。巨支切

神也。从示必聲。兵媚切

戒潔也。从示，齊省聲。側皆切　籀文齋。从𩏩省。𩏩音禱

潔祀也。一曰精意以享爲禋。从示垔聲。於眞切　籀文从宀。

祭祀也。从示，以手持肉。子例切

祭無已也。从示巳聲。詳里切　禩　祀或从異。

燒祡樊燎以祭天神。从示此聲。虞書曰：至于岱宗，祡。仕皆切　古文祡从隋省。

lèi 禷

禷 以事類祭天神。从示，類聲。力遂切

guǐ 祪

祪 祔祪祖也。从示，危聲。過委切

fù 祔

祔 後死者合食於先祖。从示，付聲。符遇切

zǔ 祖

祖 始廟也。从示，且聲。則古切

bēng 𥛱

𥛱 門内祭先祖所以徬徨。从示，彭聲。詩曰：祝祭于𥛱。補盲切

祊 𥛱或从方。

kǎo 祰

祰 告祭也。从示，从告聲。苦浩切

shí 祏

祏 宗廟主也。周禮有郊宗石室。一曰大夫以石爲主。从示，从石，石亦聲。常隻切

bǐ 𥙊

𥙊 以豚祠司命。从示，比聲。漢律曰：祠𥙊司命。卑履切

cí 祠
祠春祭曰祠品物少多文詞也从示司聲仲春之月祠不用犧牲用圭璧及皮幣似玆切

yuè 礿
礿夏祭也从示勺聲以灼切

dì 禘
禘諦祭也从示帝聲周禮曰五歲一禘特計切

xiá 祫
祫大合祭先祖親疏遠近也从示合周禮曰三歲一祫侯夾切

guàn 祼
祼灌祭也从示果聲古玩切

cuì 𥜋
𥜋數祭也从示毳聲讀若舂麥爲𥜋之𥜋臣鉉等曰舂麥爲𥜋今無此語且非異文所未詳也此芮切

zhù 祝
祝祭主贊詞者从示从人口一曰从兌省易曰兌爲口

liù 𥛉　fú 祓　qí 祈　dǎo 禱　yǒng 禜　ráng 禳

為巫。之六切

𥛉 祝𥛉也。从示畱聲。力救切

祓 除惡祭也。从示犮聲。敷勿切

祈 求福也。从示斤聲。渠稀切

禱 告事求福也。从示壽聲。都浩切 禱或省。 籀文禱。

禜 設緜蕝為營，以禳風雨雪霜水旱癘疫於日月星辰山川也。从示，榮省聲。一曰禜，衛使灾不生。禮記曰：雩禜，祭水旱。為命切

禳 磔禳祀，除癘殃也。古者燧人禜子所造。从示襄聲。汝羊切

切

guì 禬 shàn 禪 yù 禦 huó 祮 méi 禖 xǔ ⿰示胥 shèn 祳 gāi 祴

禬 會福祭也。从示从會，會亦聲。周禮曰：禬之祝號。古外切

禪 祭天也。从示單聲。時戰切

禦 祀也。从示御聲。魚舉切

祮 祀也。从示昏聲。古末切

禖 祭也。从示某聲。莫桮切

⿰示胥 祭具也。从示胥聲。私呂切

祳 社肉盛以蜃，故謂之祳。天子所以親遺同姓。从示辰聲。春秋傳曰：石尚來歸祳。時忍切

祴 宗廟奏祴樂。从示戒聲。古哀切

mà 禡 dǎo 禂 shè 社 yáng 禓 jìn 祲 huò 禍

禡 師行所止，恐有慢其神，下而祀之曰禡。从示馬聲。周禮曰：禡於所征之地。莫駕切

禂 禱牲馬祭也。从示周聲。詩曰：既禡既禂。都皓切　或从馬，壽省聲。

社 地主也。从示土。春秋傳曰：共工之子句龍爲社神。周禮：二十五家爲社，各樹其土所宜之木。常者切　古文社。

禓 道上祭。从示昜聲。與章切

祲 精氣感祥。从示，侵省聲。春秋傳曰：見赤黑之祲。子林切

禍 害也，神不福也。从示咼聲。胡果切

suì 祟　yāo 祅　suàn 祘　jìn 禁　dàn 禫　nǐ 禰　tiāo 祧　xiān 祆

祟 神禍也。从示从出。雖遂切。𥜉 籀文祟从𧟨省。

祅 地反物爲祅也。从示芺聲。於喬切。

祘 明視以筭之。从二示。逸周書曰：士分民之祘，均分以祘之也。讀若筭。蘇貫切。

禁 吉凶之忌也。从示林聲。居蔭切。

禫 除服祭也。从示覃聲。徒感切。

文六十　重十三

禰 親廟也。从示爾聲。一本云古文𥛱也。泥米切。

祧 遷廟也。从示兆聲。他彫切。

祆 胡神也。从示天聲。火千切。

zuò 祚　sān 三　wáng 王　rùn 閏

祚 福也、从示、乍聲、臣鉉等曰、凡祭必受胙、胙卽福也、此字後人所加、徂故切

文四 新附

三 天地人之道也、从三數、凡三之屬皆从三、穌甘切

弎 古文三从弋、

文一　重一

王 天下所歸往也、董仲舒曰、古之造文者、三畫而連其中謂之王、三者天地人也、而參通之者王也、孔子曰、一貫三爲王、凡王之屬皆从王、李陽冰曰、中畫近上、王者則天之義、雨方切

𠙻 古文王、

閏 餘分之月、五歲再閏、告朔之禮、天子居宗廟、閏月居

huáng　皇　　yù　玉

門中、从王在門中、周禮曰、閏月、王居門中、終月也、如順切、

皇大也、从自、自、始也、始皇者三皇、大君也、自讀若鼻、今俗以始生子爲鼻子、胡光切、

文三　重一

玉石之美有五德、潤澤以溫、仁之方也、䚡理自外、可以知中、義之方也、其聲舒揚、尃以遠聞、智之方也、不橈而折、勇之方也、銳廉而不技、絜之方也、象三玉之連、｜其貫也、凡玉之屬皆从玉、陽冰曰、三畫正均如貫玉也、魚欲切、玉古文玉、

liáo 璙

璙 玉也、从玉、尞聲、洛蕭切、

guàn 瓘

瓘 玉也、从玉、雚聲、春秋傳曰瓘斝、工玩切、

jǐng 璥

璥 玉也、从玉、敬聲、居領切、

tiǎn 琠

琠 玉也、从玉、典聲、多殄切、

náo 瓇

瓇 玉也、从玉、夒聲、讀若柔、耳由切、

lì 瓑

瓑 玉也、从玉、毄聲、讀若鬲、郎擊切、

fán 璠

璠 璵璠、魯之寶玉、从玉、番聲、孔子曰、美哉璵璠、遠而望之奐若也、近而視之瑟若也、一則理勝、二則孚勝、附袁切

yú 璵

璵 璵璠也、从玉、與聲、以諸切、

jǐn 瑾　yú 瑜　hóng 玒　lái 琜　qióng 瓊　xiàng 珦　là 瑓　xún 珣

瑾 瑾瑜、美玉也、从玉、堇聲、居隱切、

瑜 瑾瑜、美玉也、从玉、俞聲、羊朱切、

玒 玉也、从玉、工聲、戶工切、

琜 琜瓄、玉也、从玉、來聲、落哀切、

瓊 赤玉也、从玉、夐聲、渠營切、璚 瓊或从矞、瓗 瓊或从巂、琁 瓊或从旋省、臣鉉等曰、今與璿同、

珦 玉也、从玉、向聲、許亮切、

瑓 玉也、从玉、剌聲、盧達切、

珣 醫無閭珣玗琪、周書所謂夷玉也、从玉、旬聲、一曰器、讀若宣、相倫切、

lù 璐 zàn 瓚 yīng 瑛 wú 璑 xiù 琇 xuán 璿 qiú 球 lín 琳

璐 玉也、从玉、路聲、洛故切、

瓚 三玉二石也、从玉、贊聲、禮、天子用全、純玉也、上公用駹、四玉一石、侯用瓚、伯用埒、玉石半相埒也、徂贊切、

瑛 玉光也、从玉、英聲、於京切、

璑 三采玉也、从玉、無聲、武扶切、

琇 朽玉也、从玉、有聲、讀若畜牧之畜、許救切、

璿 美玉也、从玉、睿聲、春秋傳曰、璿弁玉纓、似沿切、**璿** 古文璿、**叡** 籀文璿、

球 玉聲也、从玉、求聲、巨鳩切、**璆** 球或从翏、

琳 美玉也、从玉、林聲、力尋切、

bì 璧

璧瑞玉圜也、从玉、辟聲、比激切、

yuàn 瑗

瑗大孔璧、人君上除陛以相引、从玉、爰聲、爾雅曰、好倍肉謂之瑗、肉倍好謂之璧、王眷切、

huán 環

環璧也、肉好若一謂之環、从玉、睘聲、戶關切、

huáng 璜

璜半璧也、从玉、黃聲、戶光切、

cóng 琮

琮瑞玉、大八寸、似車釭、从玉、宗聲、藏宗切、

hǔ 琥

琥發兵瑞玉、爲虎文、从玉、从虎、虎亦聲、春秋傳曰、賜子家雙琥、呼古切、

lóng 瓏

瓏禱旱玉、龍文、从玉、从龍、龍亦聲、力鍾切、

wǎn 琬

琬圭有琬者、从玉、宛聲、於阮切、

zhāng 璋

璋 剡上爲圭、半圭爲璋、从玉、章聲、禮、六幣、圭以馬、璋以皮、璧以帛、琮以錦、琥以繡、璜以黼、諸良切、

yǎn 琰

琰 璧上起美色也、从玉、炎聲、以冉切、

jiè 玠

玠 大圭也、从玉、介聲、周書曰、稱奉介圭、古拜切、

chàng 瑒

瑒 圭尺二寸、有瓚、以祠宗廟者也、从玉、昜聲、丑亮切、

huán 瓛

瓛 桓圭、公所執、从玉、獻聲、胡官切、

tǐng 珽

珽 大圭、長三尺、抒上、終葵首、从玉、廷聲、他鼎切、

mào 瑁

瑁 諸侯執圭朝天子、天子執玉以冒之、似犂冠、周禮曰、天子執瑁四寸、从玉冒、冒亦聲、莫報切、 珇 古文省、

jiǎo 璬

璬 玉佩、从玉、敫聲、古了切、

héng 珩 jué 玦 ruì 瑞 ěr 珥 tiàn 瑱 běng 琫 bì 珌 zhì 璏 zhǎo 瑵

珩 佩上玉也、所以節行止也、从玉、行聲、戶庚切

玦 玉佩也、从玉、夬聲、古穴切

瑞 以玉爲信也、从玉、耑、徐鍇曰、耑、諦也、會意、是僞切

珥 瑱也、从玉耳、耳亦聲、仍吏切

瑱 以玉充耳也、从玉、眞聲、詩曰、玉之瑱兮、臣鉉等曰、今充耳字、更从玉旁充、非是、他甸切

瑱或从耳、

琫 佩刀上飾、天子以玉、諸侯以金、从玉、奉聲、邊孔切

珌 佩刀下飾、天子以玉、从玉、必聲、卑吉切

璏 劍鼻玉也、从玉、彘聲、直例切

瑵 車蓋玉瑵、从玉、蚤聲、側絞切

zhuàn 瑑　zǔ 珇　qí 瑧　zǎo 璪　liú 瑬　shú 璹　léi 瓃　cuō 瑳　cǐ 玼

瑑 圭璧上起兆瑑也、从玉、篆省聲、周禮曰、瑑圭璧、直戀切、

珇 琮玉之瑑、从玉、且聲、則古切、

瑧 弁飾、往往冒玉也、从玉、綦聲、渠之切、璂 瑧或从基

璪 玉飾、如水藻之文、从玉、喿聲、虞書曰、璪火黺米、子皓切、

瑬 垂玉也、冕飾、从玉、流聲、力求切、

璹 玉器也、从玉、𠷎聲、讀若淑、殊六切、

瓃 玉器也、从玉、畾聲、臣鉉等案、靁字注象回轉之形、畾不成字、凡从畾者並當从靁省、魯回切、

瑳 玉色鮮白、从玉、差聲、七何切、

玼 玉色鮮也、从玉、此聲、詩曰、新臺有玼、千禮切、

sè 瑟
璱 玉英華相帶如瑟弦、从玉、瑟聲、詩曰、瑟彼玉瓚、所櫛切、

lì 瓅(瑮)
瑮 玉英華羅列秩秩、从玉、㮚聲、逸論語曰、玉粲之瑮兮、其瑮猛也、力質切、

yíng 瑩
瑩 玉色、从玉、熒省聲、一曰石之次玉者、逸論語曰、如玉之瑩、烏定切、

mén 璊
璊 玉䞓色也、从玉、㒼聲、禾之赤苗謂之虋、言璊、玉色如之、莫奔切、
玧 璊或从允、

xiá 瑕
瑕 玉小赤也、从玉、叚聲、乎加切、

zhuó 琢
琢 治玉也、从玉、豖聲、竹角切、

diāo 琱
琱 治玉也、一曰石似玉、从玉、周聲、都寮切、

lǐ 理
理 治玉也、从玉、里聲、良止切、

zhēn 珍
珍 寶也、从玉、㐱聲、陟鄰切、

wán 玩
玩 弄也、从玉、元聲、五換切、
貦 玩或从貝、

líng 玲
玲 玉聲、从玉、令聲、郎丁切、

qiāng 瑲
瑲 玉聲也、从玉、倉聲、詩曰、鞗革有瑲、七羊切、

dīng 玎
玎 玉聲也、从玉、丁聲、齊太公子伋謚曰玎公、當經切、

chēng 琤
琤 玉聲也、从玉、爭聲、楚耕切、

suǒ 瑣
瑣 玉聲也、从玉、𧴪聲、蘇果切、

huáng 瑝
瑝 玉聲也、从玉、皇聲、乎光切、

yǔ 瑀
瑀 石之似玉者、从玉、禹聲、王矩切、

bàng 玤

玤 石之次玉者以爲系璧从玉丰聲讀若詩曰瓜瓞菶菶一曰若盒蚌 補蠓切

jiān 玪

玪 玪塾石之次玉者从玉今聲 古函切

lè 塾

塾 玪塾也从玉勒聲 盧則切

jū 琚

琚 瓊琚从玉居聲詩曰報之以瓊琚 九魚切

xiù 琇

琇 石之次玉者从玉莠聲詩曰充耳琇瑩 息救切

jiǔ 玖

玖 石之次玉黑色者从玉久聲詩曰貽我佩玖讀若芑或曰若人句脊之句 舉友切

yí 𤤔

𤤔 石之似玉者从玉𦣞聲讀若貽 與之切

jín 珢

珢 石之似玉者从玉艮聲 語巾切

gǒu 玽　xiè ⿰王燮　wàn ⿱臤玉　xiá ⿰王葦　hào ⿰王號　cōng 璁　zēn ⿰王朁　jīn 璡　zǎo 璅　yì 玴

玴 石之似玉者、从玉、曳聲、余制切、

璅 石之似玉者、从玉、巢聲、子浩切、

璡 石之似玉者、从玉、進聲、讀若津、將鄰切、

⿰王朁 石之似玉者、从玉、朁聲、側岑切、

璁 石之似玉者、从玉、悤聲、讀若蔥、倉紅切、

⿰王號 石之似玉者、从玉、號聲、讀若鎬、乎到切、

⿰王葦 石之似玉者、从玉、葦聲、讀若曷、胡捌切、

⿱臤玉 石之似玉者、从玉、臤聲、烏貫切、

⿰王燮 石之次玉者、从玉、燮聲、穌叶切、

玽 石之次玉者、从玉、句聲、讀若苟、古厚切、

yán	jìn	wéi	wǔ	méi	dēng	sī	yú	mò	xié
琂	璶	琟	瑦	瑂	璒	𤣬	玗	⿰王殳	瑎

琂 石之似玉者。从玉言聲。語軒切

璶 石之似玉者。从玉盡聲。徐刃切

琟 石之似玉者。从玉隹聲。讀若維。以追切

瑦 石之似玉者。从玉烏聲。安古切

瑂 石之似玉者。从玉眉聲。讀若眉。武悲切

璒 石之似玉者。从玉登聲。都騰切

𤣬 石之似玉者。从玉厶聲。讀與私同。息夷切

玗 石之似玉者。从玉于聲。羽俱切

⿰王殳 玉屬。从玉𠬛聲。讀若沒。莫悖切

瑎 黑石似玉者。从玉皆聲。讀若諧。戶皆切

bì 碧

碧 石之青美者、从玉石、白聲、兵尺切

kūn 琨

琨 石之美者、从玉、昆聲、虞書曰、揚州貢瑤琨、古渾切、

瑻 瑻或从貫、

mín 珉

珉 石之美者、从玉、民聲、武巾切、

yáo 瑶

瑶 玉之美者、从玉、䍃聲、詩曰、報之以瓊瑶、余招切、

zhū 珠

珠 蚌之陰精、从玉、朱聲、春秋國語曰、珠以禦火灾是也、章俱切、

dì 玓

玓 玓瓅、明珠色、从玉、勺聲、都歷切、

lì 瓅

瓅 玓瓅、从玉、樂聲、郎擊切、

pín 玭

玭 珠也、从玉、比聲、宋弘云、淮水中出玭珠、玭、珠之有聲、

lì 瓅 　yáo 珧 　méi 玟 　guī 瑰 　jī 璣 　láng 琅 　gān 玕

步因切、蠙夏書玭从虫賓、

瓅蜃屬、从玉劦聲、禮、佩刀士珕琫而珧珌、臣鉉等曰劦亦音麗故以爲聲郎計切

珧蜃甲也、所以飾物也、从玉兆聲、禮云、佩刀、天子玉琫而珧珌、余昭切、

玟火齊、玫瑰也、一曰石之美者、从玉文聲、莫桮切、

瑰玫瑰、从玉鬼聲、一曰圜好、公回切、

璣珠不圜也、从玉幾聲、居衣切、

琅琅玕、似珠者、从玉良聲、魯當切、

玕琅玕也、从玉干聲、禹貢、雝州球琳琅玕、古寒切、

玕古

文玗、

shān 珊

珊 珊瑚色赤、生於海、或生於山、从玉、删省聲、穌干切、

hú 瑚

瑚 珊瑚也、从玉、胡聲、戶吳切、

liú 珋

珋 石之有光璧珋也、出西胡中、从玉、丣聲、力求切、

hán 琀

琀 送死口中玉也、从玉、从含、含亦聲、胡紺切、

yǒu 𤪌

𤪌 遺玉也、从玉、歔聲、以周切、

dàng 璗

璗 金之美者、與玉同色、从玉、湯聲、禮、佩刀、諸侯璗琫而璆珌、徒朗切、

líng 靈

靈 靈巫、以玉事神、从玉、霝聲、郎丁切、 靈 靈或从巫、

文一百二十六 重十七

jiā 珈
珈 婦人首飾。从玉，加聲。詩曰：副笄六珈。古牙切

qú 璩
璩 環屬。从玉，豦聲。見山海經。彊魚切

zhǎn 琖
琖 玉爵也。夏曰琖，殷曰斝，周曰爵。从玉，戔聲。或从皿。阻限切

chēn 琛
琛 寶也。从玉，深省聲。丑林切

dāng 璫
璫 華飾也。从玉，當聲。都郎切

bèi 琲
琲 珠五百枚也。从玉，非聲。普乃切

kē 珂
珂 玉也。从玉，可聲。苦何切

qǐ 玘
玘 玉也。从玉，己聲。去里切

xǔ 珝
珝 玉也。从玉，羽聲。況主切

cuǐ 璀
璀 璀璨，玉光也。从玉，崔聲。七罪切

càn 璨 　chù 琡 　xuān 瑄 　gǒng 珙 　jué 玨 　bān 班 　fú ⿲王車王

璨 玉光也、从玉、粲聲、倉案切、

琡 玉也、从玉、叔聲、昌六切、

瑄 璧六寸也、从玉、宣聲、須緣切、

珙 玉也、从玉、共聲、拘竦切、

文十四 新附

玨 二玉相合爲一玨、凡玨之屬皆从玨、古岳切、 瑴 玨或从㱿、

班 分瑞玉、从玨、从刀、布還切、

⿲王車王 車笭間皮篋、古者使奉玉以藏之、从車玨、讀與服同、房六切

qì 气　fēn 氛　shì 士　xù 壻　zhuàng 壯　cūn 壿

文三　重一

气 雲气也、象形、凡气之屬皆从气、去既切、

氛 祥气也、从气、分聲、符分切、雰 氛或从雨、

文二　重一

士 事也、數始於一、終於十、从一、从十、孔子曰、推十合一爲士、凡士之屬皆从士、鉏里切、

壻 夫也、从士、胥聲、詩曰、女也不爽、士貳其行、士者夫也、讀與細同、穌計切、婿 壻或从女、

壯 大也、从士、爿聲、側亮切、

壿 舞也、从士、尊聲、詩曰、壿壿舞我、慈損切、

gǔn 丨　zhōng 中　chǎn 㫃

文四　重一

丨 上下通也。引而上行讀若囟。引而下行讀若退。凡丨之屬皆从丨。古本切。

中 内也。从口丨。上下通。陟弓切。古文中。籀文中。

㫃 旌旗杠皃。从丨从㫃。㫃亦聲。丑善切。

文三　重二

説文解字弟一上　李承緒篆

黎永椿校

廖廷相覆校

陳昌治校刊

chè 屮 zhūn 屯 měi 每 dú 毒

說文解字弟一下

漢 太 尉 祭 酒 許 愼 記

宋 右 散 騎 常 侍 徐 鉉 等 校 定

屮 艸木初生也、象丨出形有枝莖也、古文或以爲艸字、讀若徹、凡屮之屬皆从屮、尹彤說、臣鉉等曰、丨上下通也、象艸木萌芽通徹地上也、丑列切

屯 難也、象艸木之初生、屯然而難、从屮貫一、一、地也、尾曲、易曰、屯、剛柔始交而難生、陟倫切、

每 艸盛上出也、从屮、母聲、臣鉉等案、左傳、原田每每、今別作莓、非是、武罪切

毒 厚也、害人之艸、往往而生、从屮、从毒、徒沃切、[illegible] 古文

fēn 岎　lù 𡵂　xūn 熏　cǎo 艸　zhuāng 莊　luǒ 蓏

毒、从刀畗、

艸初生、其香分布、从屮、从分、分亦聲、撫文切、芬或从艸、

菌𡵂地蕈、叢生田中、从屮六聲、力竹切、籒文𡵂从三𡵂、

火煙上出也、从屮、从黑、屮黑熏黑也、許云切、

文七　重三

百芔也、从二屮、凡艸之屬皆从艸、倉老切、

上諱　臣鉉等曰、此漢明帝名也、从艸从壯、未詳、側羊切、古文莊、

在木曰果、在地曰蓏、从艸、从㼌、郎果切、

zhī 芝
芝 神艸也、从艸、从之、止而切、

shà 萐
萐 萐莆、瑞艸也、堯時生於庖廚、扇暑而涼、从艸、疌聲、士洽切、

fǔ 莆
莆 萐莆也、从艸、甫聲、方矩切、

mén 虋
虋 赤苗、嘉穀也、从艸、釁聲、莫奔切、

dá 荅
荅 小尗也、从艸、合聲、都合切、

qí 萁
萁 豆莖也、从艸、其聲、渠之切、

huò 藿
藿 尗之少也、从艸、靃聲、虛郭切、

niǔ 莥
莥 鹿藿之實名也、从艸、狃聲、敕久切、

láng 蓈
蓈 禾粟之𥝩、生而不成者、謂之蕫蓈、从艸、郎聲、魯當切、

yǒu	fèi	zì	yì	sū	rěn	shǐ	qǐ	kuí
莠	萉	芓	蘔	蘇	荏	苵	⿱艹豈	葵

稂 蓈或从禾、

莠 禾粟下生莠、从艸秀聲、讀若酉、与久切

萉 枲實也、从艸肥聲、房未切 ⿸麻賁 萉或从麻賁、

芓 麻母也、从艸子聲、一曰芓即枲也、疾吏切

蘔 芓也、从艸異聲、羊吏切

蘇 桂荏也、从艸穌聲、素孤切

荏 桂荏蘇、从艸任聲、如甚切

苵 菜也、从艸矢聲、失匕切

⿱艹豈 菜之美者、雲夢之⿱艹豈、从艸豈聲、驅喜切

葵 菜也、从艸癸聲、彊惟切

jiāng 薑 liǎo 蓼 zǔ 蒩 qú 蘧 wēi 薇 wéi 蓶 qín 菦 niàng 釀 xiàn 莧 yù 芋

薑 御溼之菜也。从艸，彊聲。居良切

蓼 辛菜，薔虞也。从艸，翏聲。盧鳥切

蒩 菜也。从艸，祖聲。則古切

蘧 菜也，似蘇者。从艸，豦聲。彊魚切

薇 菜也，似藿。从艸，微聲。無非切 𧁈 籒文薇省。

蓶 菜也。从艸，唯聲。以水切

菦 菜，類蒿。从艸，近聲。周禮有菦菹。巨巾切

釀 菜也。从艸，釀聲。女亮切

莧 莧菜也。从艸，見聲。侯澗切

芋 大葉實根，駭人，故謂之芋也。从艸，亏聲。徐鍇曰：芋猶言吁。吁，驚辭。

故曰駭人。王遇切。

jǔ 莒
䒼 齊謂芋爲莒。从艸，呂聲。居許切。

qú 蘧
蘧 蘧麥也。从艸，遽聲。彊魚切。

jú 菊
菊 大菊，蘧麥。从艸，匊聲。居六切。

hūn 葷
葷 臭菜也。从艸，軍聲。許云切。

ráng 蘘
蘘 蘘荷也。一名蒚蒩。从艸，襄聲。汝羊切。

jīng 菁
菁 韭華也。从艸，青聲。子盈切。

lú 蘆
蘆 蘆菔也。一曰薺根。从艸，盧聲。落乎切。

fú 菔
菔 蘆菔，似蕪菁，實如小尗者。从艸，服聲。蒲北切。

píng 苹
苹 蓱也。無根，浮水而生者。从艸，平聲。符兵切。

chén 茞

茞 艸也、从艸、臣聲、稹鄰切、

pín 蘋

蘋 大蓱也、从艸、賓聲、符眞切、

lán 藍

藍 染青艸也、从艸、監聲、魯甘切、

xuān 藼

藼 令人忘憂艸也、从艸、憲聲、詩曰、安得藼艸、況袁切、蕿 或从煖、萱 或从宣、

qiōng 营

营 营藭、香艸也、从艸、宮聲、去弓切、芎 司馬相如說、营或从弓、

qióng 藭

藭 营藭也、从艸、窮聲、渠弓切、

lán 蘭

蘭 香艸也、从艸、闌聲、落干切、

jiān 葌

葌 艸、出吳林山、从艸、姦聲、古顏切、

suī 葰

葰 薑屬、可以香口、从艸、俊聲、息遺切、

wán 芄

芄 芄蘭、莞也、从艸、丸聲、詩曰、芄蘭之枝、胡官切、

xiāo 虈

虈 楚謂之蘺、晉謂之虈、齊謂之茝、从艸、囂聲、許嬌切、

lí 蘺

蘺 江蘺、蘼蕪、从艸、離聲、呂之切、

chǎi 茝

茝 虈也、从艸、𦣞聲、昌改切、

méi 蘪

蘪 蘪蕪也、从艸、麋聲、靡爲切、

xūn 薰

薰 香艸也、从艸、熏聲、許云切、

dú 𧁓

𧁓 水萹茿、从艸从水、毒聲、讀若督、徒沃切、

biān 萹

萹 萹茿也、从艸、扁聲、方沔切、

zhú 茿

茿 萹茿也、从艸、筑省聲、陟玉切、

qiè 藒
芞輿也、从艸楬聲、去謁切

qì 芞
芞輿也、从艸气聲、去訖切

měi 苺
馬苺也、从艸母聲、武辠切

gé 茖
艸也、从艸各聲、古額切

gān 苷
甘艸也、从艸从甘、古三切

zhù 芧
艸也、从艸予聲、可以爲繩、直呂切

jìn 藎
艸也、从艸盡聲、徐刃切

shù 蒁
艸也、从艸述聲、食聿切

rěn 荵
荵冬艸、从艸忍聲、而軫切

cháng 萇
萇楚、跳弋、一名羊桃、从艸長聲、直良切

jì
薊

芺也。从艸，㓚聲。古詣切。

lí
堇

艸也。从艸，里聲。讀若釐。里之切。

diào
藋

釐艸也。一曰拜商藋。从艸，翟聲。徒弔切。

jī
芨

堇艸也。从艸，及聲。讀若急。居立切。

jiàn
葥

山莓也。从艸，歬聲。子賤切。

mòu
蓩

毒艸也。从艸，婺聲。莫候切。

mǎo
蓩

卷耳也。从艸，務聲。亡考切。

shēn
蓡

人蓡，藥艸，出上黨。从艸，浸聲。山林切。

luán
虊

鳧葵也。从艸，攣聲。洛官切。

lì
莀

艸也。可以染留黃。从艸，戾聲。郎計切。

qiáo 荍

蚍衃也、从艸、收聲、渠遥切

pí 蓖

蒿也、从艸、毗聲、房脂切

yǔ 萭

艸也、从艸、禹聲、王矩切

tí 荑

艸也、从艸、夷聲、杜兮切

xuē 薛

艸也、从艸、辥聲、私列切

kǔ 苦

大苦、苓也、从艸、古聲、康杜切

bèi 菩

艸也、从艸、音聲、步乃切

yì 蔐

薏苢、从艸、啇聲、一曰蔐英、於力切

máo 茅

菅也、从艸、矛聲、莫交切

jiān 菅

茅也、从艸、官聲、古顏切

qí 蘄

蘄 艸也、从艸、靳聲、江夏有蘄春亭、臣鉉等案說文無靳字、他字書亦無、此篇下有菥字、注云江夏平春亭名、疑相承誤重出一字、渠支切、

guān 莞

莞 艸也、可以作席、从艸、完聲、胡官切、

lìn 藺

藺 莞屬、从艸、閵聲、良刃切、

chú 蒢

蒢 黃蒢、職也、从艸、除聲、直魚切、

pú 蒲

蒲 水艸也、可以作席、从艸、浦聲、薄胡切、

ruò 蒻

蒻 蒲子、可以爲平席、从艸、弱聲、而灼切、

shēn 蓡

蓡 蒲蒻之類也、从艸、深聲、式箴切、

tuī 蓷

蓷 萑也、从艸、推聲、詩曰中谷有蓷、他回切、

zhuī 萑

萑 艸多皃、从艸、隹聲、職追切、

kuī	jùn	huán	lì	yǐ	tán	jī	qiū	gù
茥	莙	⿱艹睆	蒚	苢	蕁	⿱艹毄	蓲	⿱艹固

茥 缺盆也、从艸、圭聲、苦圭切、

莙 井藻也、从艸、君聲、讀若威、渠殞切、

⿱艹睆 夫蘺也、从艸、睆聲、胡官切、

蒚 夫蘺上也、从艸、鬲聲、力的切、

苢 芣苢、一名馬舄、其實如李、令人宜子、从艸、㠯聲、周書所說、羊止切、

蕁 芜藩也、从艸、尋聲、徒含切、⿱艹⿰爻尋 蕁或从爻、

⿱艹毄 艸也、从艸、毄聲、古歷切、

蓲 艸也、从艸、區聲、去鳩切、

⿱艹固 艸也、从艸、固聲、古慕切、

gàn ⿱艹榦

⿱艹榦 艸也、从艸榦聲、古案切、

zhū 藷

藷 藷蔗也、从艸諸聲、章魚切、

zhè 蔗

蔗 藷蔗也、从艸庶聲、之夜切、

níng ⿱艹毄

⿱艹毄 牂⿱艹毄可以作縻綆、从艸毄聲、女庚切、

sì ⿱艹賜

⿱艹賜 艸也、从艸賜聲、斯義切、

zhōng ⿱艹中

⿱艹中 艸也、从艸中聲、陟宮切、

fù 萯

萯 王萯也、从艸負聲、房九切、

ǎo 芺

芺 艸也、味苦、江南食以下气、从艸夭聲、烏皓切、

xián ⿱艹弦

⿱艹弦 艸也、从艸弦聲、胡田切、

yòu ⿱艹⿴囗茻

⿱艹⿴囗茻 艸也、从艸⿴囗茻聲、⿴囗茻、籒文囿、于救切、

fū 莩 艸也、从艸孚聲、芳無切

yín 蔩 兔苽也、从艸寅聲、翼真切

píng 荓 馬帚也、从艸幷聲、薄經切

yóu 蕕 水邊艸也、从艸猶聲、以周切

àn 荌 艸也、从艸安聲、烏旰切

qí 藄 綦月爾也、从艸綦聲、渠之切

xī 莃 兔葵也、从艸稀省聲、香衣切

méng 夢 灌渝、从艸、夢聲、讀若萌、莫中切

fù 蕧 盜庚也、从艸復聲、房六切

líng 苓 卷耳也、从艸令聲、郎丁切

gòng 蘔

蘔 艸也、从艸、贛聲、一曰薏苢、古送切、又古禫切、

qióng 藑

藑 茅、葍也、一名蕣、从艸、敻聲、渠營切、

fù 䔰

䔰 葍也、从艸、富聲、方布切、

fú 葍

葍 䔰也、从艸、畐聲、方六切、

tiáo 蓨

蓨 苗也、从艸、脩聲、徒聊切、又湯彫切、

dí 苖

苖 蓨也、从艸、由聲、徒歷切、又他六切、

tāng 𦳝

𦳝 艸、枝枝相値、葉葉相當、从艸、昜聲、褚羊切、

yù 薁

薁 嬰薁也、从艸、奧聲、於六切、

zhēn 葴

葴 馬藍也、从艸、咸聲、職深切、

lǔ 𦾐

𦾐 艸也、可以束、从艸、魯聲、郎古切、

蓾 𦾐或从鹵、

kuǎi 蒯

蒯 艸也、从艸𣪠聲、臣鉉等案說文無𣪠字、當是𡫳字之省、而聲不相近、未詳、苦怪切、

lóu 蔞

蔞 艸也、可以亨魚、从艸、婁聲、力朱切、

lěi 藟

藟 艸也、从艸畾聲、詩曰、莫莫葛藟、一曰秬鬯也、力軌切、

yuān 蒬

蒬 棘蒬也、从艸、冤聲、於元切、

zǐ 茈

茈 茈艸也、从艸、此聲、將此切、

mò 藐

藐 茈艸也、从艸、貌聲、莫覺切、

cè 萴

萴 烏喙也、从艸、則聲、阻力切、

sōu 蒐

蒐 茅蒐茹藘、人血所生、可以染絳、从艸、从鬼、所鳩切、

qiàn 茜

茜 茅蒐也、从艸、西聲、倉見切、

sì 蕼

蕼 赤蕼也、从艸、肆、息利切、

bì 薜 牡贊也、从艸、辟聲、蒲計切、

wáng 莣 杜榮也、从艸、忘聲、武方切、

bāo 苞 艸也、南陽以爲麤履、从艸、包聲、布交切、

ài 艾 冰臺也、从艸、乂聲、五蓋切、

zhāng 蔁 艸也、从艸、章聲、諸良切、

qín 芹 楚葵也、从艸、斤聲、巨巾切、

zhēn 蘣 豕首也、从艸、甄聲、側鄰切、

niǎo 蔦 寄生也、从艸、鳥聲、詩曰、蔦與女蘿、都了切、 蔦或从木、

yún 芸 艸也、似目宿、从艸、云聲、淮南子說、芸艸可以死復生、

王分切、

cè 蔌

艸也、从艸、欶聲、麤最切、

lǜ 葎

艸也、从艸、律聲、呂戌切、

cì 茦

莿也、从艸、朿聲、楚革切、

guā 䒷

䒷蔞、果蓏也、从艸、昏聲、古活切、

fēng 葑

須從也、从艸、封聲、府容切、

cí 薺

蒺棃也、从艸、齊聲、詩曰、牆有薺、疾咨切、又徂礼切、

cì 莿

茦也、从艸、刺聲、七賜切、

dǒng 董

鼎董也、从艸、童聲、杜林曰藕根、多動切、

jì 蘻

狗毒也、从艸、繫聲、古詣切、

sǎo ⿱艹嫂

⿱艹嫂 艸也、从艸、嫂聲、蘇老切、

hù 苄

苄 地黃也、从艸、下聲、禮記、鉶毛牛藿羊苄豕薇是、侯古切、

liǎn 蘞

蘞 白蘞也、从艸、僉聲、良冉切、 蘝 蘞或从斂、

qín 菳

菳 黃菳也、从艸、金聲、具今切、

qín 芩

芩 艸也、从艸、今聲、詩曰、食野之芩、巨今切、

biāo 藨

藨 鹿藿也、从艸、麃聲、讀若剽、一曰蔽屬、平表切、

yì 虉

虉 綬也、从艸、鷊聲、詩曰、邛有旨虉是、五狄切、

líng 蔆

蔆 芰也、从艸、淩聲、楚謂之芰、秦謂之薢茩、力膺切、 遴 司馬相如說、蔆从遴、

jì 芰

芰 蔆也、从艸、支聲、奇記切、 䓫 杜林說、芰从多、

xiè 薢
薢茩也、从艸解聲、胡買切、

gòu 茩
薢茩也、从艸后聲、胡口切、

qiàn 芡
雞頭也、从艸欠聲、巨險切、

jú 蘜
日精也、以秋華、从艸𥷚省聲、居六切、
蘜或省、

yuè 蘥
爵麥也、从艸龠聲、以勺切、

sù 藗
牡茅也、从艸遬聲、遬籒文速、桑谷切、

sī ⿱艹私
茅秀也、从艸私聲、息夷切、

jiān 蒹
雚之未秀者、从艸兼聲、古恬切、

wàn 薍
𦵔也、从艸亂聲、八月薍爲葦也、五患切、

tǎn 𦵔
雚之初生、一曰薍、一曰鵻、从艸剡聲、土敢切、
𦵔或

从炎。

lián 薕
[seal] 薕也。从艸廉聲。力鹽切。

fán 薠
[seal] 青薠，似莎者。从艸煩聲。附袁切。

áng 茚
[seal] 昌蒲也。从艸卬聲。益州云。五剛切。

yé 䒦
[seal] 茚䒦也。从艸邪聲。以遮切。

tiáo 芀
[seal] 葦華也。从艸刀聲。徒聊切。

liè 茢
[seal] 芀也。从艸㓝聲。良辥切。

hàn 菡
[seal] 菡蔄也。从艸函聲。胡感切。

dàn 蔄
[seal] 菡蔄。芙蓉華。未發爲菡蔄，已發爲芙蓉。从艸閻聲。徒感切。

lián 蓮

芙蕖之實也、从艸連聲、洛賢切、

jiā 茄

芙蕖莖、从艸加聲、古牙切、

hé 荷

芙蕖葉、从艸何聲、胡哥切、

mì 蔤

芙蕖本、从艸密聲、美必切、

ǒu 蕅

芙蕖根、从艸水禺聲、五厚切、

lóng 蘢

天蘥也、从艸龍聲、盧紅切、

shī 蓍

蒿屬、生十歲百莖、易以爲數、天子蓍九尺、諸侯七尺、大夫五尺、士三尺、从艸耆聲、式脂切、

qìn 菣

香蒿也、从艸臤聲、去刃切、

𦺖 菣或从堅、

é 莪

蘿莪、蒿屬、从艸我聲、五何切、

luó 蘿
莪也、从艸、羅聲、魯何切、

lǐn 菻
蒿屬、从艸、林聲、力稔切、

wèi 蔚
牡蒿也、从艸、尉聲、於胃切、

xiāo 蕭
艾蒿也、从艸、肅聲、蘇彫切、

qiū 萩
蕭也、从艸、秋聲、七由切、

xiào 芍
鳧茈也、从艸、勺聲、胡了切、

jiǎn 葥
王彗也、从艸、湔聲、昨先切、

wěi 蔿
艸也、从艸、爲聲、于鬼切、

chén 芜
艸也、从艸、冘聲、直深切、

jú 蘜
治牆也、从艸、鞠聲、居六切、

qiáng 蘠

蘠靡，虋冬也。从艸，牆聲。賤羊切。

qí 芪

芪母也。从艸，氏聲。常之切。

wǎn 菀

茈菀，出漢中房陵。从艸，宛聲。於阮切。

méng 莔

貝母也。从艸，明省聲。武庚切。

zhú ⿱艹术

山薊也。从艸，术聲。直律切。

mì 蓂

析蓂，大薺也。从艸，冥聲。莫歷切。

wèi 蔝

荎藸也。从艸，味聲。无沸切。

chí 荎

荎藸艸也。从艸，至聲。直尼切。

chú 藸

荎藸也。从艸，豬聲。直魚切。

gé 葛

絺綌艸也。从艸，曷聲。古達切。

màn 蔓
葛屬、从艸曼聲、無販切、

gāo 䓘
葛屬白華、从艸皋聲、古勞切、

xìng 莕
菨餘也、从艸杏聲、何梗切、
荇 莕或从行、同、

jiē 菨
菨餘也、从艸妾聲、子葉切、

kūn 蘔
艸也、从艸罤聲、古渾切、

yuán 芫
魚毒也、从艸元聲、愚袁切、

líng 蘦
大苦也、从艸霝聲、郎丁切、

tí 蕛
蕛苵也、从艸稊聲、大兮切、

dié 苵
蕛苵也、从艸失聲、徒結切、

tīng 艼
艼熒朐也、从艸丁聲、天經切、

jiāng 蔣
苽蔣也、从艸將聲、子良切、又卽兩切、

gū 苽
雕苽、一名蔣、从艸瓜聲、古胡切、

yù 蒏
艸也、从艸育聲、余六切、

bēi 藣
艸也、从艸罷聲、符羈切、

rán ⿱艹難
艸也、从艸難聲、如延切、

láng 莨
艸也、从艸良聲、魯當切、

yāo 葽
艸也、从艸要聲、詩曰、四月秀葽、劉向說、此味苦、苦葽也、於消切、

kē 薖
艸也、从艸過聲、苦禾切、

jùn 菌
地蕈也、从艸囷聲、渠殞切、

xùn 蕈

蕈 桑䓴、从艸、覃聲、慈衽切、

ruǎn 䓴

䓴 木耳也、从艸、耎聲、一曰萮茈、而兖切、

shèn 葚

葚 桑實也、从艸、甚聲、常衽切、

jǔ 蒟

蒟 果也、从艸、竘聲、俱羽切、

pí 芘

芘 艸也、一曰芘茮木、从艸、比聲、房脂切、

shùn 蕣

蕣 木堇、朝華暮落者、从艸、䑞聲、詩曰、顏如蕣華、舒閏切、

yú 萸

萸 茱萸也、从艸、臾聲、羊朱切、

zhū 茱

茱 茱萸、茮屬、从艸、朱聲、市朱切、

jiāo 茮

茮 茮莍、从艸、尗聲、子寮切、

qiú 莍

莍 茮樧實裏如表者、从艸、求聲、巨鳩切、

jīng 荆
荆 楚木也、从艸、刑聲、舉卿切、荆 古文荆、

tái 菭
菭 水衣、从艸、治聲、徒哀切、

yá 芽
芽 萌芽也、从艸、牙聲、五加切、

méng 萌
萌 艸芽也、从艸、明聲、武庚切、

zhuó 茁
茁 艸初生出地皃、从艸、出聲、詩曰、彼茁者葭、鄒滑切、

jīng 莖
莖 枝柱也、从艸、巠聲、戶耕切、

tíng 莛
莛 莖也、从艸、廷聲、特丁切、

yè 葉
葉 艸木之葉也、从艸、枼聲、与涉切、

jì 蘮
蘮 艸之小者、从艸、劂聲、劂古文銳字、讀若芮、居例切、

fú 芣
芣 華盛、从艸、不聲、一曰芣苢、縛牟切、

pā 葩
葩華也、从艸、皅聲、普巴切、

wěi 芛
芛艸之葟榮也、从艸、尹聲、羊捶切、

huà 蘳
蘳黃華、从艸、黊聲、讀若壞、乎瓦切、

biāo 蔈
蔈苕之黃華也、从艸、㶾聲、一曰末也、方小切、

yīng 英
英艸榮而不實者、一曰黃英、从艸、央聲、於京切、

ěr 薾
薾華盛、从艸、爾聲、詩曰、彼薾惟何、兒氏切、

qī 萋
萋艸盛、从艸、妻聲、詩曰、蓁蓁萋萋、七稽切、

běng 菶
菶艸盛、从艸、奉聲、補蠓切、

nǐ 薿
薿茂也、从艸、疑聲、詩曰、黍稷薿薿、魚己切、

ruí 蕤
蕤艸木華垂皃、从艸、甤聲、儒隹切、

zōng 葼

葼 青齊沇冀謂木細枝曰葼、从艸㚇聲、子紅切、

yí 䔟

䔟 艸萎䔟、从艸移聲、弋支切、

yuán 蒝

蒝 艸木形、从艸原聲、愚袁切、

jiá 莢

莢 艸實、从艸夾聲、古叶切、

máng 芒

芒 艸耑、从艸亾聲、武方切、

wéi 蓶

蓶 藍蓼秀、从艸隨省聲、羊捶切、

dì 蔕

蔕 瓜當也、从艸帶聲、都計切、

gāi 荄

荄 艸根也、从艸亥聲、古哀切、又古諧切、

yǔn 荺

荺 茇也、茅根也、从艸均聲、于敏切、

bá 茇

茇 艸根也、从艸犮聲、春艸根枯、引之而發土爲撥、故謂

之茇、一曰艸之白華爲茇、北末切、

péng 芃

艸盛也、从艸凡聲、詩曰、芃芃黍苗、房戎切、

fū ⿱艹傅

華葉布、从艸傅聲、讀若傅、方遇切、

jí 蓻

艸木不生也、一曰茅芽、从艸執聲、姊入切、

yín 䓝

艸多皃、从艸斦聲、江夏平春有䓝亭、語斤切、

mào 茂

艸豐盛、从艸戊聲、莫候切、

chàng ⿱艹暘

艸茂也、从艸暘聲、丑亮切、

yìn 蔭

艸陰地、从艸陰聲、於禁切、

chòu 䔏

艸皃、从艸、造聲、初救切、

zī 茲

艸木多益、从艸、茲省聲、子之切、

dí 蔋 艸旱盡也、从艸、俶聲、詩曰、蔋蔋山川、徒歷切

xiāo 藃 艸皃、从艸、歊聲、周禮曰、轂獘不藃、許嬌切

jì 蔇 艸多皃、从艸、既聲、居味切

cí 薋 艸多皃、从艸、資聲、疾茲切

zhēn 蓁 艸盛皃、从艸、秦聲、側詵切

shāo 莦 惡艸皃、从艸、肖聲、所交切

ruì 芮 芮芮、艸生皃、从艸、内聲、讀若汭、而銳切

chí 茬 艸皃、从艸、在聲、濟北有茬平縣、仕甾切

huì 薈 艸多皃、从艸、會聲、詩曰、薈兮蔚兮、烏外切

mào 蓩 細艸叢生也、从艸、敄聲、莫候切

mào 芼：艸覆蔓、从艸毛聲、詩曰、左右芼之、莫抱切、

cāng 蒼：艸色也、从艸倉聲、七岡切、

lán 葻：艸得風皃、从艸風、讀若婪、盧含切、

cuì 萃：艸皃、从艸卒聲、讀若瘁、秦醉切、

shì 蒔：更別種、从艸時聲、時吏切、

miáo 苗：艸生於田者、从艸从田、武鑣切、

kē 苛：小艸也、从艸可聲、乎哥切、

wú 蕪：薉也、从艸無聲、武扶切、

huì 薉：蕪也、从艸歲聲、於廢切、

huāng 荒：蕪也、从艸㠩聲、一曰艸淹地也、呼光切、

níng 薴
薴 艸亂也。从艸，寍聲。杜林說：艸䔿薴皃。女庚切。

zhēng 䔿
䔿 䔿薴皃。从艸，爭聲。側莖切。

luò 落
落 凡艸曰零，木曰落。从艸，洛聲。盧各切。

bì 蔽
蔽 蔽蔽，小艸也。从艸，敝聲。必袂切。

tuò 蘀
蘀 艸木凡皮葉落陊地爲蘀。从艸，擇聲。詩曰：十月隕蘀。它各切。

yùn 蘊
蘊 積也。从艸，溫聲。春秋傳曰：蘊利生孽。於粉切。

yān 蔫
蔫 菸也。从艸，焉聲。於乾切。

yū 菸
菸 鬱也。从艸，於聲。一曰殘也。央居切。

yíng 藀
藀 艸旋皃也。从艸，榮聲。詩曰：葛藟藀之。於營切。

cài 蔡 艸也。从艸，祭聲。蒼大切。

fá 茷 艸葉多。从艸，伐聲。春秋傳曰：晉糴茷。符發切。

càì 菜 艸之可食者。从艸，采聲。蒼代切。

ér 荋 艸多葉皃。从艸，而聲。沛城父有楊荋亭。如之切。

fàn 芝 艸浮水中皃。从艸，乏聲。匹凡切。

bó 薄 林薄也。一曰：蠶薄。从艸，溥聲。旁各切。

yuàn 苑 所以養禽獸也。从艸，夗聲。於阮切。

sǒu 藪 大澤也。从艸，數聲。九州之藪：楊州具區，荆州雲夢，豫州甫田，青州孟諸，沇州大野，雝州弦圃，幽州奚養，冀州楊紆，并州昭餘祁，是也。蘇后切。

zī 菑

菑 不耕田也。从艸甾。易曰：不菑畬。徐鍇曰：當言从艸从巛从田，田不耕則艸塞之，故从巛。巛音災。若从甾，則下有甾缶字相亂。側詞切。甾 菑或省艸。

yáo 蘨

蘨 艸盛皃。从艸䌛聲。夏書曰：厥艸惟蘨。余招切。

tì 薙

薙 除艸也。明堂月令曰：季夏燒薙。从艸雉聲。他計切。

lèi 䒳

䒳 耕多艸。从艸耒，耒亦聲。盧對切。

zhì ⿱艹致

⿱艹致 艸大也。从艸致聲。陟利切。

jiàn 蔪

蔪 艸相蔪苞也。从艸斬聲。書曰：艸木蔪苞。慈冉切。⿱艹槧 蔪或从槧。

fú 茀

茀 道多艸不可行。从艸弗聲。分勿切。

bì 苾

苾 馨香也。从艸必聲。毗必切。

shè 蔎
蔎 香艸也、从艸、設聲、識列切

fāng 芳
芳 香艸也、从艸、方聲、敷方切

fén 蕡
蕡 雜香艸、从艸、賁聲、浮分切

yào 藥
藥 治病艸、从艸、樂聲、以勺切

lí 䕻
䕻 艸木相附䕻土而生、从艸、麗聲、易曰、百穀艸木䕻於地、呂支切

xí 蓆
蓆 廣多也、从艸、席聲、祥易切

shān 芟
芟 刈艸也、从艸、从殳、所銜切

jiàn 荐
荐 薦蓆也、从艸、存聲、在甸切

jiè 藉
藉 祭藉也、一曰艸不編狼藉、从艸、耤聲、慈夜切、又秦昔切

zū 蒩
茅藉也、从艸、租聲、禮曰、封諸侯以土、蒩以白茅、子余切、

jué 蕝
朝會束茅表位曰蕝、从艸、絕聲、春秋國語曰、致茅蕝表坐、子說切、

cí 茨
以茅葦蓋屋、从艸、次聲、疾茲切、

qì 葺
茨也、从艸、咠聲、七入切、

gài 蓋
苫也、从艸、盇聲、古太切、

shān 苫
蓋也、从艸、占聲、失廉切、

ài 藹
蓋也、从艸、渴聲、於蓋切、

qū 䓛
刷也、从艸、屈聲、區勿切、

fān 藩
屏也、从艸、潘聲、甫煩切、

zū 菹

⿱艹沮 酢菜也、从艸沮聲、側魚切、⿱艹⿱沮皿 或从皿、⿱艹⿰缶⿱且皿 或从缶、

quán 荃

荃 芥脃也、从艸全聲、此緣切、

kù ⿱艹酤

⿱艹酤 韭鬱也、从艸酤聲、苦步切、

lán 藍(⿱艹濫)

⿱艹濫 瓜菹也、从艸監聲、魯甘切、

zhī ⿱艹泜

⿱艹泜 菹也、从艸泜聲、直宜切、⿱泜皿 ⿱艹泜或从皿、皿器也、

lǎo ⿱艹橑

⿱艹橑 乾梅之屬、从艸橑聲、周禮曰、饋食之籩、其實乾⿱艹橑、後漢長沙王始煑艸爲⿱艹橑、盧晧切、⿱艹潦 ⿱艹橑或从潦、

yì ⿱艹顡

⿱艹顡 煎茱萸、从艸顡聲、漢律、會稽獻⿱艹顡一斗、魚既切、

zǐ ⿱艹宰

⿱艹宰 羹菜也、从艸宰聲、阻史切、

ruò 若

若 擇菜也、从艸右、右手也、一曰、杜若、香艸、而灼切、

tuán 蓴
蒲叢也。从艸，專聲。常倫切。

zhì 茜
以艸補缺。从艸，西聲。讀若陸。或以爲綴。一曰約空也。直例切。

zǔn 蕁
叢艸也。从艸，尊聲。慈損切。

diào 莜
艸田器。从艸，條省聲。論語曰：以杖荷莜。今作蓧。徒弔切。

pì 萆
雨衣。一曰衰衣。从艸，卑聲。一曰萆藨，似烏韭。扶歷切。

chí 萛
艸也。从艸，是聲。是支切。

jū 苴
履中艸。从艸，且聲。子余切。

cū 䕭
艸履也。从艸，麤聲。倉胡切。

kuì 蕢
艸器也。从艸，貴聲。求位切。臾 古文蕢。象形。論語曰：有

qǐn 𦯧 yīn 茵 chú 芻 jiāo 茭 bù 荹 rú 茹 cuò 莝 wèi 萎 cè 蓛

荷臾而過孔氏之門。

𦯧 覆也。从艸，侵省聲。七朕切

茵 車重席。从艸，因聲。於眞切

鞇 司馬相如說茵从革。

芻 刈艸也。象包束艸之形。叉愚切

茭 乾芻。从艸，交聲。一曰牛蘄艸。古肴切

荹 亂艸。从艸，步聲。薄故切

茹 飤馬也。从艸，如聲。人庶切

莝 斬芻。从艸，坐聲。麤臥切

萎 食牛也。从艸，委聲。於僞切

蓛 以穀萎馬，置莝中。从艸，敊聲。楚革切

qū 苖
（篆）蠶薄也、从艸、曲聲、丘玉切、

cù 蔟
（篆）行蠶蓐、从艸、族聲、千木切、

jù 苣
（篆）束葦燒、从艸、巨聲、臣鉉等曰、今俗別作炬、非是、其呂切、

ráo 蕘
（篆）薪也、从艸、堯聲、如昭切、

xīn 薪
（篆）蕘也、从艸、新聲、息鄰切、

zhēng 蒸
（篆）折麻中榦也、从艸、烝聲、煑仍切、
（篆）蒸或省火、

jiāo 蕉
（篆）生枲也、从艸、焦聲、卽消切、

shǐ 菡
（篆）糞也、从艸、胃省、式視切、

mái 薶
（篆）瘞也、从艸、貍聲、莫皆切、

shān 蔎
（篆）喪藉也、从艸、侵聲、失廉切、

shé 𣂔

[篆]斷也、从斤斷艸、譚長說、食列切 [篆]籀文折、从艸在仌中、仌寒故折、[篆]篆文折从手、

huì 卉

[篆]艸之總名也、从艸屮、許偉切

qiú 艽

[篆]遠荒也、从艸九聲、詩曰、至于艽野、巨鳩切

suàn 蒜

[篆]葷菜、从艸祘聲、蘇貫切

左文五十三 重二大篆从茻

jiè 芥

[篆]菜也、从艸介聲、古拜切

cōng 蔥

[篆]菜也、从艸悤聲、倉紅切

yù 蒮

[篆]艸也、从艸隺聲、詩曰、食鬱及蒮、余六切

diǎn 蕇

[篆]亭歷也、从艸單聲、多殄切

gǒu 苟
艸也、从艸、句聲、古厚切、

jué 蕨
鼈也、从艸、厥聲、居月切、

suō 莎
鎬侯也、从艸、沙聲、蘇禾切、

píng 蓱
苹也、从艸、洴聲、薄經切、

jǐn 蓳
艸也、根如薺、葉如細桺、蒸食之甘、从艸、堇聲、居隱切、

fěi 菲
芴也、从艸、非聲、芳尾切、

wù 芴
菲也、从艸、勿聲、文弗切、

hàn ⿱艹鶾
艸也、从艸、鶾聲、呼旰切、

huán 萑
薍也、从艸、萑聲、胡官切、

wěi 葦
大葭也、从艸、韋聲、于鬼切、

jiā 葭 葦之未秀者、从艸、叚聲、古牙切、

lái 萊 蔓華也、从艸、來聲、洛哀切、

lì 荔 艸也、似蒲而小、根可作㕞、从艸、劦聲、郎計切、

méng 蒙 王女也、从艸、冡聲、莫紅切、

zǎo 薻 水艸也、从艸、从水、巢聲、詩曰、于以采薻、子皓切、

藻 或从澡、

lù 菉 王芻也、从艸、彔聲、詩曰、菉竹猗猗、力玉切、

cáo 蓸 艸也、从艸、曹聲、昨牢切、

yóu 蓾 艸也、从艸、鹵聲、以周切、

qiáo 萔 艸也、从艸、沼聲、昨焦切、

wú 䓊
艸也、从艸、吾聲、楚詞有䓊蕭艸、吾乎切、

fàn 范
艸也、从艸、氾聲、房𠬪切、

réng 艿
艸也、从艸、乃聲、如乘切、

xuè 𦬁
艸也、从艸、血聲、呼決切、

táo 萄
艸也、从艸、匋聲、徒刀切、

qǐ 芑
白苗嘉穀、从艸、己聲、驅里切、

xù 藚
水舄也、从艸、賣聲、詩曰、言采其藚、似足切、

dōng 苳
艸也、从艸、冬聲、都宗切、

sè 薔
薔虞、蓼、从艸、嗇聲、所力切、

tiáo 苕
艸也、从艸、召聲、徒聊切、

mào ⿱艹楙 艸也、从艸、楙聲、莫厚切、

mào 萺 艸也、从艸、冒聲、莫報切、

mǎo 茆 鳧葵也、从艸、丣聲、詩曰、言采其茆、力久切、

tú 荼 苦荼也、从艸、余聲、同都切、臣鉉等曰、此即今之茶字、

fán 蘩 白蒿也、从艸、緐聲、附袁切、

hāo 蒿 菣也、从艸、高聲、呼毛切、

péng 蓬 蒿也、从艸、逢聲、薄紅切、莑 籀文蓬省、

lí 藜 艸也、从艸、黎聲、郎奚切、

kuī 蘬 薺實也、从艸、歸聲、驅歸切、

bǎo 葆 艸盛皃、从艸、保聲、博襃切、

fán 蕃 róng 茸 jiān 葏 cóng 叢 zào 草 zōu 菆 xù 蓄 chūn 萅

蕃 艸茂也、从艸、番聲、甫煩切、

茸 艸茸茸皃、从艸、聰省聲、而容切、

葏 艸皃、从艸、津聲、子僊切、

叢 艸叢生皃、从艸、叢聲、徂紅切、

草 草斗、櫟實也、一曰象斗子、从艸、早聲、自保切、臣鉉等曰、今俗以此爲艸木之艸、別作皁字、爲黑色之皁、案櫟實可以染帛爲黑色、故曰草、通用爲草棧字、今俗書皁、或从白从十、或从白从七、皆無意義、無以下筆、

菆 麻蒸也、从艸、取聲、一曰蓐也、側鳩切、

蓄 積也、从艸、畜聲、丑六切、

萅 推也、从艸、从日、艸春時生也、屯聲、昌純切、

gū 菰
菰　艸多皃、从艸、狐聲、江夏平春有菰亭、古狐切

dào 菿
菿　艸木倒、从艸、到聲、都盜切

文四百四十五　重三十一

fú 芙
芙　芙蓉也、从艸、夫聲、方無切

róng 蓉
蓉　芙蓉也、从艸、容聲、余封切

wěi 薳
薳　艸也、左氏傳、楚大夫薳子馮、从艸、遠聲、韋委切

xún 荀
荀　艸也、从艸、旬聲、臣鉉等案、今人姓荀氏、本郇侯之後、宜用郇字、相倫切

zuó 莋
莋　越嶲縣名、見史記、从艸、作聲、在各切

sūn 蓀
蓀　香艸也、从艸、孫聲、思渾切

shū 蔬
蔬　菜也、从艸、疏聲、所菹切

qiān 芊　míng 茗　xiāng 薌　cáng 藏　chǎn 蕆　zhàn 蘸　rù 蓐　hāo 薅

芊 艸盛也。从艸千聲。倉先切

茗 荼芽也。从艸名聲。莫迥切

薌 穀气也。从艸鄉聲。許良切

藏 匿也。臣鉉等案：漢書通用臧字。从艸，後人所加。昨郎切

蕆 左氏傳：以蕆陳事。杜預注云：蕆敕也。从艸未詳。丑善切

蘸 以物没水也。此蓋俗語。从艸未詳。斬陷切

文十三 新附

蓐 陳艸復生也。从艸辱聲。一曰蔟也。凡蓐之屬皆从蓐。而蜀切

籒文蓐从茻。

薅 拔去田艸也。从蓐，好省聲。呼毛切

籒文薅省。

茠

薅或从休、詩曰、既茠荼蓼、

文二　重三

茻　衆艸也、从四屮、凡茻之屬皆从茻、讀與冈同、模朗切、

莫　日且冥也、从日在茻中、莫故切、又慕各切、

莽　南昌謂犬善逐菟艸中爲莽、从犬从茻、茻亦聲、謀朗切、

葬　藏也、从死在茻中、一其中、所以薦之、易曰、古之葬者、厚衣之以薪、則浪切、

文四

說文解字弟一下

李承緒篆

黎永椿校

王國瑞覆校

陳昌治校刊

xiǎo 小　shǎo 少　jié 尐

說文解字弟二上

漢太尉祭酒許慎記

宋右散騎常侍徐鉉等校定

三十部　六百九十三文　重八十八

凡八千四百九十八字

文三十四 新附

小 物之微也、从八丨、見而分之、凡小之屬皆从小、私兆切

少 不多也、从小丿聲、書沼切

尐 少也、从小乀聲、讀若輟、子結切

文三

bā 八 fēn 分 ěr 尒 zēng 曾 shàng 尚 suì 㒸 zhān 詹 jiè 介 bié 𠔁

八 別也、象分別相背之形、凡八之屬皆从八、博拔切

分 別也、从八从刀、刀以分別物也、甫文切

尒 詞之必然也、从入丨八、八象气之分散、兒氏切

曾 詞之舒也、从八从曰、𡆧聲、昨棱切

尚 曾也、庶幾也、从八向聲、時亮切

㒸 从意也、从八豕聲、徐醉切

詹 多言也、从言从八从厃、臣鉉等曰、厃、高也、八、分也、多故可分也、職廉切

介 畫也、从八从人、人各有介、古拜切

𠔁 分也、从重八、八、別也、亦聲、孝經說曰、故上下有別、兵列切

gōng 公　bì 必　yú 余(𠎳)　biàn 釆　fán 番　shěn 宷

公　平分也、从八、从厶、音司。八猶背也、韓非曰、背厶爲公、古紅切

必　分極也、从八弋、弋亦聲、卑吉切

余　語之舒也、从八、舍省聲、以諸切

𠎳　二余也、讀與余同、

文十二　重一

釆　辨別也、象獸指爪分別也、凡釆之屬皆从釆、讀若辨、蒲莧切

古文釆、

番　獸足謂之番、从釆田、象其掌、附袁切

蹞　番或从足、从煩、

古文番、

宷　悉也、知宷諦也、从宀、从釆、徐鍇曰、宀、覆也、釆、別也、包覆而深別之、宷、悉也、式荏切

niú 牛　pàn 叛　pàn 胖　bàn 半　shì 釋　xī 悉

切、審篆文宷从番、

悉詳盡也、从心、从釆、息七切、𢛰古文悉、

釋解也、从釆、釆取其分別物也、从睪聲、賞職切、

文五　重五

半物中分也、从八、从牛、牛爲物大可以分也、凡半之屬皆从半、博幔切、

胖半體肉也、一曰廣肉、从半、从肉、半亦聲、普半切、

叛半也、从半、反聲、薄半切、

文三

牛大牲也、牛件也、件事理也、象角頭三封尾之形、凡牛

mǔ 牡　gāng 犅　tè 特　pìn 牝　dú 犢　bèi 犻　sān 犙　sì 牭　jiè 犗

之屬皆从牛、徐鍇曰、件若言物一件二件也、封、高起也、語求切、

牡 畜父也、从牛、土聲、莫厚切、

犅 特牛也、从牛、岡聲、古郎切、

特 朴特、牛父也、从牛、寺聲、徒得切、

牝 畜母也、从牛、匕聲、易曰、畜牝牛吉、毗忍切、

犢 牛子也、从牛、瀆省聲、徒谷切、

犻 二歲牛、从牛、巿聲、博蓋切、

犙 三歲牛、从牛、參聲、穌含切、

牭 四歲牛、从牛、从四、四亦聲、息利切、

⿰牛貳 籀文牭、从貳、

犗 騬牛也、从牛、害聲、古拜切、

máng 牻
牻 白黑雜毛牛、从牛、尨聲、莫江切、

liáng 㹁
㹁 牻牛也、从牛、京聲、春秋傳曰、牻㹁、呂張切、

lì 犡
犡 牛白脊也、从牛、厲聲、洛帶切、

tú ⿰牛余
⿰牛余 黃牛虎文、从牛、余聲、讀若塗、同都切、

luò 犖
犖 駁牛也、从牛、勞省聲、呂角切、

liè ⿰牛寽
⿰牛寽 牛白脊也、从牛、寽聲、力輟切、

pēng ⿰牛平
⿰牛平 牛駁如星、从牛、平聲、普耕切、

piāo 犥
犥 牛黃白色、从牛、麃聲、補嬌切、

rún 犉
犉 黃牛黑脣也、从牛、臺聲、詩曰、九十其犉、如均切、

yuè ⿰牛隺
⿰牛隺 白牛也、从牛、隺聲、五角切、

jiāng 犅
牛長脊也。从牛畺聲。居良切

tāo 牧
牛徐行也。从牛攴聲。讀若滔。土刀切

chōu 犨
牛息聲。从牛雔聲。一曰牛名。赤周切

móu 牟
牛鳴也。从牛，象其聲气从口出。莫浮切

chǎn 犍
畜牷也。从牛產聲。所簡切

shēng 牲
牛完全。从牛生聲。所庚切

quán 牷
牛純色。从牛全聲。疾緣切

qiān 牽
引前也。从牛，象引牛之縻也。玄聲。苦堅切

gù 牿
牛馬牢也。从牛告聲。周書曰：今惟牿牛馬。古屋切

láo 牢
閑，養牛馬圈也。从牛，冬省。取其四周帀也。魯刀切

犓 chú
以芻莖養牛也、从牛芻、芻亦聲、春秋國語曰、犓豢幾何、測愚切、

犪 rǎo
牛柔謹也、从牛、夒聲、而沼切、

犕 bèi
易曰、犕牛乘馬、从牛、葡聲、平祕切、

犂 lí
耕也、从牛、黎聲、郎奚切、

𤛛 fèi
兩壁耕也、从牛、非聲、一曰、覆耕穜也、讀若匪、非尾切、

𤛓 tāo
牛羊無子也、从牛、𠷎聲、讀若糗糧之糗、徒刀切、

牴 dǐ
觸也、从牛、氐聲、都禮切、

𤛹 wèi
牛踶躛也、从牛、衞聲、于歲切、

𤛐 qiǎn
牛很不從引也、从牛、从臤、臤亦聲、一曰大皃、讀若賢、

喫善切

kēng 牼

牼 牛厀下骨也从牛巠聲春秋傳曰宋司馬牼字牛口莖切

jìn ⿰牛今

⿰牛今 牛舌病也从牛今聲巨禁切

xī 犀

犀 南徼外牛一角在鼻一角在頂似豕从牛尾聲先稽切

rèn 牣

牣 牣滿也从牛刃聲詩曰於牣魚躍而震切

wù 物

物 萬物也牛爲大物天地之數起於牽牛故从牛勿聲文弗切

xī 犧

犧 宗廟之牲也从牛羲聲賈侍中說此非古字許羈切

文四十五　重一

jiān 犍　tóng 犝　máo 犛　lí 氂　lái 斄　gào 告

犍 犗牛也、从牛、建聲、亦郡名、居言切、

犝 無角牛也、从牛、童聲、古通用僮、徒紅切、

文二 新附

犛 西南夷長髦牛也、从牛、𠩺聲、凡犛之屬皆从犛、莫交切、

氂 犛牛尾也、从犛省、从毛、里之切、

斄 彊曲毛、可以箸起衣、从犛省、來聲、洛哀切、 𢉖 古文斄省、

文三 重一

告 牛觸人、角箸橫木、所以告人也、从口、从牛、易曰、僮牛之告、凡告之屬皆从告、古奥切、

kù 嚳

急告之甚也、从告、學省聲、苦沃切、

文二

kǒu 口

人所以言食也、象形、凡口之屬皆从口、苦后切、

jiào 噭

吼也、从口、敫聲、一曰噭呼也、古弔切、

zhòu 噣

喙也、从口、蜀聲、陟救切、

huì 喙

口也、从口、彖聲、許穢切、

wěn 吻

口邊也、从口、勿聲、武粉切、

吻或从肉、从昏、

lóng 嚨

喉也、从口、龍聲、盧紅切、

hóu 喉

咽也、从口、侯聲、乎鉤切、

kuài 噲

咽也、从口、會聲、讀若快、一曰嚵噲也、苦夬切、

tūn 吞

咽也、从口、天聲、土根切、

yān 咽

嗌也、从口、因聲、烏前切、

yì 嗌

咽也、从口、益聲、伊昔切、

籀文嗌、上象口、下象頸脈理也、

yǔn 喗

大口也、从口、軍聲、牛殞切、

chǐ 哆

張口也、从口、多聲、丁可切、

gū 呱

小兒嗁聲、从口、瓜聲、詩曰、后稷呱矣、古乎切、

jiū 啾

小兒聲也、从口、秋聲、即由切、

huáng 喤

小兒聲、从口、皇聲、詩曰、其泣喤喤、乎光切、

xuǎn 咺

朝鮮謂兒泣不止曰咺、从口、宣省聲、況晚切、

qiàng 唴
唴 秦晉謂兒泣不止曰唴、从口、羌聲、丘尚切、

táo 咷
咷 楚謂兒泣不止曰噭咷、从口、兆聲、徒刀切、

yīn 喑
喑 宋齊謂兒泣不止曰喑、从口、音聲、於今切、

yì 嶷
嶷 小兒有知也、从口、疑聲、詩曰、克岐克嶷、魚力切、

hái 咳
咳 小兒笑也、从口、亥聲、戶來切、
孩 古文咳、从子、

xián 嗛
嗛 口有所銜也、从口、兼聲、戶監切、

jǔ 咀
咀 含味也、从口、且聲、慈呂切、

chuò 啜
啜 嘗也、从口、叕聲、一曰喙也、昌說切、

jí 㗱
㗱 噍也、从口、集聲、讀若集、子入切、

jì 嚌
嚌 嘗也、从口、齊聲、周書曰、大保受同祭嚌、在詣切、

jiào 噍

噍 齧也、从口焦聲、才肖切、嚼 噍或从爵、又才爵切、

shǔn 吮

吮 欶也、从口允聲、徂沇切、

shuì 啐

啐 小歠也、从口卒聲、讀若㕞、所劣切、

chán 嚵

嚵 小啐也、从口毚聲、一曰喙也、士咸切、

shì 噬

噬 啗也、喙也、从口筮聲、時制切、

dàn 啗

啗 食也、从口臽聲、讀與含同、徒濫切、

jī 嘰

嘰 小食也、从口幾聲、居衣切、

bó ⿰口尃

⿰口尃 噍皃、从口尃聲、補各切、

hán 含

含 嗛也、从口今聲、胡男切、

bǔ 哺

哺 哺咀也、从口甫聲、薄故切、

wèi 味
味 滋味也、从口、未聲、無沸切、

hù 嚛
嚛 食辛嚛也、从口、樂聲、火沃切、

zhuó ⿱竅口
⿱竅口 口滿食、从口、竅聲、丁滑切、

yī 噫
噫 飽食息也、从口、意聲、於介切、

tān 嘽
嘽 喘息也、一曰喜也、从口、單聲、詩曰、嘽嘽駱馬、他干切、

tuò 唾
唾 口液也、从口、𠂹聲、湯臥切、
涶 唾或从水、

yí 咦
咦 南陽謂大呼曰咦、从口、夷聲、以之切、

xì 呬
呬 東夷謂息爲呬、从口、四聲、詩曰、犬夷呬矣、虛器切、

chuǎn 喘
喘 疾息也、从口、耑聲、昌沇切、

hū 呼
呼 外息也、从口、乎聲、荒烏切、

xī 吸 内息也、从口、及聲、許及切、

xū 噓 吹也、从口、虛聲、朽居切、

chuī 吹 噓也、从口、从欠、昌垂切、

kuì 喟 大息也、从口、胃聲、丘貴切、嘳 喟、或从貴、

tūn 啍 口气也、从口、𦎧聲、詩曰、大車啍啍、他昆切、

tì 嚔 悟解气也、从口、疐聲、詩曰、願言則嚔、都計切、

zhì 㘉 野人言之、从口、質聲、之日切、

jìn 唫 口急也、从口、金聲、巨錦切、又牛音切、

jìn 噤 口閉也、从口、禁聲、巨禁切、

míng 名 自命也、从口、从夕、夕者冥也、冥不相見、故以口自名、

wú 吾　zhé 哲　jūn 君　mìng 命　zī 咨　zhào 召　wèn 問　wěi 唯

武幷切、

吾 我自稱也、从口、五聲、五乎切、

哲 知也、从口、折聲、陟列切、悊 哲或从心、嚞 古文哲、从三吉、

君 尊也、从尹發號、故从口、舉云切、𠱄 古文、象君坐形、

命 使也、从口、从令、眉病切、

咨 謀事曰咨、从口、次聲、即夷切、

召 評也、从口、刀聲、直少切、

問 訊也、从口、門聲、亡運切、

唯 諾也、从口、隹聲、以水切、

chàng 唱
唱 導也、从口昌聲、尺亮切、

hè 和
和 相譍也、从口禾聲、戶戈切、

xì 咥
咥 大笑也、从口至聲、詩曰、咥其笑矣、許旣切、又直結切、

è 啞
啞 笑也、从口亞聲、易曰、笑言啞啞、於革切、

jué 噱
噱 大笑也、从口豦聲、其虐切、

xī 唏
唏 笑也、从口、稀省聲、一曰哀痛不泣曰唏、虛豈切、

yǐn 听
听 笑皃、从口、斤聲、宜引切、

yì 呭
呭 多言也、从口、世聲、詩曰、無然呭呭、余制切、

jiāo 嘄
嘄 聲嘄嘄也、从口、梟聲、古堯切、

duō 咄
咄 相謂也、从口、出聲、當沒切、

āi 唉：譍也、从口、矣聲、讀若埃、烏開切、

zāi 哉：言之閒也、从口、𢦏聲、祖才切、

zǔn 噂：聚語也、从口、尊聲、詩曰、噂沓背憎、子損切、

qǐ 咠：聶語也、从口、从耳、詩曰、咠咠幡幡、七入切、

xiā 呷：吸呷也、从口、甲聲、呼甲切、

huì 嘒：小聲也、从口、彗聲、詩曰、嘒彼小星、呼惠切、
嚖：或从慧、

rán 嘫：語聲也、从口、然聲、如延切、

běng 唪：大笑也、从口、奉聲、讀若詩曰瓜瓞菶菶、方蠓切、

tián 嗔：盛气也、从口、眞聲、詩曰、振旅嗔嗔、待年切、

piāo 嘌：疾也、从口、㶾聲、詩曰、匪車嘌兮、撫招切、

hū 嘑　yù 喅　xiào 嘯　yí 台　yáo 嗂　qǐ 启　tǎn 嗿　xián 咸　chéng 呈　yòu 右

嘑 嗁也、从口、虖聲、荒烏切、

喅 音聲喅喅然、从口、昱聲、余六切、

嘯 吹聲也、从口、肅聲、穌弔切、歗 籒文嘯、从欠、

台 說也、从口、㠯聲、與之切、

嗂 喜也、从口、䍃聲、余招切、

启 開也、从戶、从口、康禮切、

嗿 聲也、从口、貪聲、詩曰、有嗿其饁、他感切、

咸 皆也、悉也、从口、从戌、戌悉也、胡監切、

呈 平也、从口、𡈼聲、直貞切、

右 助也、从口、从又、徐鍇曰、言不足以左、復手助之、于救切、

chì	jí	zhōu	táng	chóu	dàn	yē	wà	xiàn	tǔ
啻	吉	周	唐	𠷎	嘾	噎	嗢	哯	吐

啻 語時不啻也、从口帝聲、一曰、啻、諟也、讀若鞮、施智切、

吉 善也、从士口、居質切、

周 密也、从用口、職畱切、〔古文〕古文周字、从古文及、

唐 大言也、从口庚聲、徒郎切、〔古文〕古文唐、从口昜、

𠷎 誰也、从口𠷎又聲、𠷎古文疇、直由切、

嘾 含深也、从口覃聲、徒感切、

噎 飯窒也、从口壹聲、烏結切、

嗢 咽也、从口𥁕聲、烏沒切、

哯 不歐而吐也、从口見聲、胡典切、

吐 寫也、从口土聲、他魯切、

yuē 噦
噦 气啎也、从口、歲聲、於月切、

fú 咈
咈 違也、从口、弗聲、周書曰、咈其耇長、符弗切、

yōu 嚘
嚘 語未定皃、从口、憂聲、於求切、

jī 吃
吃 言蹇難也、从口、气聲、居乙切、

shì 嗜
嗜 嗜、欲喜之也、从口、耆聲、常利切、

dàn 啖
啖 噍啖也、从口、炎聲、一曰噉、徒敢切、

gěng 哽
哽 語爲舌所介也、从口、更聲、讀若井級綆、古杏切、

jiāo 嘐
嘐 誇語也、从口、翏聲、古肴切、

zhāo 啁
啁 啁、嘐也、从口、周聲、陟交切、

wā 哇
哇 諂聲也、从口、圭聲、讀若醫、於佳切、

è 咅
咅 語相訶歫也。从口歫辛。辛，惡聲也。讀若櫱。五葛切。

dōu 吺
吺 讘吺，多言也。从口，投省聲。當侯切。

dǐ 呧
呧 苛也。从口，氐聲。都禮切。

zǐ 呰
呰 苛也。从口，此聲。將此切。

zhè 嗻
嗻 遮也。从口，庶聲。之夜切。

jiá 唊
唊 妄語也。从口，夾聲。讀若莢。古叶切。

kè 嗑
嗑 多言也。从口，盍聲。讀若甲。候榼切。

bēng 嗙
嗙 訶聲。嗙喻也。从口，旁聲。司馬相如說，淮南宋蔡舞嗙喻也。補盲切。

xiè 嘺
嘺 高气多言也。从口，蠆省聲。春秋傳曰：嘺言。訶介切。

qiú 㕤
高气也、从口、九聲、臨淮有㕤猶縣、巨鳩切、

chāo 嘮
嘮呶讙也、从口、勞聲、敕交切、

náo 呶
讙聲也、从口、奴聲、詩曰、載號載呶、女交切、

chì 叱
訶也、从口、七聲、昌栗切、

pēn 噴
吒也、从口、賁聲、一曰鼓鼻、普魂切、

zhà 吒
噴也、叱怒也、从口、乇聲、陟駕切、

yù 噊
危也、从口、矞聲、余律切、

cuì 啐
驚也、从口、卒聲、七外切、

zhēn 唇
驚也、从口、辰聲、側鄰切、

xū 吁
驚也、从口、于聲、況于切、

xiāo 嘵

嘵 懼也、从口、堯聲、詩曰、唯予音之嘵嘵、許么切、

zé 嘖

嘖 大呼也、从口、責聲、士革切、謮 嘖或从言、

áo 嗷

嗷 衆口愁也、从口、敖聲、詩曰、哀鳴嗷嗷、五牢切、

diàn 唸

唸 吚也、从口、念聲、詩曰、民之方唸吚、都見切、

xī 吚

吚 唸吚、呻也、从口、尸聲、馨伊切、

yán 嚴

嚴 呻也、从口、嚴聲、五銜切、

shēn 呻

呻 吟也、从口、申聲、失人切、

yín 吟

吟 呻也、从口、今聲、魚音切、䪩 吟或从音、訡 或从言、

zī 嗞

嗞 嗟也、从口、茲聲、子之切、

máng 哤

哤 哤異之言、从口、尨聲、一曰雜語、讀若尨、莫江切、

jiào 叫

嘑也、从口丩聲、古弔切、

kài 嘅

嘆也、从口既聲、詩曰、嘅其嘆矣、苦蓋切、

xián 唌

語唌嘆也、从口延聲、夕連切、

tàn 嘆

吞歎也、从口歎省聲、一曰、太息也、他案切、

yè 喝

㵣也、从口曷聲、於介切、

shào 哨

不容也、从口肖聲、才肖切、

é 吪

動也、从口化聲、詩曰、尚寐無吪、五禾切、

cǎn 噆

嗛也、从口朁聲、子荅切、

lìn 吝

恨惜也、从口文聲、易曰、以往吝、臣鉉等曰、今俗別作悋、非是、良刃切

古文吝、从彣、

gè 各 異辭也、从口夂、夂者有行而止之不相聽也、古洛切、

fǒu 否 不也、从口从不、方九切、

yàn 唁 弔生也、从口言聲、詩曰、歸唁衛侯、魚變切、

āi 哀 閔也、从口衣聲、烏開切、

tí 嗁 號也、从口虒聲、杜兮切

hù 嗀 歐皃、从口殸聲、春秋傳曰、君將嗀之、許角切、

kuā 咼 口戾不正也、从口冎聲、苦媧切

jì 嘁 嗼也、从口叔聲、前歷切

mò 嗼 嘁嗼也、从口莫聲、莫各切、

guā 𠯑 塞口也、从口氒省聲、氒音厥、古活切、 古文从甘、

sǒu 嗾 使犬聲、从口、族聲、春秋傳曰、公嗾夫獒、穌奏切、

fèi 吠 犬鳴也、从犬口、符廢切、

páo 咆 嗥也、从口、包聲、薄交切、

háo 嗥 咆也、从口、皋聲、乎刀切、 譚長說嗥从犬

jiē 喈 鳥鳴聲、从口、皆聲、一曰鳳皇鳴聲喈喈、古諧切、

xiāo 哮 豕驚聲也、从口、孝聲、許交切、

wō 喔 雞聲也、从口、屋聲、於角切、

è 呃 喔也、从口、戹聲、烏格切、

zhòu 咮 鳥口也、从口、朱聲、章俱切、

yīng 嚶 鳥鳴也、从口、嬰聲、烏莖切、

啄 鳥食也。从口，豖聲。竹角切。

唬 唬聲也。一曰虎聲。从口，从虎。讀若暠。呼訏切。

呦 鹿鳴聲也。从口，幼聲。伊虯切。 𣢸 呦或从欠。

噳 麋鹿羣口相聚皃。从口，虞聲。詩曰：麀鹿噳噳。魚矩切。

喁 魚口上見。从口，禺聲。魚容切。

局 促也。从口在尺下，復局之。一曰博所以行棊。象形。徐鍇曰：人之無涯者唯口，故口在尺下則爲局。博局外有垠堮周限也。渠緑切。

㕣 山閒陷泥地。从口，从水敗皃。讀若沇州之沇。九州之渥地也，故以沇名焉。以轉切。 古文㕣。

文一百八十　重二十一

é 哦　hè 嗃　shòu 售　yǎn 噞　lì 唳　chī 喫　huàn 喚　hāi 咍　cháo 嘲　xiā 呀

哦　吟也、从口、我聲、五何切、

嗃　嗃嗃、嚴酷皃、从口、高聲、呼各切、

售　賣去手也、从口、雔省聲、詩曰、賈用不售、承臭切、

噞　噞喁、魚口上見也、从口、僉聲、魚檢切、

唳　鶴鳴也、从口、戾聲、郎計切、

喫　食也、从口、契聲、苦擊切、

喚　評也、从口、奐聲、古通用奐、呼貫切、

咍　蚩笑也、从口、从台、呼來切、

嘲　謔也、从口、朝聲、漢書通用啁、陟交切、

呀　張口皃、从口、牙聲、許加切、

kǎn 凵　xuān 吅　níng 𡅅　yán 嚴　è 咢　dān 單

文十 新附

凵 張口也。象形。凡凵之屬皆从凵。口犯切

文一

吅 驚嘑也。从二口。凡吅之屬皆从吅。讀若讙。臣鉉等曰：或通用讙。今俗别作喧，非是。況袁切

𡅅 亂也。从爻工交吅。一曰窒𡅅。讀若禳。徐鍇曰：二口噂沓也，爻物相交質也，工人所作也，已象交構形。女庚切

籀文𡅅。

嚴 教命急也。从吅厰聲。語杴切

古文。

咢 譁訟也。从吅屰聲。五各切

單 大也。从吅甲，吅亦聲。闕。都寒切

zhōu 㗊 kū 哭 sàng 喪 zǒu 走 qū 趨 fù 赴 qù 趣

[篆] 呼雞重言之。从吅，州聲。讀若祝。之六切

文六　重二

[篆] 哀聲也。从吅，獄省聲。凡哭之屬皆从哭。苦屋切

[篆] 亾也。从哭，从亾。會意。亾亦聲。息郎切

文二

[篆] 趨也。从夭、止。夭止者屈也。凡走之屬皆从走。徐鍇曰：走則足屈，故从夭。子苟切

[篆] 走也。从走，芻聲。七逾切

[篆] 趨也。从走，仆省聲。臣鉉等曰：春秋傳赴告用此字，今俗作訃，非是。芳遇切

[篆] 疾也。从走，取聲。七句切

chāo 超　跳也、从走、召聲、敕宵切、

qiāo 趫　善緣木走之才、从走、喬聲、讀若王子蹻、去嚻切、

jiū 赳　輕勁有才力也、从走、丩聲、讀若鐈、居黝切、

qí 䞘　緣大木也、一曰行皃、从走、支聲、巨之切、

zào 趮　疾也、从走、喿聲、臣鉉等曰、今俗別作躁、非是、則到切

yuè 趯　踊也、从走、翟聲、以灼切、

jué ⿺走厥　蹠也、从走、厥聲、居月切、

yuè 越　度也、从走、戉聲、王伐切、

chèn 趁　䞣也、从走、㐱聲、讀若塵、丑刃切、

zhān 䞣　趁也、从走、亶聲、張連切、

què 趞

趞趞也。一曰行皃。从走昔聲。七雀切

qiāo 趬

行輕皃。一曰趬舉足也。从走堯聲。牽遥切

xián 䞘

急走也。从走弦聲。胡田切

cī 趀

蒼卒也。从走朿聲。讀若資。取私切

piāo 䞄

輕行也。从走票聲。撫招切

qǐn 䞍

行皃。从走臤聲。讀若菣。弃忍切

qiū 趥

行皃。从走酋聲。千牛切

zhú 𧾟

行皃。从走蜀聲。讀若燭。之欲切

jiàng 𧽊

行皃。从走匠聲。讀若匠。疾亮切

xún 𧾊

走皃。从走叡聲。讀若紃。臣鉉等以爲叡聲遠，疑从睿。祥遵切

jié ⿺走薊

⿺走薊 走意。从走，薊聲。讀若髽結之結。古屑切。

yǔn ⿺走囷

⿺走囷 走意。从走，囷聲。丘忿切。

suō 趖

趖 走意。从走，坐聲。蘇和切。

xiàn ⿺走憲

⿺走憲 走意。从走，憲聲。許建切。

biān ⿺走臱

⿺走臱 走意。从走，臱聲。布賢切。

zhí ⿺走戴

⿺走戴 走也。从走，戴聲。讀若詩威儀秩秩。直質切。

yòu 趙

⿺走有 走也。从走，有聲。讀若又。子救切。

wǔ ⿺走烏

⿺走烏 走輕也。从走，烏聲。讀若鄔。安古切。

qú 趯

⿺走瞿 走顧皃。从走，瞿聲。讀若劬。其俱切。

jiǎn ⿺走蹇

⿺走蹇 走皃。从走，蹇省聲。九輦切。

cāi ⿺走才
疑之等⿺走才而去也、从走才聲、倉才切、

cǐ 趀
淺渡也、从走此聲、雌氏切、

qióng 赹
獨行也、从走勻聲、讀若煢、渠營切、

yú ⿺走與
安行也、从走與聲、余呂切、

qǐ 起
能立也、从走巳聲、墟里切、
古文起、从辵、

hái ⿺走里
畱意也、从走里聲、讀若小兒孩、戶來切、

xiòng ⿺走臭
行也、从走臭聲、香仲切、

yǐn ⿺走金
低頭疾行也、从走金聲、牛錦切、

jí 趌
趌⿺走曷、怒走也、从走吉聲、去吉切、

jié ⿺走曷
趌⿺走曷也、从走曷聲、居謁切、

xuān 趮 疾也。从走睘聲。讀若讙。况袁切

jí 趌 直行也。从走气聲。魚訖切

yì 趩 趨進趩如也。从走翼聲。與職切

jué 赽 踶也。从走，決省聲。古穴切

chì 趩 行聲也。一曰不行皃。从走異聲。讀若敕。丑亦切

dī 趆 趨也。从走氐聲。都禮切

chí 趍 趨趙，久也。从走多聲。直离切

zhào 趙 趨趙也。从走肖聲。治小切

qǐn 赾 行難也。从走斤聲。讀若堇。丘堇切

jú 趜 走意也。从走夐聲。讀若繘。居聿切

chuò 趠
遠也、从走、卓聲、敕角切

yuè ⿺走龠
趠⿺走龠也、从走、龠聲、以灼切

jué ⿺走矍
大步也、从走、矍聲、丘縛切

chì ⿺走契
超特也、从走、契聲、丑例切

jī ⿺走幾
走也、从走、幾聲、居衣切

fú ⿺走弗
走也、从走、弗聲、敷勿切

jú ⿺走矞
狂走也、从走、矞聲、余律切

mán ⿺走曼
行遲也、从走、曼聲、莫還切

jué 趉
走也、从走、出聲、讀若無尾之屈、瞿勿切

jú 趜
窮也、从走、匊聲、居六切

cī 赼

赼趄，行不進也。从走次聲。取私切

jū 趄

趑趄也。从走且聲。七余切

qiān 䞐

蹇行䞐䞐也。从走虔聲。讀若愆。去虔切

quán 𧾩

行𧾩趢也。一曰行曲脊皃。从走雚聲。巨員切

lù 趢

𧾩趢也。从走录聲。力玉切

qūn 𧼯

行趚𧼯也。从走夋聲。七倫切

qǐ 趚

側行也。从走朿聲。詩曰：謂地蓋厚，不敢不趚。資昔切

kuǐ 𧻓

半步也。从走圭聲。讀若跬同。丘弭切

chí 𧽯

𧽯鷈，輕薄也。从走虒聲。讀若池。直离切

bó 𧻸

僵也。从走咅聲。讀若匐。朋北切

chě 赿
距也、从走、庍省聲、漢令曰、赿張百人、車者切、

lì ⿺走樂
動也、从走、樂聲、讀若春秋傳曰輔⿺走樂、郎擊切、

cuǐ 趡
動也、从走、隹聲、春秋傳曰盟于趡、趡地名、千水切、

yuán ⿺走亘
⿺走亘田易居也、从走、亘聲、羽元切、

diān ⿺走眞
走頓也、从走、眞聲、讀若顛、都年切、

yǒng ⿺走甬
喪辟⿺走甬、从走、甬聲、余隴切、

bì ⿺走畢
止行也、一曰竈上祭名、从走、畢聲、甲吉切、

jiàn ⿺走斬
進也、从走、斬聲、藏監切、

tí 趧
趧婁、四夷之舞、各自有曲、从走、是聲、都兮切、

tiáo 趒
雀行也、从走、兆聲、徒遼切、

qián 赶 zhǐ 止 zhǒng 歱 chēng 堂 chí 峙 jù 歫 qián 歬 lì 歷

赶 舉尾走也、从走、干聲、巨言切

文八十五　重一

止 下基也、象艸木出有址、故以止爲足、凡止之屬皆从止、諸市切

歱 跟也、从止、重聲、之隴切

堂 歫也、从止、尚聲、丑庚切

峙 踞也、从止、寺聲、直离切

歫 止也、从止、巨聲、一曰搶也、一曰超歫、其呂切

歬 不行而進謂之歬、从止在舟上、昨先切

歷 過也、从止、厤聲、郎擊切

chù 𣦼：至也、从止、叔聲、（昌六切）

bì 𣦢：人不能行也、从止、辟聲、（必益切）

guī 歸：女嫁也、从止、从婦省、𠂤聲、（舉韋切）籒文省、

jié 疌：疾也、从止、从又、又、手也、屮聲、（疾葉切）

niè 𡕥：機下足所履者、从止、从又、入聲、（尼輒切）

tà 少：蹈也、从反止、讀若撻、（他達切）

sè 歮：不滑也、从四止、（色立切）

文十四　重一

bō 癶：足剌癶也、从止㞢、凡癶之屬皆从癶、讀若撥、（北末切）

dēng 登：上車也、从癶豆、象登車形、（都滕切）籒文登、从収、

bá 癹

癹 以足蹋夷艸、从癶从殳、春秋傳曰、癹夷蘊崇之、普活切、

文三　重一

bù 步

步 行也、从止㞢相背、凡步之屬皆从步、薄故切、

suì 歲

歲 木星也、越歷二十八宿、宣偏陰陽、十二月一次、从步戌聲、律歷書名五星爲五步、相銳切、

文二

cǐ 此

此 止也、从止从匕、匕、相比次也、凡此之屬皆从此、雌氏切、

zǐ 啙

啙 窳也、闕、將此切、

zuǐ 𣦵

𣦵 識也、从此束聲、一曰藏也、遵誄切、

文三

suò
些

些 語辭也。見楚辭。从此从二。其義未詳。蘇箇切。

文一 新附

說文解字弟二上

李承緒篆

黎永春校

王國瑞覆校

陳昌治校刊

zhèng 正　fá 乏　shì 是

說文解字弟二下

漢太尉祭酒許愼記

宋右散騎常侍徐鉉等校定

正 是也、从止一以止、凡正之屬皆从正、徐鍇曰、守一以止也、之盛切

𠀤 古文正从二、二古上字、**𡳿** 古文正从一足足者亦止也、

乏 春秋傳曰反正爲乏、房法切、

文二　重二

是 直也、从日正、凡是之屬皆从是、承旨切、**𣆪** 籒文是从古文正、

wěi 韙　xiǎn 尟　chuò 辵　jì 迹　huì 𨗿　shuài 𨔶

韙是也、从是韋聲、春秋傳曰、犯五不韙、于鬼切、愇籀文

韙从心、

尟是少也、尟俱存也、从是少、賈侍中說、酥典切、

文三　重二

辵乍行乍止也、从彳从止、凡辵之屬皆从辵、讀若春秋

公羊傳曰、辵階而走、丑略切、

迹步處也、从辵亦聲、資昔切、蹟或从足責、𨒪籀文迹、

从朿、

𨗿無違也、从辵舝聲、讀若害、胡蓋切、

𨔶先道也、从辵率聲、疏密切、

mài 邁 xún 巡 jiù 遚 tú 䢊 yóu 邎 zhēng 延 suí 隨 bó 迹 wàng 迋 shì 逝

邁遠行也、从辵蠆省聲、莫話切 邁邁或不省、

巡延行皃、从辵川聲、詳遵切

遚恭謹行也、从辵𣪘聲、讀若九、居又切

䢊步行也、从辵土聲、同都切

邎行邎徑也、从辵繇聲、以周切

延正行也、从辵正聲、諸盈切 征延或从彳、

隨从也、从辵隋省聲、旬爲切

迹行皃、从辵市聲、蒲撥切

迋往也、从辵王聲、春秋傳曰子無我迋、于放切

逝往也、从辵折聲、讀若誓、時制切

cú 𨑢

𨑢往也、从辵、且聲、𨑢齊語、全徒切、徂𨑢或从彳、𨙬籀文从虘、

shù 述

述循也、从辵、朮聲、食聿切、䢲籀文从秫、

zūn 遵

遵循也、从辵、尊聲、將倫切、

shì 適

適之也、从辵、啻聲、適宋魯語、施隻切、

guò 過

過度也、从辵、咼聲、古禾切、

guàn 遦

遦習也、从辵、貫聲、工患切、

dú 𨘻

𨘻媟𨘻也、从辵、𧶠聲、徒谷切、

jìn 進

進登也、从辵、閵省聲、卽刃切、

zào 造

造就也、从辵、告聲、譚長說造上士也、七到切、艁古文造、

从舟、

yú 逾

逾 逾進也、从辵俞聲、周書曰、無敢昬逾、羊朱切、

tà 遝

遝 迨也、从辵眔聲、徒合切、

hé 迨

迨 遝也、从辵合聲、侯閤切、

zé 迮

迮 迮迮起也、从辵作省聲、阻革切、

cuò 逪

逪 迹逪也、从辵昔聲、倉各切、

chuán 遄

遄 往來數也、从辵耑聲、易曰、㠯事遄往、市緣切、

sù 速

速 疾也、从辵束聲、桑谷切、**遬** 籒文从欶、[illegible] 古文从欶、从言、

xùn 迅

迅 疾也、从辵卂聲、息進切、

kuò 适
疾也、从辵昏聲、讀與括同、古活切、

nì 逆
迎也、从辵屰聲、關東曰逆、關西曰迎、宜戟切、

yíng 迎
逢也、从辵卬聲、語京切、

jiāo 这
會也、从辵交聲、古肴切、

yù 遇
逢也、从辵禺聲、牛具切、

zāo 遭
遇也、从辵曹聲、一曰邐行、作曹切、

gòu 遘
遇也、从辵冓聲、古候切、

féng 逢
遇也、从辵峯省聲、符容切、

è 遌
相遇驚也、从辵从㖾、㖾亦聲、五各切、

dí 迪
道也、从辵由聲、徒歷切、

dì 遞

更易也、从辵、虒聲、特計切、

tōng 通

達也、从辵、甬聲、他紅切、

xǐ 辿

迻也、从辵、止聲、斯氏切、

徙、或从彳、

古文徙、

yí 迻

遷徙也、从辵、多聲、弋支切、

qiān 遷

登也、从辵、䙴聲、七然切、

古文遷、从手西、

yùn 運

迻徙也、从辵、軍聲、王問切、

dùn 遁

遷也、一曰逃也、从辵、盾聲、徒困切、

xùn 遜

遁也、从辵、孫聲、蘇困切、

fǎn 返

還也、从辵、从反、反亦聲、商書曰、祖甲返、扶版切、

春秋傳、返从彳、

huán 還 xuǎn 選 sòng 送 qiǎn 遣 lǐ 邐 dài 逮 chí 遲 lí 遱 dì 遰

還 復也、从辵、睘聲、戶關切、

選 遣也、从辵巽、巽遣之、巽亦聲、一曰選擇也、思沇切、

送 遣也、从辵、倂省、蘇弄切、籀文不省、

遣 縱也、从辵、𠳋聲、去衍切、

邐 行邐邐也、从辵、麗聲、力紙切、

逮 唐逮及也、从辵、隶聲、臣鉉等曰、或作迨、徒耐切、

遲 徐行也、从辵、犀聲、詩曰、行道遲遲、直尼切、遲、或从𡰥、籀文遲从屖、

遱 徐也、从辵、黎聲、郎奚切、

遰 去也、从辵、帶聲、特計切、

yuān ⿺辶𣶒

行皃、从辵𣶒聲、烏玄切、

zhù ⿺辶馵

不行也、从辵馵聲、讀若住、中句切、

dòu 逗

止也、从辵豆聲、田候切、

qì 迟

曲行也、从辵只聲、綺戟切、

wēi 逶

逶迆、衺去之皃、从辵委聲、於爲切、 或从虫爲、

yǐ 迆

衺行也、从辵也聲、夏書曰、東迆北會于匯、移尔切、

yù 遹

回避也、从辵矞聲、余律切、

bì 避

回也、从辵辟聲、毗義切、

wéi 違

離也、从辵韋聲、羽非切、

lìn 遴

行難也、从辵粦聲、易曰、以往遴、良刃切、 或从人、

qūn 逡

[seal] 復也、从辵夋聲、七倫切、

dǐ 𨑹

[seal] 怒不進也、从辵氐聲、都禮切、

dá 達

[seal] 行不相遇也、从辵羍聲、詩曰、挑兮達兮、徒葛切、[seal] 達、或从大、或曰迭、

lù 逯

[seal] 行謹逯逯也、从辵录聲、盧谷切、

dòng 迵

[seal] 迵迭也、从辵同聲、徒弄切、

dié 迭

[seal] 更迭也、从辵失聲、一曰达、徒結切、

mí 迷

[seal] 或也、从辵米聲、莫兮切、

lián 連

[seal] 員連也、从辵从車、力延切、

qiú 逑

[seal] 斂聚也、从辵求聲、虞書曰、旁逑孱功、又曰、怨匹曰逑、

巨鳩切。

bài 退 敗也。从辵貝聲。周書曰：我興受其退。薄邁切。

huàn 逭 逃也。从辵官聲。胡玩切。
逭或从雚从兆。

dùn 遯 逃也。从辵从豚。徒困切。

bū 逋 亡也。从辵甫聲。博孤切。
籒文逋从捕。

yí 遺 亡也。从辵貴聲。以追切。

suì 遂 亡也。从辵㒸聲。徐醉切。
古文遂。

táo 逃 亡也。从辵兆聲。徒刀切。

zhuī 追 逐也。从辵𠂤聲。陟隹切。

zhú 逐 追也。从辵从豚省。徐鍇曰：豚走而豕追之，會意。直六切。

qiú 逎 迫也、从辵、酉聲、字秋切、逎、或从酋、

jìn 近 附也、从辵、斤聲、渠遴切、古文近、

liè 邋 擸也、从辵、巤聲、良涉切、

pò 迫 近也、从辵、白聲、傅陌切、

rì ⿺辶臸 近也、从辵、臸聲、人質切、

ěr 邇 近也、从辵、爾聲、兒氏切、古文邇、

è 遏 微止也、从辵、曷聲、讀若桑蟲之蝎、烏割切、

zhē 遮 遏也、从辵、庶聲、止車切、

yàn ⿺辶羨 遮⿺辶羨也、从辵、羨聲、于線切

zhì 迣 迾也、晉趙曰迣、从辵、世聲、讀若寘、征例切、

liè 迾

迾 遮也。从辵，𠂢聲。良辥切。

gān 迁

迁 進也。从辵，干聲。讀若干。古寒切。

qiān 遞

遞 過也。从辵，㐆聲。去虔切。

lóu 遱

遱 連遱也。从辵，婁聲。洛侯切。

bó 迊

迊 前頡也。从辵，市聲。賈侍中說，一讀若拾，又若郅。北末切。

jiā 迦

迦 迦互，令不得行也。从辵，枷聲。徐鍇曰：迦互，猶犬牙左右相制也。古牙切。

yuè 逑

逑 踰也。从辵，戉聲。易曰：雜而不逑。王伐切。

chěng 逞

逞 通也。从辵，呈聲。楚謂疾行爲逞。春秋傳曰：何所不逞欲。丑郢切。

liáo 遼

遼 遠也。从辵，尞聲。洛蕭切。

道 dào	邍 yuán	⿺辶疌 jiān	迂 yū	逴 chuò	迥 jiǒng	逖 tì	遠 yuǎn

遠 遼也。从辵袁聲。雲阮切 𨘱 古文遠。

逖 遠也。从辵狄聲。他歷切 逷 古文逖。

迥 遠也。从辵同聲。戶穎切

逴 遠也。从辵卓聲。一曰蹇也。讀若棹苕之棹。臣鉉等案：棹苕今無此語，未詳。敕角切

迂 避也。从辵于聲。憶俱切

⿺辶疌 目進極也。从辵疌聲。子僊切

邍 高平之野，人所登。从辵备彔。闕。愚袁切

道 所行道也。从辵从𩠐。一達謂之道。徒皓切 𨖍 古文道，从𩠐寸。

jù 遽 háng 迒 dì 𨑩 biān 邊 xiè 邂 hòu 逅 huáng 遑 bī 逼 miǎo 邈

遽 傳也。一曰窘也。从辵豦聲。其倨切

迒 獸迹也。从辵亢聲。胡郎切 ⿰𧾷更 迒或从足从更。

𨑩 至也。从辵弔聲。都歷切

邊 行垂崖也。从辵臱聲。布賢切

文一百一十八 重三十一

邂 邂逅，不期而遇也。从辵解聲。胡懈切

逅 邂逅也。从辵后聲。胡遘切

遑 急也。从辵皇聲。或从彳。胡光切

逼 近也。从辵畐聲。彼力切

邈 遠也。从辵䫉聲。莫角切

xiá 遐　qì 迄　bèng 迸　tòu 透　luó 邏　tiáo 迢　xiāo 逍　yáo 遙　chì 彳

遐 遠也、从辵叚聲、臣鉉等曰、或通用假字、胡加切、

迄 至也、从辵气聲、許訖切、

迸 散走也、从辵并聲、北諍切、

透 跳也、過也、从辵秀聲、他候切、

邏 巡也、从辵羅聲、郎左切、

迢 迢遰也、从辵召聲、徒聊切、

逍 逍遙、猶翶翔也、从辵肖聲、臣鉉等案、詩只用消搖、此二字字林所加、相邀切、

遙 逍遙也、又遠也、从辵䍃聲、余招切、

文十三　新附

彳 小步也、象人脛三屬相連也、凡彳之屬皆从彳、丑亦切

dé 德

德 升也、从彳悳聲、多則切、

jìng 徑

徑 步道也、从彳巠聲、徐鍇曰、道不容車、故曰步道、居正切、

fù 復

復 往來也、从彳复聲、房六切、

rǒu 㣥

㣥 復也、从彳从柔、柔亦聲、人九切、

chěng 徎

徎 徑行也、从彳呈聲、丑郢切、

wǎng 往

往 之也、从彳㞷聲、于兩切、

𨓏 古文从辵、

qú 忂

忂 行皃、从彳瞿聲、其俱切、

bǐ 彼

彼 往有所加也、从彳皮聲、補委切、

jiào 徼

徼 循也、从彳敫聲、古堯切、

xún 循

循 行順也、从彳盾聲、詳遵切、

jí 彶　sà ⿰彳歰　wēi 微　shì 徥　xú 徐　yí ⿰彳夷　pīng ⿰彳甹　fēng ⿰彳夆　jiàn ⿰彳戔　bàng 徬

彶 急行也、从彳及聲、居立切、

⿰彳歰 行皃、从彳歰聲、一曰、此與馺同、穌合切、

微 隱行也、从彳㪉聲、春秋傳曰、白公其徒微之、無非切、

徥 徥徥行皃、从彳是聲、爾雅曰、徥則也、是支切

徐 安行也、从彳余聲、似魚切、

⿰彳夷 行平易也、从彳夷聲、以脂切、

⿰彳甹 使也、从彳甹聲、普丁切、

⿰彳夆 使也、从彳夆聲、讀若螽、敷容切、

⿰彳戔 迹也、从彳戔聲、慈衍切、

徬 附行也、从彳旁聲、蒲浪切、

xī 徯 dài 待 dí 徂 biàn 徧 jiǎ 徦 tuì 復 hòu 後 tí 徲

徯 待也。从彳奚聲。胡計切 蹊 徯或从足。

待 竢也。从彳寺聲。徒在切

徂 行徂徂也。从彳由聲。徒歷切

徧 帀也。从彳扁聲。比薦切

徦 至也。从彳叚聲。古雅切

復 卻也。一曰行遲也。从彳从日从夊。他內切 衲 復或从內。 退 古文从辵。

後 遲也。从彳幺夊者後也。徐鍇曰：幺猶纚躓之也。胡口切 後 古文後从辵。

徲 久也。从彳犀聲。讀若遲。杜兮切

hěn 很 zhǒng 種 dé 得 jì 徛 xùn 徇 lǜ 律 yù 御 chù 亍

不聽从也、一曰行難也、一曰盭也、从彳皀聲、胡懇切、

相迹也、从彳重聲、之隴切、

行有所得也、从彳㝵聲、多則切、古文省彳、

舉脛有渡也、从彳奇聲、去奇切、

行示也、从彳匀聲、司馬法斬以徇、詞閏切、

均布也、从彳聿聲、呂戌切、

使馬也、从彳从卸、徐鍇曰、卸解車馬也、或彳或卸皆御者之職、牛據切、古文御、从又从馬、

步止也、从反彳、讀若畜、丑玉切、

文三十七 重七

yǐn 廴 tíng 廷 zhēng 𢓊 jiàn 建 chān 㢟 yán 延 xíng 行 shù 術

廴 長行也、从彳引之、凡廴之屬皆从廴、余忍切、

廷 朝中也、从廴壬聲、特丁切、

𢓊 行也、从廴正聲、諸盈切

建 立朝律也、从聿、从廴、臣鉉等曰、聿、律省也、居萬切、

文四

㢟 安步㢟㢟也、从廴、从止、凡㢟之屬皆从㢟、丑連切、

延 長行也、从㢟丿聲、以然切、

文二

行 人之步趨也、从彳、从亍、凡行之屬皆从行、戶庚切、

術 邑中道也、从行、朮聲、食聿切、

jiē 街	qú 衢	chōng 衝	tóng 衕	jiàn 衡	yú 衙	kàn 衎	xuàn 衒	shuài 衛	wèi 衞

街 四通道也、从行、圭聲、古膎切、

衢 四達謂之衢、从行、瞿聲、其俱切、

衝 通道也、从行、童聲、春秋傳曰、及衝、以戈擊之、昌容切、

衕 通街也、从行、同聲、徒弄切、

衡 迹也、从行、戔聲、才綫切、

衙 行皃、从行、吾聲、魚舉切、又音牙、

衎 行喜皃、从行、干聲、空旱切、

衒 行且賣也、从行、从言、黃絢切、衒 衒或从玄、

衛 將衛也、从行、率聲、所律切、

衞 宿衞也、从韋帀、从行、行、列衞也、于歲切、

chǐ 齒　yín 齗　chèn 齔　zé 䶦　chái 齜　xiè 齘

文十二　重一

齒 口齗骨也、象口齒之形、止聲、凡齒之屬皆从齒、昌里切

𠚕 古文齒字、

齗 齒本也、从齒、斤聲、語斤切

齔 毀齒也、男八月生齒、八歲而齔、女七月生齒、七歲而齔、从齒、从七、初堇切

䶦 齒相值也、一曰齧也、从齒、責聲、春秋傳曰、晳䶦、士革切

齜 齒相齗也、一曰開口見齒之皃、从齒、柴省聲、讀若柴、仕街切

齘 齒相切也、从齒、介聲、胡介切

yǎn 齞
齞 口張齒見、从齒、只聲、研繭切、

yàn ⿰齒兼
⿰齒兼 齒差也、从齒、兼聲、五銜切、

zōu 齺
齺 齒搚也、一曰齰也、一曰馬口中糜也、从齒、芻聲、側鳩切、

óu 齵
齵 齒不正也、从齒、禺聲、五婁切、

zhā 齇
齇 齬齒也、从齒、虘聲、側加切、

zōu 齱
齱 齵也、从齒、取聲、側鳩切、

cī 齹
齹 齒參差、从齒、差聲、楚宜切、

cuó ⿱佐齒
⿱佐齒 齒差跌皃、从齒、佐聲、春秋傳曰、鄭有子⿱佐齒、臣鉉等曰、說文無佐字、此字當从𨒪、傳寫之誤、昨何切、

quán 齤
齤 缺齒也、一曰曲齒、从齒、𢍏聲、讀若權、巨員切、

yǔn 齳　yà 齾　jù ⿰齒巨　ní 齯　yǐ 齮　zhí ⿰齒出　zé 齰　jiān ⿰齒咸　kěn 齦　yǎn ⿰齒干

齳 無齒也、从齒、軍聲、魚吻切、

齾 缺齒也、从齒、獻聲、五鎋切、

⿰齒巨 齗腫也、从齒、巨聲、區主切、

齯 老人齒、从齒、兒聲、五雞切、

齮 齧也、从齒、奇聲、魚綺切、

⿰齒出 齰齒也、从齒、出聲、仕乙切、

齰 齧也、从齒、筰聲、側革切、

齚 齰、或从乍、

⿰齒咸 齧也、从齒、咸聲、工咸切、

齦 齧也、从齒、㫐聲、康很切、

⿰齒干 齒見兒、从齒、干聲、五版切、

zú 𪘬
𪘬，齚也。从齒，卒聲。昨沒切

là 𪘨
𪘨，齒分骨聲。从齒，剌聲。讀若剌。盧達切

yǎo 齩
齩，齧骨也。从齒，交聲。五巧切

qiè 𪙊
𪙊，齒差也。从齒，屑聲。讀若切。千結切

xiá 𪘏
𪘏，齒堅聲。从齒，吉聲。赫鎋切

ái 𪙁
𪙁，𪙊牙也。从齒，豈聲。五來切

chī 齝
齝，吐而噍也。从齒，台聲。爾雅曰：牛曰齝。丑之切

hé 齕
齕，齧也。从齒，气聲。戶骨切

lián 𪚏
𪚏，齒見皃。从齒，聯聲。力延切

niè 齧
齧，噬也。从齒，㓞聲。五結切

chǔ 齭：齒傷酢也、从齒、所聲、讀若楚、創舉切

jiù 齨：老人齒如臼也、一曰馬八歲齒臼也、从齒、从臼、臼亦聲、其久切

yǔ 齬：齒不相值也、从齒、吾聲、魚舉切

xiè 齛：羊粻也、从齒、世聲、私列切

yì 齸：鹿麋粻、从齒、益聲、伊昔切

zhì ⿰齒至：齒堅也、从齒、至聲、陟栗切

huá 䶤：齧骨聲、从齒、从骨、骨亦聲、戶八切

kuò ⿰齒舌：噍聲、从齒、昏聲、古活切

bó ⿰齒尃：噍堅也、从齒、博省聲、補莫切

文四十四　重二

líng
齡

年也。从齒令聲。臣鉉等案：禮記夢帝與我九齡，疑通用靈。武王初聞九齡之語，不達其義，乃云西方有九國。若當時有此齡字，則武王豈不達也。蓋後人所加。郎丁切

文一　新附

yá
牙

牡齒也。象上下相錯之形。凡牙之屬皆从牙。五加切

古文牙。

qī
𤘩

武牙也。从牙从奇，奇亦聲。去奇切

qǔ
𤘯

齲齒也。从牙禹聲。區禹切

𤘯或从齒。

文三　重二

zú
足

人之足也，在下。从止口。凡足之屬皆从足。徐鍇曰：口象股脛之

形。即玉切。

tí 蹏

蹏 足也。从足虒聲。杜兮切。

gēn 跟

跟 足踵也。从足艮聲。古痕切。

𧿭 跟或从止。

huái 踝

踝 足踝也。从足果聲。胡瓦切。

zhí 跖

跖 足下也。从足石聲。之石切。

qī 踦

踦 一足也。从足奇聲。去奇切。

guì 跪

跪 拜也。从足危聲。去委切。

jì 跽

跽 長跪也。从足忌聲。渠几切。

dí 踧

踧 行平易也。从足叔聲。詩曰：踧踧周道。子六切。

qú 躣

躣 行皃。从足瞿聲。其俱切。

jí 踖
長脛行也、从足昔聲、一曰踧踖、資昔切、

jǔ 踽
疏行皃、从足禹聲、詩曰、獨行踽踽、區主切、

qiāng 蹡
行皃、从足將聲、詩曰、管磬蹡蹡、七羊切、

duàn 躖
踐處也、从足、斷省聲、徒管切、

fù 𧿹
趣越皃、从足卜聲、芳遇切、

yú 踰
越也、从足俞聲、羊朱切、

yuè ⿰𧾷戉
輕也、从足戉聲、王伐切、

qiāo 蹻
舉足行高也、从足喬聲、詩曰、小子蹻蹻、居勺切、

shū 跾
疾也、長也、从足攸聲、式竹切、

qiāng 蹌
動也、从足倉聲、七羊切、

yǒng 踊

踊 跳也。从足甬聲。余隴切

jī 躋

躋 登也。从足齊聲。商書曰：予顛躋。祖雞切

yuè 躍

躍 迅也。从足翟聲。以灼切

zhuān 跧

跧 蹴也。一曰卑也，絭也。从足全聲。莊緣切

cù 蹴

蹴 躡也。从足就聲。七宿切

niè 躡

躡 蹈也。从足聶聲。尼輒切

kuà 跨

跨 渡也。从足夸聲。苦化切

tà 蹋

蹋 踐也。从足易聲。徒盍切

bó 踄

踄 蹈也。从足步聲。旁各切，又音步

dǎo 蹈

蹈 踐也。从足舀聲。徒到切

chán 躔

躔，踐也。从足廛聲。直連切

jiàn 踐

踐，履也。从足戔聲。慈衍切

zhǒng 踵

踵，追也。从足重聲。一曰往來皃。之隴切

zhào 踔

踔，踶也。从足卓聲。知教切

dài 蹛

蹛，踶也。从足帶聲。當蓋切

bié 蹩

蹩，踶也。从足敝聲。一曰跛也。蒲結切

dì 踶

踶，躛也。从足是聲。特計切

wèi 躛

躛，衛也。从足衛聲。于歲切

dié 䠟

䠟，䠟足也。从足執聲。徒叶切

shì 𧿹

𧿹，尌也。从足氏聲。承旨切

zhí 蹢
zhú 蠋
zú 踤
jué 蹶
tiào 跳
zhèn 踬
chú 躇
fú 跸

蹢 住足也。从足，適省聲。或曰蹢躅。賈侍中說，足垢也。直隻切

躅 蹢躅也。从足，蜀聲。直録切

踤 觸也。从足，卒聲。一曰駭也。一曰蒼踤。昨没切

蹶 僵也。从足，厥聲。一曰跳也。亦讀若橜。居月切 蹷 蹶或从闕。

跳 蹶也。从足，兆聲。一曰躍也。徒遼切

踬 動也。从足，辰聲。側鄰切

躇 峙躇，不前也。从足，屠聲。直魚切

跸 跳也。从足，弗聲。敷勿切

bá 跋　diān 蹎　yì 跇　jiá 跲　zhì 躓　bèi ⿰𧾷貝　sà 趿　yáo ⿰𧾷䍃　tà 踏　zhí 蹠

蹠 楚人謂跳躍曰蹠、从足、庶聲、之石切

踏 趿也、从足、荅聲、他合切

⿰𧾷䍃 跳也、从足、䍃聲、余招切

趿 進足有所擷取也、从足、及聲、爾雅曰、趿謂之擷、穌合切

⿰𧾷貝 步行獵跋也、从足、貝聲、博蓋切

躓 跲也、从足、質聲、詩曰、載躓其尾、陟利切

跲 躓也、从足、合聲、居怯切

跇 述也、从足、世聲、丑例切

蹎 跋也、从足、眞聲、都年切

跋 蹎跋也、从足、犮聲、北末切

jí 蹐 小步也、从足、脊聲、詩曰不敢不蹐、資昔切

diē 跌 踼也、从足、失聲、一曰越也、徒結切

táng 踼 跌踼也、从足、昜聲、一曰搶也、徒郎切

dūn 蹲 踞也、从足、尊聲、徂尊切

jù 踞 蹲也、从足、居聲、居御切

kuà 跨 踞也、从足、夸聲、苦化切

jué 躩 足躩如也、从足、矍聲、丘縛切

bó 踣 僵也、从足、咅聲、春秋傳曰晉人踣之、蒲北切

bǒ 跛 行不正也、从足、皮聲、一曰足排之、讀若彼、布火切

jiǎn 蹇 跛也、从足、寒省聲、臣鉉等案易王臣蹇蹇、今俗作謇非、九輦切

pián 蹁

足不正也、从足扁聲、一曰拖後足馬、讀若苹、或曰徧、部田切、

kuí ⿰足𢍏

脛肉也、一曰曲脛也、从足𢍏聲、讀若逵、渠追切、

wō 踒

足跌也、从足委聲、烏過切、

xiǎn 跣

足親地也、从足先聲、穌典切、

jū 跔

天寒足跔也、从足句聲、其俱切、

kǔn ⿰足困

瘃足也、从足困聲、苦本切、

jù 距

雞距也、从足巨聲、其呂切、

xǐ 躧

舞履也、从足麗聲、所綺切、

⿰革麗 或从革、

xiā 蝦

足所履也、从足叚聲、乎加切、

fèi 𨁽

跀也、从足非聲、讀若匪、扶味切

yuè 跀

斷足也、从足月聲、魚厥切

跀、或从兀、

fàng 趽

曲脛馬也、从足方聲、讀與彭同、薄庚切

jué 趹

馬行皃、从足、決省聲、古穴切

yàn 趼

獸足企也、从足、幵聲、五甸切

lù 路

道也、从足、从各、臣鉉等曰、言道路人各有適也、洛故切

lìn 蹸

轢也、从足、粦聲、良忍切

qí 跂

足多指也、从足、支聲、巨支切

文八十五　重四

xiān 躚

蹁躚、旋行、从足、䙴聲、穌前切

cèng 蹭 dèng 蹬 cuō 蹉 tuó 跎 cù 蹙 chěn 踸 shū 疋

蹭 蹭蹬、失道也、从足曾聲、七鄧切、

蹬 蹭蹬也、从足、登聲、徒亘切、

蹉 蹉跎、失時也、从足差聲、臣鉉等案經史通用差池、此亦後人所加、七何切、

跎 蹉跎也、从足、它聲、徒何切、

蹙 迫也、从足戚聲、臣鉉等案李善文選注通蹴字、子六切、

踸 踸踔、行無常皃、从足甚聲、五甚切、

文七 新附

疋 足也、上象腓腸、下从止、弟子職曰、問疋何止、古文以爲詩大疋字、亦以爲足字、或曰胥字、一曰疋記也、凡疋之屬皆从疋、所菹切、

shū 𤴓　shū 𤴔　pǐn 品　niè 嵒　zào 喿　yuè 龠

𤴓 門戶疏窻也、从疋、疋亦聲、囱象𤴓形、讀若疏、所菹切

𤴔 通也、从爻、从疋、疋亦聲、所菹切

文三

品 眾庶也、从三口、凡品之屬皆从品、丕飲切

嵒 多言也、从品相連、春秋傳曰、次于嵒北、讀與聶同、尼輒切

喿 鳥羣鳴也、从品在木上、穌到切

文三

龠 樂之竹管、三孔、以和眾聲也、从品侖、侖、理也、凡龠之屬皆从龠、以灼切

chuī 龡 chí 鷈 hé 龢 xié 龤 cè 册 sì 嗣 biǎn 扁

龡 龡音律管壎之樂也。从龠炊聲。昌垂切

鷈 管樂也。从龠虒聲。直离切 篪 鷈或从竹。

龢 調也。从龠禾聲。讀與和同。戶戈切

龤 樂和龤也。从龠皆聲。虞書曰：八音克龤。戶皆切

文五 重一

册 符命也。諸矦進受於王也。象其札一長一短，中有二編之形。凡册之屬皆从册。楚革切 笧 古文册从竹。

嗣 諸侯嗣國也。从册从口司聲。徐鍇曰：册必於廟，史讀其册，故从口。祥吏切

孠 古文嗣从子。

扁 署也。从戶册。戶册者，署門戶之文也。方沔切

文三　重二

說文解字弟二下

李承緒篆

黎永椿校

王國瑞覆校

陳昌治校刊

說文解字弟三上

漢太尉祭酒許愼記

宋右散騎常侍徐鉉等校定

五十三部　六百三十文　重百四十五

凡八千六百八十四字

文十六新附

㗊　眾口也、从四口、凡㗊之屬皆从㗊、讀若戢、阻立切、又讀若呶、

嚚　語聲也、从㗊、臣聲、語巾切、嚚　古文嚚、

囂　聲也、气出頭上、从㗊、从頁、頁、首也、許嬌切、囂　囂或省、

jiào 嘂　huàn 𡅻　qì 器　shé 舌　tà 䑙　shì 舓

嘂 高聲也、一曰大呼也、从㗊丩聲、春秋公羊傳曰、魯昭公叫然而哭、古弔切

𡅻 呼也、从㗊莧聲、讀若讙、呼官切

器 皿也、象器之口、犬所以守之、去冀切

文六　重二

舌 在口所以言也、別味也、从干从口干亦聲、凡舌之屬皆从舌、徐鍇曰、凡物入口必干於舌、故从干、食列切

䑙 歠也、从舌沓聲、他合切

舓 以舌取食也、从舌易聲、神旨切

䑛 舓或从也、

文三　重一

gān 干　rěn 羊　nì 屰　jué 谷　tiàn 西

干 犯也、从反入、从一、凡干之屬皆从干、古寒切、

羊 撖也、从干、入一爲干、入二爲羊、讀若能、言稍甚也、如審切、

屰 不順也、从干下屮、屰之也、魚戟切、

文三

谷 口上阿也、从口上、象其理、凡谷之屬皆从谷、其虐切、

㖦 谷或如此、臄 或从肉、从豦、

西 舌皃、从谷省、象形、他念切、丙 古文西、讀若三年導服之導、一曰竹上皮、讀若沾、一曰讀若誓、弼字从此、

文二　重三

zhǐ 只　xīng ⿰甹只　nè 㕯　yù 矞　shāng 商　gōu 句

只 語巳詞也。从口，象气下引之形。凡只之屬皆从只。諸氏切

⿰甹只 聲也。从只，甹聲。讀若聲。呼形切

文二

㕯 言之訥也。从口，从内。凡㕯之屬皆从㕯。女滑切

矞 以錐有所穿也。从矛，从㕯。一曰滿有所出也。余律切

商 从外知内也。从㕯，章省聲。式陽切 商 古文商。商 亦古文商。商 籒文商。

文三　重三

句 曲也。从口，丩聲。凡句之屬皆从句。古侯切，又九遇切

jū 拘

拘 止也、从句、从手、句亦聲、舉朱切、

gǒu 笱

笱 曲竹捕魚笱也、从竹、从句、句亦聲、古厚切、

gōu 鉤

鉤 曲也、从金、从句、句亦聲、古矦切、

文四

jiū 丩

丩 相糾繚也、一曰瓜瓠結丩起、象形、凡丩之屬皆从丩、居虯切、

jiū 𠦬

𠦬 艸之相丩者、从茻、从丩、丩亦聲、居虯切、

jiū 糾

糾 繩三合也、从糸丩、居黝切、

文三

gǔ 古

古 故也、从十口、識前言者也、凡古之屬皆从古、臣鉉等曰、十口

jiǎ 嘏　shí 十　zhàng 丈　qiān 千　xì 肸　jí 卙　bó 博

所傳是前言也、公戶切、古 古文古、

嘏 大遠也、从古叚聲、古雅切、

文二　重一

十 數之具也、一爲東西、丨爲南北、則四方中央備矣、凡十之屬皆从十、是執切、

丈 十尺也、从又持十、直兩切、

千 十百也、从十、从人、此先切、

肸 響布也、从十、从𦣞、臣鉉等曰、𦣞、振𦣞也、羲乙切、

卙 卙卙、盛也、从十、从甚、汝南名蠶盛曰卙、子入切、

博 大通也、从十、从尃、尃、布也、補各切、

lè 協 nián 廿 jí 卙 sà 卅 shì 世 yán 言 yīng 譻

協 材十人也、从十、力聲、盧則切、

廿 二十并也、古文省、人汁切、

卙 詞之卙矣、从十、咠聲、秦入切、

文九

卅 三十并也、古文省、凡卅之屬皆从卅、蘇沓切、

世 三十年爲一世、从卅而曳長之、亦取其聲也、舒制切、

文二

言 直言曰言、論難曰語、从口、䇂聲、凡言之屬皆从言、語軒切、

譻 聲也、从言、賏聲、烏莖切、

qǐng 謦

欬也、从言、殸聲、殸、籒文磬字、去挺切、

yǔ 語

論也、从言、吾聲、魚舉切、

tán 談

語也、从言、炎聲、徒甘切、

wèi 謂

報也、从言、胃聲、于貴切、

liàng 諒

信也、从言、京聲、力讓切、

shēn 詵

致言也、从言、从先、先亦聲、詩曰、螽斯羽、詵詵兮、所臻切、

qǐng 請

謁也、从言、靑聲、七井切、

yè 謁

白也、从言、曷聲、於歇切、

xǔ 許

聽也、从言、午聲、虛呂切、

nuò 諾

譍也、从言、若聲、奴各切、

yìng 譍

譍 以言對也、从言、雁聲、於證切、

chóu 讎

讎 猶譍也、从言、雔聲、市流切、

zhū 諸

諸 辯也、从言、者聲、章魚切、

shī 詩

詩 志也、从言、寺聲、書之切、 𧦧 古文詩省、

chèn 讖

讖 驗也、从言、韱聲、楚蔭切、

fěng 諷

諷 誦也、从言、風聲、芳奉切、

sòng 誦

誦 諷也、从言、甬聲、似用切、

dú 讀

讀 誦書也、从言、賣聲、徒谷切、

yì 𧥣

𧥣 快也、从言、从中、於力切、

xùn 訓

訓 說教也、从言、川聲、許運切、

huì 誨 曉教也、从言每聲、荒内切、

zhuàn 譔 專教也、从言巽聲、此緣切、

pì 譬 諭也、从言辟聲、匹至切、

yuán 謜 徐語也、从言原聲、孟子曰、故謜謜而來、魚怨切、

yàng 詇 早知也、从言央聲、於亮切、

yù 諭 告也、从言俞聲、羊戍切、

bì 詖 辯論也、古文以爲頗字、从言皮聲、彼義切、

zhūn 諄 告曉之孰也、从言𦎫聲、讀若庉、章倫切、

chí 謘 語諄謘也、从言屖聲、直离切

è 詻 論訟也、傳曰、詻詻孔子容、从言各聲、五陌切、

yín 誾 móu 謀 mó 謨 fǎng 訪 jū 諏 lún 論 yì 議 dìng 訂 xiáng 詳

誾 和說而諍也、从言、門聲、語巾切、

謀 慮難曰謀、从言、某聲、莫浮切、 古文謀、 亦古文、

謨 議謀也、从言、莫聲、虞書曰、咎繇謨、莫胡切、 古文謨、从口、

訪 汎謀曰訪、从言、方聲、敷亮切、

諏 聚謀也、从言、取聲、子于切、

論 議也、从言、侖聲、盧昆切、

議 語也、从言、義聲、宜寄切、

訂 平議也、从言、丁聲、他頂切、

詳 審議也、从言、羊聲、似羊切、

xìn	chén	réng	jǐn	chá	xùn	shí	dì	shì
信	諶	訒	謹	詧	訊	識	諦	諟

諟 理也、从言、是聲、承旨切、

諦 審也、从言、帝聲、都計切、

識 常也、一曰知也、从言、戠聲、賞職切、

訊 問也、从言、卂聲、思晉切、 古文訊、从鹵、

詧 言微親詧也、从言、察省聲、楚八切、

謹 慎也、从言、堇聲、居隱切、

訒 厚也、从言、乃聲、如乘切、

諶 誠諦也、从言、甚聲、詩曰、天難諶斯、是吟切、

信 誠也、从人、从言、會意、息晉切、 古文从言省、 古文信、

文

chén 訦

燕代東齊謂信訦、从言、冘聲、是吟切

chéng 誠

信也、从言、成聲、氏征切

jiè 誡

敕也、从言、戒聲、古拜切

jì 誋

誡也、从言、忌聲、渠記切

huì 諱

誋也、从言、韋聲、許貴切

gào 誥

告也、从言、告聲、古到切、

古文誥、

zhào 詔

告也、从言、从召、召亦聲、之紹切

shì 誓

約束也、从言、折聲、時制切

xiān 譣

問也、从言、僉聲、周書曰、勿以譣人、息廉切

gǔ 詁

訓故言也、从言、古聲、詩曰詁訓、公戶切

ǎi 譪 sù 誎 xū 諝 zhèng 証 jiàn 諫 shěn 諗 kè 課 shì 試 xián 諴 yáo 䚻

譪　臣盡力之美。从言葛聲。詩曰：譪譪王多吉士。於害切

誎　餔旋促也。从言束聲。桑谷切

諝　知也。从言胥聲。私呂切

証　諫也。从言正聲。之盛切

諫　証也。从言柬聲。古晏切

諗　深諫也。从言念聲。春秋傳曰：辛伯諗周桓公。式荏切

課　試也。从言果聲。苦臥切

試　用也。从言式聲。虞書曰：明試以功。式吏切

諴　和也。从言咸聲。周書曰：不能諴于小民。胡毚切

䚻　徒歌。从言肉。余招切

quán 詮
詮 具也。从言全聲。此緣切

xīn 訢
訢 喜也。从言斤聲。許斤切

shuō 説
説 説釋也。从言兑。一曰談説。失爇切。又弋雪切

jì 計
計 會也。筭也。从言从十。古詣切

xié 諧
諧 詥也。从言皆聲。戶皆切

hé 詥
詥 諧也。从言合聲。候閤切

tiáo 調
調 和也。从言周聲。徒遼切

huà 話
話 合會善言也。从言𠯑聲。傳曰：告之話言。胡快切 譮 籀文話从會。

zhuì 諈
諈 諈諉，纍也。从言垂聲。竹寘切

wěi 諉
諉 纍也、从言委聲、女恚切、

jǐng 警
警 戒也、从言从敬、敬亦聲、居影切、

mì 謐
謐 靜語也、从言𥁑聲、一曰無聲也、彌必切、

qiān 謙
謙 敬也、从言兼聲、苦兼切、

yì 誼
誼 人所宜也、从言从宜、宜亦聲、儀寄切、

xǔ 詡
詡 大言也、从言羽聲、況羽切、

jiàn 諓
諓 善言也、从言戔聲、一曰謔也、慈衍切、

é 誐
誐 嘉善也、从言我聲、詩曰、誐以溢我、五何切、

tóng 詷
詷 共也、一曰譀也、从言同聲、周書曰、在夏后之詷、徒紅切、

shè 設
設 施陳也、从言从殳、殳使人也、識列切、

hù 護 xuān 譞 bū 誧 xǐ 諰 tuō 託 jì 記 yù 譽 bò 譒 xiè 謝 ōu 謳

護 救視也、从言、蒦聲、胡故切、

譞 譞慧也、从言、圜省聲、許緣切、

誧 大也、一曰人相助也、从言、甫聲、讀若逋、博孤切、

諰 思之意、从言、从思、胥里切、

託 寄也、从言、乇聲、他各切、

記 疏也、从言、己聲、居吏切、

譽 偁也、从言、與聲、羊茹切、

譒 敷也、从言、番聲、商書曰、王譒告之、補過切、

謝 辤去也、从言、䠶聲、辝夜切、

謳 齊歌也、从言、區聲、烏侯切、

yǒng 詠

歌也、从言、永聲、爲命切、詠或从口、

zhèng 諍

止也、从言、爭聲、側迸切、

hū 評

召也、从言、乎聲、荒烏切、

hū 謼

評謼也、从言、虖聲、荒故切、

qì 訖

止也、从言、乞聲、居迄切、

yàn 諺

傳言也、从言、彥聲、魚變切、

yà 訝

相迎也、从言、牙聲、周禮曰、諸侯有卿訝發、吾駕切、

訝或从辵、

yì 詣

候至也、从言、旨聲、五計切、

jiǎng 講

和解也、从言、冓聲、古項切、

yú 諛 zé 諎 yíng 謍 náo 譊 jiào 嗸 xì 㑶 jiē 謯 nè 訥 rèn 訒 téng 謄

謄 迻書也。从言、朕聲。徒登切。

訒 頓也。从言、刃聲。論語曰、其言也訒。而振切。

訥 言難也。从言从内。内骨切。

謯 謯娽也。从言、虘聲。側加切。

㑶 待也。从言、伿聲。讀若饕。胡禮切。

嗸 痛呼也。从言、敫聲。古弔切。

譊 恚呼也。从言、堯聲。女交切。

謍 小聲也。从言、熒省聲。詩曰、謍謍青蠅。余傾切。

諎 大聲也。从言、昔聲。讀若笮。壯革切。

唶 諎、或从口。

諛 諂也。从言、臾聲。羊朱切。

chǎn 讇 xuān 諼 áo 謷 xù 訹 tuó 詑 mán 謾 zhā 譇 zhà 詐 zhé 讋 lián 謰

讇 諛也、从言閻聲、丑琰切、 諂 讇或省、

諼 詐也、从言爰聲、況袁切、

謷 不肖人也、从言敖聲、一曰、哭不止、悲聲謷謷、五牢切、

訹 誘也、从言术聲、思律切、

詑 沇州謂欺曰詑、从言它聲、託何切、

謾 欺也、从言曼聲、母官切、

譇 譇拏、羞窮也、从言奢聲、陟加切、

詐 慙語也、从言作聲、鉏駕切、

讋 讋讘也、从言執聲、之涉切、

謰 謰謱也、从言連聲、力延切、

lóu 謱　yí 詒　càn 謲　kuáng 誑　ài 譺　guà 䛩　shàn 訕　jī 譏　wū 誣　fěi 誹

謱 謰謱也、从言婁聲、陟侯切、

詒 相欺詒也、一曰遺也、从言台聲、與之切、

謲 相怒使也、从言參聲、倉南切、

誑 欺也、从言狂聲、居況切、

譺 騃也、从言疑聲、五介切、

䛩 相誤也、从言狊聲、古罵切、

訕 謗也、从言山聲、所晏切、

譏 誹也、从言幾聲、居衣切、

誣 加也、从言巫聲、武扶切、

誹 謗也、从言非聲、敷尾切、

bàng 謗

毀也、从言、旁聲、補浪切、

zhōu 譸

訓也、从言、壽聲、讀若醻、周書曰、無或譸張爲幻、張流切、

chóu 詶

譸也、从言、州聲、市流切、

zǔ 詛

詶也、从言、且聲、莊助切、

zhòu 䛆

詶也、从言、由聲、直又切、

chǐ 誃

離別也、从言、多聲、讀若論語跢予之足、周景王作洛陽誃臺、尺氏切、

bèi 誖

亂也、从言、孛聲、蒲沒切、

誖、或从心、

籀文誖、从二或、

luán 䜌

亂也、一曰治也、一曰不絕也、从言絲、呂員切、

古文䜌

wù 誤 guà 詿 xī 誒 xī 譆 huì 詯 lí 譪 yì 詍 zǐ 訾

縣、

誤 謬也、从言吳聲、五故切、

詿 誤也、从言圭聲、古賣切、

誒 可惡之辭、从言矣聲、一曰誒然、春秋傳曰誒誒出出、許其切、

譆 痛也、从言喜聲、火衣切、

詯 膽气滿聲在人上、从言自聲、讀若反目相睞、荒內切、

譪 譪詍、多言也、从言离聲、呂之切、

詍 多言也、从言世聲、詩曰無然詍詍、余制切、

訾 不思稱意也、从言此聲、詩曰翕翕訿訿、將此切、

táo 𧩙　nán 諵　tà 䜚　tà 誻　yán 詽　xié 讗　hōng 訇　piǎn 諞

𧩙 往來言也。一曰小兒未能正言也。一曰祝也。从言匋聲。大牢切。 𧩙 𧩙或从包。

諵 諵諵，多語也。从言冄聲。樂浪有諵邯縣。汝閻切。

䜚 語相反䜚也。从言遝聲。他合切。

誻 䜚誻也。从言，沓聲。徒合切。

詽 諍語詽詽也。从言幵聲。呼堅切。

讗 言壯皃。一曰數相怒也。从言巂聲。讀若畫。呼麥切。

訇 駭言聲。从言，勻省聲。漢中西城有訇鄉。又讀若玄。虎橫切。 訇 籒文不省。

諞 便巧言也。从言扁聲。《周書》曰：「截截善諞言。」《論語》曰：「友

pín ⿱頻言　kòu 訽　nì 誽　tiǎo 誂　zēng 譄　dié 詄　jì 諅　hàn 譀　kuā 誇

諞佞、部田切

⿱頻言 匹也、从言、頻聲、符眞切、

訽 扣也、如求婦先訽叕之、从言、从口、口亦聲、苦后切、

誽 言相說司也、从言、兒聲、女家切、

誂 相呼誘也、从言、兆聲、徒了切、

譄 加也、从言、从曾聲、作滕切、

詄 忘也、从言、失聲、徒結切、

諅 忌也、从言、其聲、周書曰、上不諅于凶德、渠記切、

譀 誕也、从言、敢聲、下闞切、 𧬁 俗譀从忘

誇 譀也、从言、夸聲、苦瓜切

dàn 誕

誕 詞誕也。从言延聲。徒旱切 𨒪 籒文誕省正。

mài 䜕

䜕 譀也。从言萬聲。莫話切

xuè 謔

謔 戲也。从言虐聲。詩曰：善戲謔兮。虛約切

hěn 詪

詪 眼戾也。从言皀聲。乎懇切

hòng 訌

訌 讀也。从言工聲。詩曰：蟊賊内訌。戶工切

huì 𧬈

𧬈 中止也。从言貴聲。司馬法曰：師多則人𧬈，𧬈止也。胡對切

huì 譿

譿 聲也。从言歲聲。詩曰：有譿其聲。呼會切

huà 諣

諣 疾言也。从言咼聲。呼卦切

tuí 𧮫

𧮫 譟也。从言魋聲。杜回切

zào 譟
譟 擾也、从言喿聲、蘇到切、

jiào 訆
訆 大呼也、从言丩聲、春秋傳曰、或訆于宋大廟、古弔切

háo 諕
諕 號也、从言从虎、乎刀切

huān 讙
讙 譁也、从言雚聲、呼官切

huā 譁
譁 讙也、从言華聲、呼瓜切

yú 謣
謣 妄言也、从言雩聲、羽俱切
䛆 謣或从荂、

é 譌
譌 譌言也、从言爲聲、詩曰、民之譌言、五禾切

guà 詿
詿 誤也、从言佳省聲、古賣切

wù 誤
誤 謬也、从言吳聲、五故切

miù 謬
謬 狂者之妄言也、从言翏聲、靡幼切

zhé 讋　jiē 䜐　xū 訏　zhà 詐　jué 譎　qī 諆　chāo 訬　bó 謈　huǎng 詤

詤 夢言也。从言巟聲。呼光切。

謈 大呼自勉也。从言暴省聲。蒲角切。

訬 訬擾也。一曰訬獪。从言少聲。讀若毚。楚交切。

諆 欺也。从言其聲。去其切。

譎 權詐也。益梁曰謬欺天下曰譎。从言矞聲。古穴切。

詐 欺也。从言乍聲。側駕切。

訏 詭譌也。从言于聲。一曰訏蓍。齊楚謂信曰訏。況于切。

䜐 咨也。一曰痛惜也。从言差聲。子邪切。

讋 失气言。一曰不止也。从言，龖省聲。傅毅讀若慴。之涉切。

籒文讋不省。

xí 謵 wù ⿰言亞 huī ⿱隓言 tà ⿰言闒 xiōng 詾 sòng 訟 chēn 謓 niè 讘 hē 訶 zhǐ ⿰臣言

謵 言謵讋也、从言、習聲、秦入切、

⿰言亞 相毀也、从言、亞聲、一曰畏亞、宛古切、

⿱隓言 相毀也、从言、隨省聲、雖遂切、

⿰言闒 嗑也、从言、闒聲、徒盍切、

詾 說也、从言、匈聲、許容切、訩 或省、⿰言兇 詾或从兇、

訟 爭也、从言、公聲、曰謌訟、似用切、𧩧 古文訟、

謓 恚也、从言、眞聲、賈侍中說謓笑、一曰讀若振、昌眞切、

讘 多言也、从言、聶聲、河東有狐讘縣、之涉切、

訶 大言而怒也、从言、可聲、虎何切、

⿰臣言 訐也、从言、臣聲、讀若指、職雉切、

jié 訐 sù 訴 zèn 譖 chán 讒 qiǎn 譴 zhé 謫 zhuān 諯 ràng 讓

訐 面相厈罪、相告訐也、从言干聲、居謁切、

訴 告也、从言厈省聲、論語曰、訴子路於季孫、臣鉉等曰、厈非聲、蓋古之字音多與今異、如皀亦音香、釁亦音門、乃亦音仍、他皆放此、古今失傳、不可詳究、桑故切、𧦅 訴或从言朔、愬 訴或从朔心、

譖 愬也、从言朁聲、莊蔭切、

讒 譖也、从言毚聲、士咸切、

譴 謫問也、从言遣聲、去戰切、

謫 罰也、从言啻聲、陟革切、

諯 數也、一曰相讓也、从言耑聲、讀若專、尺絹切、

讓 相責讓、从言襄聲、人漾切、

qiào 譙　cì 誎　suì 誶　jié 詰　wàng 䛐　guǐ 詭　zhèng 證　qū 詘　yuǎn 䛄

譙 嬈譊也、从言焦聲、讀若嚼、才肖切 誚 古文譙、从肖、周書曰、亦未敢誚公、

誎 數諫也、从言朿聲、七賜切

誶 讓也、从言卒聲、國語曰、誶申胥、雖遂切

詰 問也、从言吉聲、去吉切

䛐 責望也、从言望聲、巫放切

詭 責也、从言危聲、過委切

證 告也、从言登聲、諸應切

詘 詰詘也、一曰屈襞、从言出聲、區勿切 誳 詘、或从屈、

䛄 尉也、从言夗聲、於願切

xiōng 詗　juàn 譞　dǐ 詆　shuí 誰　gé 諽　lán 讕　zhěn 診　xī ⿰⿱其言斤　yóu 訧　zhū 誅

詗 知處告言之、从言、冋聲、朽正切

譞 流言也、从言、睘聲、火縣切

詆 苛也、一曰訶也、从言、氐聲、都禮切

誰 何也、从言、隹聲、示隹切

諽 飾也、一曰更也、从言、革聲、讀若戒、古覈切

讕 怟讕也、从言、闌聲、洛干切

譋 讕、或从閒、

診 視也、从言、㐱聲、直刃切、又之忍切

⿰⿱其言斤 悲聲也、从言、斯省聲、先稽切

訧 罪也、从言、尤聲、周書曰、報以庶訧、羽求切

誅 討也、从言、朱聲、陟輸切

tǎo 討 ān 諳 lěi 讄 shì 謚 lěi 誄 xǐ 謑 gòu 詬 dié 諜 gāi 該

討 治也、从言、从寸、他皓切、

諳 悉也、从言、音聲、烏含切、

讄 禱也、累功德以求福、論語云、讄曰、禱尔于上下神祇、从言、纍省聲、力軌切、讄 或不省、

謚 行之迹也、从言兮皿、闕、徐鍇曰兮聲也、神至切、

誄 謚也、从言、耒聲、力軌切、

謑 恥也、从言、奚聲、胡禮切、謑 謑或从奊、

詬 謑詬、恥也、从言、后聲、呼寇切、訽 詬或从句、

諜 軍中反閒也、从言、枼聲、徒叶切、

該 軍中約也、从言、亥聲、讀若心中滿該、古哀切、

yì 譯　qiú 訄　yì 謚　tà 譶　xún 詢　dǎng 讜　pǔ 譜　jù 詎　xiǎo 謏

譯 傳譯四夷之言者、从言睪聲、羊昔切

訄 迫也、从言九聲、讀若求、巨鳩切

謚 笑皃、从言益聲、伊昔切 又呼狄切

譶 疾言也、从三言、讀若沓、徒合切

文二百四十五　重三十三

詢 謀也、从言旬聲、相倫切

讜 直言也、从言黨聲、多朖切

譜 籍録也、从言普聲、史記从並、博古切

詎 詎猶豈也、从言巨聲、其呂切

謏 小也、誘也、从言叜聲、禮記曰足以謏聞、先鳥切

mí 謎　zhì 誌　jué 訣　jìng 誩　shàn 譱　jìng 競　dú 讟

謎 隱語也。从言迷，迷亦聲。莫計切。

誌 記誌也。从言，志聲。職吏切。

訣 訣別也。一曰法也。从言，決省聲。古穴切。

文八 新附

誩 競言也。从二言。凡誩之屬皆从誩。讀若競。渠慶切。

譱 吉也。从誩，从羊。此與義美同意。常衍切。善 篆文譱，从言。

競 彊語也。一曰逐也。从誩，从二人。渠慶切。

讟 痛怨也。从誩，賣聲。春秋傳曰：民無怨讟。徒谷切。

文四　重一

yīn 音　xiǎng 響　ān 韽　sháo 韶　zhāng 章　jìng 竟　yùn 韻

音 聲也、生於心、有節於外、謂之音、宮商角徵羽、聲、絲竹金石匏土革木、音也、从言含一、凡音之屬皆从音、於今切、

響 聲也、从音、鄉聲、許兩切

韽 下徹聲、从音、酓聲、恩甘切

韶 虞舜樂也、書曰、簫韶九成、鳳皇來儀、从音、召聲、市招切

章 樂竟爲一章、从音、从十、十數之終也、諸良切、

竟 樂曲盡爲竟、从音、从人、居慶切、

文六

韻 和也、从音、員聲、裴光遠云、古與均同、未知其審、王問切、

qiān 䇂　tóng 童　qiè 妾　zhuó 丵

文一 新附

䇂 辠也、从干二、二、古文上字、凡䇂之屬皆从䇂、讀若愆、張林說、去虔切

童 男有辠曰奴、奴曰童、女曰妾、从䇂、重省聲、徒紅切

𥫩 籒文童、中與竊中同从廿、廿、以爲古文疾字、

妾 有辠女子給事之得接於君者、从䇂、从女、春秋云、女爲人妾、妾、不娉也、七接切

文三 重一

丵 叢生艸也、象丵嶽相竝出也、凡丵之屬皆从丵、讀若浞、士角切

yè 業　cóng 叢　duì 對　pú 菐　pú 僕

業 大版也、所以飾縣鍾鼓、捷業如鋸齒、以白畫之、象其鉏鋙相承也、从丵、从巾、巾象版、詩曰、巨業維樅、魚怯切、

業 古文業、

叢 聚也、从丵、取聲、徂紅切、

對 譍無方也、从丵、从口、从寸、都隊切、

對 對、或从士、漢文帝以爲責對而爲言、多非誠對、故去其口以从士也、

文四　重二

菐 瀆菐也、从丵、从廾、廾亦聲、凡菐之屬皆从菐、臣鉉等曰、瀆讀爲煩瀆之瀆、一本注云、丵、衆多也、兩手奉之、是煩瀆也、蒲沃切、

僕 給事者、从人、从菐、菐亦聲、蒲沃切、

僕 古文从臣、

bān 𠔏

𠔏 賦事也从菐、从八、八分之也、八亦聲、讀若頒、一曰讀若非、布還切、

文三　重一

gǒng 廾

廾 竦手也、从𠂇、从又、凡廾之屬皆从廾、居竦切、今變隸作廾、[𢪽] 楊雄說廾从兩手、

fèng 奉

奉 承也、从手、从廾、丰聲、扶隴切、

chéng 丞

丞 翊也、从廾、从卪、从山、山高奉承之義、署陵切、

huàn 奐

奐 取奐也、一曰大也、从廾、敻省、臣鉉等曰、敻、營求也、取之義也、呼貫切、

yǎn 弇

弇 蓋也、从廾、从合、古南切、又一儉切、[古文弇] 古文弇、

yì 𢍰

𢍰 引給也、从廾、睪聲、羊益切、

qí 畁 舉也。从廾，由聲。春秋傳曰：晉人或以廣墜，楚人畁之。黃顥說：廣車陷，楚人為舉之。杜林以為騏麟字。渠記切

yì 异 舉也。从廾，㠯聲。虞書曰：岳曰：异哉。羊吏切

lòng 弄 玩也。从廾持玉。盧貢切

yù 𢍏 兩手盛也。从廾，𠔏聲。余六切

juàn 𢍜 摶飯也。从廾，釆聲。釆，古文辨字。讀若書卷。居券切

kuí 𢍰 持弩拊。从廾肉。讀若逵。臣鉉等曰：从肉未詳。渠追切

jiè 戒 警也。从廾持戈，以戒不虞。居拜切

bīng 兵 械也。从廾持斤，并力之皃。補明切 古文兵，从人廾干。 籀文。

gōng 龔 yì 弈 jù 具 pān 𠬜 fán 樊 luán 䜌 gòng 共

愨也。从廾，龍聲。紀庸切

圍棊也。从廾，亦聲。論語曰：不有博弈者乎。羊益切

共置也。从廾，从貝省。古以貝爲貨。其遇切

文十七　重四

引也。从反廾。凡𠬜之屬皆从𠬜。普班切。今變隸作大。或从手，从樊。

鷙不行也。从𠬜，从棥，棥亦聲。附袁切

樊也。从𠬜，䜌聲。呂員切

文三　重一

同也。从廿廾。凡共之屬皆从共。渠用切。古文共。

gōng 龔　yì 異　dài 戴　yú 舁　qiān 䙴　yǔ 與　xīng 興

龔 給也、从共、龍聲、俱容切、

文二　重一

異 分也、从廾、从畀、畀予也、凡異之屬皆从異、徐鍇曰、將欲與物先分異之也、禮曰、賜君子小人不同日、羊吏切、

戴 分物得增益曰戴、从異、𢦏聲、都代切、

戴 籒文戴、

文二　重一

舁 共舉也、从臼、从廾、凡舁之屬皆从舁、讀若余、以諸切、

䙴 升高也、从舁、囟聲、七然切、

䙴 䙴或从卩、

䙴 古文䙴、

與 黨與也、从舁、从与、余呂切、

與 古文與、

興 起也、从舁、从同、同力也、虛陵切、

jū 臼　yāo 要　chén 晨　nóng 農

文四　重三

𦥑　叉手也、从𠂀彐、凡𦥑之屬皆从𦥑、居玉切

要　身中也、象人要自𦥑之形、从𦥑交省聲、於消切、又於笑切

𡡋　古文要、

文二　重一

晨　早昧爽也、从𦥑从辰、辰、時也、辰亦聲、丮夕爲𠙶、𦥑辰爲晨、皆同意、凡晨之屬皆从晨、食鄰切

農　耕也、从晨囟聲、徐鍇曰、當从凶乃得聲、奴冬切　𨐌　籀文農从林、

𦦶　古文農、𨐍　亦古文農、

文二　重三

爨 齊謂之炊爨、臼象持甑、冂爲竈口、廾推林内火、凡爨之屬皆从爨、七亂切 籀文爨省、

𦦈 所以枝鬲者、从爨省、鬲省、渠容切

釁 血祭也、象祭竈也、从爨省、从酉、酉所以祭也、从分、分亦聲、臣鉉等曰、分布也、虚振切

文三　重一

說文解字弟三上

李承緒篆

黎永椿校

王國瑞覆校

陳昌治校刊

gé 革　kuò 鞹　jiān 靬　luò 䩣　páo 鞄

說文解字弟三下

漢太尉祭酒許愼記

宋右散騎常侍徐鉉等校定

革　獸皮治去其毛革更之、象古文革之形、凡革之屬皆从革、古覈切　革　古文革从三十、三十年爲一世而道更也、臼聲、

鞹　去毛皮也、論語曰、虎豹之鞹、从革郭聲、苦郭切、

靬　靬、乾革也、武威有麗靬縣、从革干聲、苦旰切、

䩣　生革可以爲縷束也、从革各聲、盧各切、

鞄　柔革工也、从革包聲、讀若朴、周禮曰、柔皮之工鮑氏、

yùn 韗　róu 鞣　dá 靼　guì 鞼　pán 鞶　gǒng 鞏　mán 鞔

鞄即鮑也、蒲角切、

韗 攻皮治鼓工也、从革軍聲、讀若運、王問切、韗 韗或从韋、

鞣 耎也、从革、从柔、柔亦聲、耳由切、

靼 柔革也、从革、从旦聲、旨熱切、𩏃 古文靼、从亶、

鞼 韋繡也、从革、貴聲、求位切、

鞶 大帶也、易曰、或錫之鞶帶、男子帶鞶、婦人帶絲、从革、般聲、薄官切、

鞏 以韋束也、易曰、鞏用黃牛之革、从革、巩聲、居竦切、

鞔 履空也、从革、免聲、徐鍇曰、履空猶言履殼也、母官切

sǎ 靸　áng 䩕　dī 鞮　jiá 䩡　xǐ 𩌦　xié 鞵　dīng 靪　jū 鞠　táo 鞀

靸　小兒履也，从革及聲，讀若沓。穌合切

䩕　䩕角，鞮屬，从革卬聲，五岡切

鞮　革履也，从革是聲，都兮切

䩡　鞮䩡沙也，从革从夾，夾亦聲，古洽切

𩌦　鞮屬，从革徙聲，所綺切

鞵　革生鞮也，从革奚聲，戶佳切

靪　補履下也，从革丁聲，當經切

鞠　蹋鞠也，从革匊聲，居六切　𩋞　鞠，或从𥴨，

鞀　鞀遼也，从革召聲，徒刀切，　鞉　鞀或从兆，　鼗　鞀或从鼓从兆，　𪔛　籀文鞀，从殸召，

yuān ⿰革冤　bǐng 鞞　hén 鞎　hóng 鞃　mù 鞪　bì ⿰革必　zuān ⿰革爨　zhì ⿰革旨

⿰革冤 量物之⿰革冤、一曰抒井⿰革冤、古以革、从革冤聲、於袁切、䩩 ⿰革冤或从宛、

鞞 刀室也、从革卑聲、并頂切、

鞎 車革前曰鞎、从革艮聲、戶恩切、

鞃 車軾也、从革弘聲、詩曰、鞹鞃淺幭、讀若穹、丘弘切、

鞪 車軸束也、从革敄聲、莫卜切、

⿰革必 車束也、从革必聲、毗必切、

⿰革爨 車衡三束也、曲轅⿰革爨縛、直轅⿰革贊縛、从革爨聲、讀若論語鑽燧之鑽、借官切、⿰革贊 ⿰革爨或从革贊、

⿰革旨 蓋杠絲也、从革旨聲、脂利切、徐鍇曰、絲其繫也、

yú 靬　dòu 䕆　guǎn 𩋷　yǐn 靷　chěng 䩶　jìn 靳　xiǎn 韅　bà 靶　ēng 鞥　bèi 鞁

鞁 車駕具也。从革皮聲。平祕切。

鞥 轡鞥。从革弇聲。讀若譍。一曰龍頭繞者。烏合切。

靶 轡革也。从革巴聲。必駕切。

韅 著掖鞥也。从革顯聲。呼典切。

靳 當膺也。从革斤聲。居近切。

䩶 驂具也。从革蚩聲。讀若騁蜃。丑郢切。

靷 引軸也。从革引聲。余忍切。

籀文靷。

𩋷 車鞁具也。从革官聲。古滿切。

䕆 車鞁具也。从革豆聲。田候切。

靬 輨內環靼也。从革于聲。羽俱切。

bó 轉
轉 車下索也、从革尃聲、補各切、

è 鞥
鞥 車具也、从革奄聲、烏合切、

zhuó ⿰革叕
⿰革叕 車具也、从革叕聲、陟劣切、

ān 鞌
鞌 馬鞁具也、从革从安、烏寒切、

róng ⿰革茸
⿰革茸 鞌毳飾也、从革茸聲、而隴切、

tié 鞊
鞊 鞌飾、从革占聲、他叶切、

gé 鞈
鞈 防汗也、从革合聲、古洽切、

lè 勒
勒 馬頭絡銜也、从革力聲、盧則切、

xuàn 鞙
鞙 大車縛軛靼、从革肙聲、狂沇切、

miǎn ⿰革面
⿰革面 勒靼也、从革面聲、弥沇切、

qín 靲
靲 鞮也。从革今聲。巨今切。

jiān 鞬
鞬 所以戢弓矢。从革建聲。居言切。

dú 韇
韇 弓矢韇也。从革賣聲。徒谷切。

shuī ⿰革巂
⿰革巂 綏也。从革巂聲。山垂切。

jí ⿰革亟
⿰革亟 急也。从革亟聲。紀力切。

biān 鞭
鞭 驅也。从革便聲。卑連切。 古文鞭。

yǎng 鞅
鞅 頸靼也。从革央聲。於兩切。

hù 韄
韄 佩刀絲也。从革蒦聲。乙白切。

tuó ⿰革它
⿰革它 馬尾駝也。从革它聲。今之般緧。徒何切。

xié ⿰革見
⿰革見 繫牛脛也。从革見聲。己彳切。

文五十七　重十一

qiào 鞘

鞘 刀室也、从革、肖聲、私妙切

jiān 韉

韉 馬鞁具也、从革、薦聲、則前切

xuē 鞾

鞾 鞮屬、从革、華聲、許𦢊切

dí 靮

靮 馬羈也、从革、勺聲、都歷切

文四　新附

lì 鬲

鬲 鼎屬、實五觳、斗二升曰觳、象腹交文、三足、凡鬲之屬皆从鬲、郎激切

𤮏 鬲或从瓦、㽁 漢令鬲从瓦厤聲、

yǐ 䰛

䰛 三足鍑也、一曰滫米器也、从鬲、支聲、魚綺切

guī 鬹

鬹 三足釜也、有柄喙、讀若嬀、从鬲、規聲、居隨切

zōng 鬷

鬷 釜屬、从鬲、㚇聲、子紅切、

guō 䰛

䰛 秦名土釜曰䰛、从鬲、午聲、讀若過、古禾切、

qín 鬵

鬵 大釜也、一曰鼎大上小下若甑曰鬵、从鬲、兓聲、讀若岑、才林切、

[seal] 籀文鬵、

zèng 䰝

䰝 鬵屬、从鬲、曾聲、子孕切、

fǔ 鬴

鬴 鍑屬、从鬲、甫聲、扶雨切、

[seal] 鬴或从金、父聲、

yàn 鬳

鬳 鬲屬、从鬲、虍聲、牛建切、

róng 融

融 炊气上出也、从鬲、蟲省聲、以戎切、

[seal] 籀文融不省、

xiāo 䰬

䰬 炊气皃、从鬲、嚻聲、許嬌切、

shāng 鬺

鬺 煑也、从鬲、羊聲、式羊切、

gēng ⿱⿲弓羔弓鬲　hú ⿱⿲弓古弓鬲　zhōu 鬻　zhān ⿱⿲弓侃弓鬲　lì 䰜　fèi ⿱⿲弓弗弓鬲

、涫也。从鬲，沸聲。芳未切。

文十三　重五

、歷也。古文亦鬲字。象孰飪五味气上出也。凡䰜之屬皆从䰜。郎激切。

、鬻也。从䰜，侃聲。諸延切。、⿱⿲弓侃弓鬲或从食，衍聲。、或从干聲。、或从建聲。

、鍵也。从䰜，米聲。武悲切。臣鉉等曰：今俗粥作粥，音之六切。

、鍵也。从䰜，古聲。戶吳切。

、五味盉羹也。从䰜，从羔。詩曰：亦有和⿱⿲弓羔弓鬲。古行切。、或省。、或从美，䰜省。、小篆从羔，从美。

sù 𩱵

𩱵 鼎實惟葦及蒲陳畱謂鍵爲𩱵从䰜速聲桑谷切 餗 𩱵或从食束聲

yù 𩱍

𩱍 鬻也从䰜毓聲余六切 𩱍 𩱍或省从米

miè 𩱔

𩱔 涼州謂鬻爲𩱔从䰜蔑聲莫結切 粖 𩱔或省从末

ěr 䰯

䰯 粉餅也从䰜耳聲仍吏切 餌 䰯或从食耳聲

chǎo 𩱱

𩱱 熬也从䰜芻聲臣鉉等曰今俗作煼別作炒非是尺沼切

yuè 𩱴

𩱴 内肉及菜湯中薄出之从䰜翟聲以勺切

zhǔ 鬻

鬻 孚也从䰜者聲章與切 煮 鬻或从火 鬻 鬻或从水在其中

bó 㶿

㶿 吹聲沸也从䰜孛聲蒲沒切

zhǎo 爪　fú 孚　wéi 爲　zhǎng 𠬪　jí 丮

文十三　重十二

爪 丮也、覆手曰爪、象形、凡爪之屬皆从爪、側狡切、

孚 卵孚也、从爪从子、一曰信也、徐鍇曰鳥之孚卵皆如其期不失信也鳥裒恒以爪反覆其卵也芳無切 𤔿 古文孚、从𥝌、𥝌古文保、

爲 母猴也、其爲禽好爪、爪母猴象也、下腹爲母猴形、王育曰爪象形也、薳支切 𤔔 古文爲象兩母猴相對形、

𠬪 亦丮也、从反爪、闕、諸兩切、

文四　重二

丮 持也、象手有所丮據也、凡丮之屬皆从丮、讀若戟、几劇切、

埶 yì 種也。从坴丮。持亟種之。書曰：我埶黍稷。徐鍇曰：坴，土也。魚祭切

䎘 shú 食飪也。从丮𦎫聲。易曰：孰飪。殊六切

𩰫 zài 設飪也。从丮从食，才聲。讀若載。作代切

巩 gǒng 袌也。从丮工聲。居悚切

巩或加手。

谻 jué 相踦之也。从丮谷聲。其虐切

𢦥 huà 擊踝也。从丮从戈。讀若踝。胡瓦切

𠬪 jú 拖持也。从反丮。闕。居玉切

文八 重一

鬥 dòu 兩士相對，兵杖在後，象鬥之形。凡鬥之屬皆从鬥。都豆切

dòu 鬭
鬭 遇也。从鬥斲聲。都豆切。

hòng 鬨
鬨 鬭也。从鬥共聲。孟子曰：鄒與魯鬨。下降切。

liú 𩰠
𩰠 經繆殺也。从鬥翏聲。力求切。

jiū 鬮
鬮 鬭取也。从鬥龜聲。讀若三合繩糾。古矦切。

nǐ 𩰫
𩰫 智少力劣也。从鬥爾聲。奴礼切。

fēn 𩰲
𩰲 鬭連結䊵紛相牽也。从鬥燹聲。臣鉉等案：燹，今先典切，从豩聲。豩，呼還切。蓋燹亦有豩音，故得爲聲。一本从𤇾。說文無𤇾字。撫文切。

pīn 𩰳
𩰳 鬭也。从鬥賓省聲。讀若賓。匹賓切。

xì 鬩
鬩 恆訟也。詩云：兄弟鬩于牆。从鬥从兒。兒，善訟者也。許激切。

xuàn 𩰲 試力士錘也从鬥从戈或从戰省讀若縣（胡畎切）

文十

nào 鬧 不靜也从市鬥（奴教切）

文一 新附

yòu 又 手也象形三指者手之𠛱多略不過三也凡又之屬皆从又（于救切）

yòu 右 手口相助也从又从口（臣鉉等曰今俗别作佑于救切）

gōng 厷 臂上也从又从古文（古薨切）𠃋 古文厷象形 肱 厷或从肉

chā 叉 手指相錯也从又象叉之形（初牙切）

zhǎo 叉
手足甲也、从又、象叉形、側狡切、

fù 父
矩也、家長率教者、从又舉杖、扶雨切、

sǒu 叜
老也、从又从灾、闕、穌后切、籒文从寸、叜或从人、

xiè 燮
和也、从言从又炎、籒文燮从羊、羊音飪、讀若溼、臣鉉等案燮字義大孰也、从炎从又、即孰物可持也、此燮蓋从燮省言語以和之也二字義相出入故也穌叶切

màn 曼
引也、从又冒聲、無販切、

shēn 㬰
引也、从又𦥑聲、𦥑古文申、失人切、

guài 夬
分決也、从又、𠁧象決形、徐鍇曰、𠁧物也、丨所以決之、古賣切、

yǐn 尹
治也、从又丿、握事者也、余準切、古文尹、

zhā 䶥
𠭴 又卑也。从又，虘聲。側加切

lí 嫠
𠭴 引也。从又，𠩺聲。里之切

shuā 㕞
㕞 拭也。从又持巾在尸下。所劣切

jí 及
及 逮也。从又，从人。徐鍇曰：及前人也。巨立切 𠄎 古文及，秦刻石及。𢓊 亦古文及。𨒪 亦古文及。
如此。

bǐng 秉
秉 禾束也。从又持禾。兵永切

fǎn 反
反 覆也。从又，厂反形。府遠切 𠬡 古文。

fú 𠬝
𠬝 治也。从又，从卪。卪，事之節也。房六切

tāo 㕚
㕚 滑也。《詩》云：「㕚兮達兮。」从又，中一。一曰：取也。土刀切

zhuì 𠭚
𠭚 楚人謂卜問吉凶曰𠭚。从又持祟，祟亦聲。讀若贅。之芮切

切、

shū 叔

叔 拾也、从又、尗聲、汝南名收芋爲叔、式竹切、𡬶 叔或从寸、

mò 𠬸

𠬸 入水有所取也、从又在囘下、囘、古文回、回、淵水也、讀若沬、莫勃切、

qǔ 取

取 捕取也、从又、从耳、周禮獲者取左耳、司馬法曰載獻聝、聝者耳也、七庾切、

huì 彗

彗 掃竹也、从又持甡、祥歲切、篲 彗或从竹、䇺 古文彗、从竹、从習、

jiǎ 叚

叚 借也、闕、古雅切、叚 古文叚、叚 譚長說叚如此

yǒu 友　dù 度　zuǒ ナ　bēi 卑　shǐ 史　shì 事

友 同志爲友。从二又相交友也。云久切 古文友。 亦古文友。

度 法制也。从又庶省聲。徒故切

文二十八　重十六

ナ ナ手也。象形。凡ナ之屬皆从ナ。臧可切

卑 賤也。執事也。从ナ甲。徐鍇曰：右重而左卑，故在甲下。補移切

文二

史 記事者也。从又持中。中，正也。凡史之屬皆从史。疏士切

事 職也。从史之省聲。鉏史切 古文事。

文二　重一

zhī 支　jī 攲　niè 聿　yì 隸　sù 肅　yù 聿

支 去竹之枝也。从手持半竹。凡支之屬皆从支。章移切

支 古文支。

攲 持去也。从支奇聲。去奇切

文二　重一

聿 手之疌巧也。从又持巾。凡聿之屬皆从聿。尼輒切

隸 習也。从聿𣏟聲。羊至切 隸 籒文隸。隸 篆文隸。

肅 持事振敬也。从聿在𣶒上。戰戰兢兢也。息逐切 肅 古文肅。从心从𠬞。

文三　重三

聿 所以書也。楚謂之聿。吳謂之不律。燕謂之弗。从聿一

bǐ 筆 jīn 𦘕 shū 書 huà 畫 zhòu 晝 dài 隶

聲、凡聿之屬皆从聿、余律切

筆 秦謂之筆、从聿、从竹、徐鍇曰筆尚便疌、故从聿、鄙密切

𦘕 聿飾也、从聿、从彡、俗語以書好爲𦘕、讀若津、將鄰切

書 箸也、从聿、者聲、商魚切

文四

畫 界也、象田四界、聿所以畫之、凡畫之屬皆从畫、胡麥切

畫 古文畫省、畫 亦古文畫、

晝 日之出入、與夜爲界、从畫省、从日、陟救切

晝 籀文晝、

文二　重三

隶 及也、从又、从尾省、又持尾者从後及之也、凡隶之屬

dài 隸

皆从隶、徒耐切、

lì 隷

隸及也、从隶、枲聲、詩曰、隸天之未陰雨、臣鉉等曰、枲非聲未詳、徒耐切、

隷附箸也、从隶、柰聲、郎計切、

隸篆文隷、从古文之體、臣鉉等未詳古文所出、

文三　重一

qiān 臤

臤堅也、从又、臣聲、凡臤之屬皆从臤、讀若鏗鏘之鏗、古文以爲賢字、苦閑切、

jǐn 緊

緊纏絲急也、从臤、从絲省、糾忍切、

jiān 堅

堅剛也、从臤、从土、古賢切、

shù 豎

豎豎立也、从臤、豆聲、臣庾切、

𧯠籀文豎、从殳、

文四　重一

臣　牽也、事君也、象屈服之形、凡臣之屬皆从臣、植鄰切

𦣞　乖也、从二臣相違、讀若誑、居況切

臧　善也、从臣戕聲、則郎切　𦣟　籒文、

文三　重一

殳　以杸殊人也、禮、殳以積竹、八觚、長丈二尺、建於兵車、車旅賁以先驅、从又几聲、凡殳之屬皆从殳、市朱切

祋　殳也、从殳示聲、或說城郭市里高縣羊皮、有不當入而欲入者、暫下以驚牛馬、曰祋、故从示殳、詩曰、何戈與祋、丁外切

shū 杸

杸 軍中士所持殳也、从木、从殳、司馬法曰、執羽从杸、市朱切

jī 毄

毄 相擊中也、如車相擊、故从殳、从軎、古歷切

què 㱿

㱿 从上擊下也、一曰素也、从殳、青聲、苦角切、青、苦江切、

zhěn 㲀

㲀 下擊上也、从殳、冘聲、知朕切

tóu 𣪘

𣪘 繇擊也、从殳、豆聲、古文祋如此、度侯切

chóu 𣫔

𣫔 縣物𣫔擊、从殳、𠷎聲、市流切

dú 豛

豛 椎毄物也、从殳、豖聲、冬毒切

ōu 毆

毆 捶毄物也、从殳、區聲、烏后切

qiāo 毃

毃 擊頭也、从殳、高聲、口卓切

diàn 殿

擊聲也、从殳屍聲。堂練切

yì 殹

擊中聲也、从殳医聲。於計切

duàn 段

椎物也、从殳、耑省聲。徒玩切

tóng 𣪍

擊空聲也、从殳宮聲。徒冬切、又火宮切

xiáo 殽

相雜錯也、从殳肴聲。胡茅切

yì 毅

妄怒也、一曰有決也、从殳豙聲。魚既切

jiù 𣪘

揉屈也、从殳从皀、皀古文叀字、廄字从此。臣鉉等曰、叀、小謹也。亦屈服之意。居又切

yì 役

戍邊也、从殳从彳。臣鉉等曰、彳、步也、彳亦聲。營隻切

古文役、从人、

gāi 毅 shā 殺 shì 弒 shū 几 zhěn 㐱 fú 鳧

毅 毅改，大剛卯也，以逐精鬼。从殳，亥聲。古哀切。

文二十 重一

殺 戮也。从殳，杀聲。凡殺之屬皆从殺。臣鉉等曰：說文無杀字，相傳云音察，未知所出。所八切。䘕 古文殺。㪿 古文殺。布 古文殺。

弒 臣殺君也。易曰：臣弒其君。从殺省，式聲。式吏切。

文二 重四

几 鳥之短羽飛几几也。象形。凡几之屬皆从几。讀若殊。市朱切。

㐱 新生羽而飛也。从几，从彡。之忍切。

鳧 舒鳧，鶩也。从鳥，几聲。房無切。

文三

cùn 寸

十分也、人手卻一寸動衇、謂之寸口、从又从一、凡寸之屬皆从寸、倉困切

sì 寺

廷也、有法度者也、从寸、之聲、祥吏切

jiàng 將

帥也、从寸、牆省聲、即諒切

xún 㝷

繹理也、从工、从口、从又、从寸、工口亂也、又寸分理之、彡聲、此與𤕰同意、度人之兩臂爲㝷、八尺也、徐林切

zhuān 專

六寸簿也、从寸、叀聲、一曰、專、紡專、職緣切

fū 尃

布也、从寸、甫聲、芳無切

dǎo 導

導、引也、从寸、道聲、徒皓切

ruǎn 㼱 cūn 皴 jūn 皸 gàn 皯 pào 皰 pí 皮

文七

皮 剝取獸革者謂之皮、从又爲省聲、凡皮之屬皆从皮、符羈切、 皮 古文皮、皮 籒文皮、

皰 面生气也、从皮、包聲、旁敎切、

皯 面黑气也、从皮、干聲、古旱切、

文三 重二

皸 足坼也、从皮、軍聲、矩云切、

皴 皮細起也、从皮、夋聲、七倫切、

文二 新附

㼱 柔韋也、从北、从皮省、从夐省、凡㼱之屬皆从㼱、讀若

jùn ⿰甍弃　pū 攴　qǐ 啟　chè 徹　zhào 肇　mǐn 敏

耎、一曰若儁、臣鉉等曰、北者、反覆柔治之也、夐營也、而兖切

（古文）古文甍、

（籒文）籒文甍、从夐省、

⿰甍弃 羽獵韋絝、从甍、弃聲、而隴切

（或體）或从衣、从朕、虞書曰、鳥獸⿱朕衣毛、

文三　重二

攴 小擊也、从又、卜聲、凡攴之屬皆从攴、普木切

啟 教也、从攴、启聲、論語曰、不憤不啟、康礼切

徹 通也、从彳、从攴、从育、丑列切

（古文）古文徹、

肇 擊也、从攴、肈省聲、治小切

敏 疾也、从攴、每聲、眉殞切

mǐn 敃

彊也、从攴民聲、眉殞切

wù 敄

彊也、从攴矛聲、亡遇切

pò 敀

迮也、从攴白聲、周書曰、常敀常任、博陌切

zhěng 整

齊也、从攴、从束、从正、正亦聲、之郢切

xiào 效

象也、从攴交聲、胡教切

gù 故

使爲之也、从攴古聲、古慕切

zhèng 政

正也、从攴、从正、正亦聲、之盛切

shī 𢻫

敷也、从攴也聲、讀與施同、式支切

fū 敷

𢻫也、从攴尃聲、周書曰、用敷遺後人、芳无切

diǎn 敟

主也、从攴典聲、多殄切

lǐ 𢿢
𢿢 數也。从攴麗聲。力米切

shǔ 數
數 計也。从攴婁聲。所矩切

liàn 瀲
瀲 辟瀲鐵也。从攴从湅。郎電切

zī 孜
孜 汲汲也。从攴子聲。周書曰：孜孜無怠。子之切

bān 攽
攽 分也。从攴分聲。周書曰：乃惟孺子攽。亦讀與彬同。布還切

hàn 敦
敦 止也。从攴旱聲。周書曰：敦我于艱。侯旰切

ái 敳
敳 有所治也。从攴豈聲。讀若豤。五來切

chǎng 敞
敞 平治高土，可以遠望也。从攴尚聲。昌兩切

shēn 𢾈
𢾈 理也。从攴伸聲。直刃切

gǎi	biàn	gèng	chì	xiè	liǎn	liáo	jiǎo	hé	chén
改	變	更	敕	⿰耳攴	斂	敹	敿	敆	敶

改 更也、从攴己、李陽冰曰、已有過、攴之即改、古亥切、

變 更也、从攴䜌聲、祕戀切、

更 改也、从攴丙聲、古孟切、又古行切、

敕 誡也、臿地曰敕、从攴束聲、恥力切、

⿰耳攴 使也、从攴耴省聲、而涉切、

斂 收也、从攴僉聲、良冉切、

敹 擇也、从攴尞聲、周書曰、敹乃甲冑、洛簫切、

敿 繫連也、从攴喬聲、周書曰、敿乃干、讀若矯、居夭切、

敆 合會也、从攴从合、合亦聲、古沓切、

敶 列也、从攴陳聲、直刃切、

dí 敵 仇也。从攴啻聲。徒歷切

jiù 救 止也。从攴求聲。居又切

duó 敓 彊取也。周書曰：敓攘矯虔。从攴兌聲。徒活切

yì 斁 解也。从攴睪聲。詩云：服之無斁。斁，猒也。一曰終也。羊益切

shè 赦 置也。从攴赤聲。始夜切

𢼅 赦或从亦。

yōu 攸 行水也。从攴从人，水省。徐鍇曰：攴，入水所杖也。以周切

汥 秦刻石繹山文攸字如此。

fǔ ⿰亾攴 撫也。从攴亾聲。讀與撫同。芳武切

mǐ 敉 撫也。从攴米聲。周書曰：亦未克敉公功。讀若弭。緜婢切

yì 敡　wéi ⿰韋攴　dūn 敦　qún 㪊　bài 敗　luàn ⿰𤔔攴　kòu 寇　zhǐ ⿰㞢攴

侎 敉、或从人、

敡 侮也、从攴、从易、易亦聲、以豉切、

⿰韋攴 戾也、从攴、韋聲、羽非切、

敦 怒也、詆也、一曰誰何也、从攴、𦎫聲、都昆切、又丁回切、

㪊 朋侵也、从攴、从羣、羣亦聲、渠云切、

敗 毀也、从攴貝、敗賊皆从貝、會意、薄邁切、

⿰賏攴 籒文敗、从賏、

⿰𤔔攴 煩也、从攴、从𤔔、𤔔亦聲、郎段切、

寇 暴也、从攴、从完、徐鍇曰、當其完聚而欲寇之、苦候切、

⿰㞢攴 刺也、从攴、㞢聲、豬几切、

dù ⿸广敷
⿸广敷閉也、从攴度聲、讀若杜、徒古切、剫⿸广敷或从刀、

niè 敜
敜塞也、从攴念聲、周書曰、敜乃穽、奴叶切、

bì ⿰畢攵
⿰畢攵盡也、从攴畢聲、卑吉切、

shōu 收
收捕也、从攴丩聲、式州切、

gǔ 鼓
鼓擊鼓也、从攴从壴、壴亦聲、公戶切、

kǎo 攷
攷敂也、从攴丂聲、苦浩切、

kòu 敂
敂擊也、从攴句聲、讀若扣、苦候切、

gōng 攻
攻擊也、从攴工聲、古洪切、

qiāo 敲
敲橫擿也、从攴高聲、口交切、

zhuó ⿰豖攵
⿰豖攵擊也、从攴豖聲、竹角切、

wǎng 𢼸

放也、从攴、㞷聲、迂往切

xī 𢽴

坼也、从攴、从厂、厂之性坼、果孰有味亦坼、故謂之𢽴、从未聲、徐鍇曰、厂、厓也、許其切

zhuó 斀

去陰之刑也、从攴、蜀聲、周書曰、刖劓斀黥、竹角切

mǐn 敯

冒也、从攴、昏聲、周書曰、敯不畏死、眉殞切

yǔ 敔

禁也、一曰樂器椌楬也、形如木虎、从攴、吾聲、魚舉切

kě 敤

研治也、从攴、果聲、舜女弟名敤首、苦果切

qín 鈙

持也、从攴、金聲、讀若琴、巨今切

chóu 𣀓

棄也、从攴、𠷎聲、周書以爲討、詩云無我𣀓兮、市流切

tián 畋

平田也、从攴田、周書曰、畋尒田、待年切

yǐ 攺
攺　毅改，大剛卯以逐鬼鬽也。从攴巳聲。讀若巳。古亥切

xù 敘
敘　次弟也。从攴余聲。徐呂切

bǐ ⿰卑攴
⿰卑攴　毀也。从攴卑聲。辟米切

ní ⿰兒攴
⿰兒攴　敗也。从攴兒聲。五計切

mù 牧
牧　養牛人也。从攴从牛。詩曰：牧人乃夢。莫卜切

cè 敇
敇　擊馬也。从攴朿聲。楚革切

chuàn ⿰算攴
⿰算攴　小舂也。从攴算聲。初絭切

qiāo ⿰堯攴
⿰堯攴　⿰身⿱夂角田也。从攴堯聲。牽遙切

文七十七　重六

jiào 教
教　上所施，下所效也。从攴从孝。凡教之屬皆从教。古孝切

xué 斆　bǔ 卜　guà 卦　jī 卟　zhēn 貞　huì 𠧴

𢽽古文教𢽾亦古文教、

斆覺悟也、从教、从冂、冂、尙矇也、臼聲、胡覺切、學篆文斆、省、

文二　重二

卜灼剥龜也、象灸龜之形、一曰象龜兆之從横也、凡卜之屬皆从卜、博木切、𠁽古文卜、

卦筮也、从卜、圭聲、臣鉉等曰、圭字聲不相近、當从挂省聲、古壞切、

卟卜以問疑也、从口卜、讀與稽同、書云卟疑、古兮切、

貞卜問也、从卜、貝以爲贄、一曰鼎省聲、京房所說、陟盈切、

𠧴易卦之上體也、商書曰貞曰𠧴、从卜、每聲、荒内切、

zhān 占 | shào 卲 | zhào 𠧞 | yòng 用 | fǔ 甫 | yōng 庸 | bèi 葡 | nìng 甯

占 視兆問也。从卜从口。職廉切

卲 卜問也。从卜召聲。市沼切

𠧞 灼龜坼也。从卜兆，象形。治小切 兆 古文兆省。

文八 重二

用 可施行也。从卜从中。衞宏說。凡用之屬皆从用。臣鉉等曰：卜中乃可用也。余訟切 用 古文用。

甫 男子美稱也。从用父，父亦聲。方矩切

庸 用也。从用从庚。庚，更事也。易曰：先庚三日。余封切

葡 具也。从用，苟省。臣鉉等曰：苟，急敕也。會意。平祕切

甯 所願也。从用，寧省聲。乃定切

shuǎng 爽 ěr 爾 lǐ 㸚 fán 棥 yáo 爻

爻 交也。象易六爻頭交也。凡爻之屬皆从爻。胡茅切。

棥 藩也。从爻，从林。詩曰：營營青蠅，止于棥。附袁切。

文二

㸚 二爻也。凡㸚之屬皆从㸚。力几切。

爾 麗爾，猶靡麗也。从冂，从㸚，其孔㸚，尒聲。此與爽同意。兒氏切。

爽 明也。从㸚，从大。徐鍇曰：大其中，隙縫光也。疏兩切。 𡙁 篆文爽。

文三　重一

說文解字弟三下

李承緒篆

黎永椿校

王國瑞覆校

陳昌治校刊

說文解字弟四上

漢太尉祭酒許愼記

宋右散騎常侍徐鉉等校定

四十五部　七百四十八文　重百一十二

凡七千六百三十八字

文二十四　新附

xuè
旻

旻　舉目使人也。从攴从目。凡旻之屬皆从旻。讀若颭。火劣切

xuàn
夐

夐　營求也。从旻从人在穴上。商書曰：高宗夢得說，使百工夐求，得之傅巖。巖，穴也。徐鍇曰：人與目隔穴，經營而見之，然後指使以求之。

xuàn 眩　biǎn 矈　yǎn 眼　mù 目　quán 𡘋　wén 闅

攴所指畫也朽正切

闅 低目視也从𡕥門聲弘農湖縣有闅鄉汝南西平有闅亭無分切

𡘋 大視也从大𡕥讀若齤况晚切

文四

目

目 人眼象形重童子也凡目之屬皆从目莫六切 㒷 古文目

眼 目也从目皀聲五限切

矈 兒初生瞥者从目瞏聲邦免切

眩 目無常主也从目玄聲黃絢切

zì	jié	xuàn	xī	mián	fēi	xiàn	hàn	xuān	mán
眥	䀹	𥊖	瞦	矏	𥄎	𥈕	睅	䁔	瞞

眥 目匡也、从目、此聲、在詣切、

䀹 目旁毛也、从目、夾聲、子葉切、

𥊖 盧童子也、从目、縣聲、胡畎切、

瞦 目童子精也、从目、喜聲、讀若禧、許其切、

矏 目旁薄緻宀宀也、从目、臱聲、武延切、

𥄎 大目也、从目、非聲、芳微切、

𥈕 大目也、从目、臤聲、侯簡切、

睅 大目也、从目、旱聲、戶版切、

睆 睅、或从完、

䁔 大目也、从目、爰聲、況晚切、

瞞 平目也、从目、㒼聲、母官切、

gùn 睴
睴 大目出也、从目、軍聲、古鈍切、

mǎn 䜌
䜌 目䜌䜌也、从目、䜌聲、武版切、

gùn 睔
睔 目大也、从目侖、春秋傳有鄭伯睔、古本切、

pàn 盼
盼 詩曰、美目盼兮、从目、分聲、匹莧切、

gàn 盰
盰 目多白也、一曰張目也、从目、干聲、古旱切、

pān 眅
眅 多白眼也、从目、反聲、春秋傳曰、鄭游眅、字子明、普班切、

xiàn 晛
晛 出目也、从目、見聲、胡典切、

guàn 矔
矔 目多精也、从目、雚聲、益州謂瞋目曰矔、古玩切、

lín 瞵
瞵 目精也、从目、粦聲、力珍切、

yǎo 窅
窅 深目也、从穴中目、烏皎切、

mào 眊　tǎng 矘　shǎn 睒　dòng 眮　bì 䀣　móu 瞴　xié ⿰目开　mǎn 睌　shì 眂

眊　目少精也、从目、毛聲、虞書耄字从此、亡報切、

矘　目無精直視也、从目、黨聲、他朗切、

睒　暫視皃、从目、炎聲、讀若白蓋謂之苫相似、失冉切、

眮　吴楚謂瞋目顧視曰眮、从目、同聲、徒弄切、

䀣　直視也、从目、必聲、讀若詩云泌彼泉水、兵媚切、

瞴　瞴婁、微視也、从目、無聲、莫浮切、

⿰目开　蔽人視也、从目、开聲、讀若攜手、一曰直視也、又苦兮切、

⿱开目　⿰目开、目或在下、

睌　睌賢、目視皃、从目、免聲、武限切、

眂　眂皃、从目、氏聲、承旨切、

nì 睨
衺視也、从目兒聲、研計切、

mào 䀤
低目視也、从目冒聲、周書曰、武王惟䀤、亡保切、

huò 眓
視高皃、从目戉聲、讀若詩曰施罛濊濊、呼哲切、

dān 眈
視近而志遠、从目冘聲、易曰、虎視眈眈、丁含切、

yàn ⿺辶⿱𠂉目
相顧視而行也、从目从㢟、㢟亦聲、于線切、

xū 盱
張目也、从目于聲、一曰朝鮮謂盧童子曰盱、況于切、

qióng 瞏(瞏)
目驚視也、从目袁聲、詩曰、獨行瞏瞏、渠營切、

zhǎn ⿰目亶
視而止也、从目亶聲、旨善切、

mèi ⿰目勿
目冥遠視也、从目勿聲、一曰久也、一曰旦明也、莫佩切、

zhěn 眕
目有所恨而止也、从目㐱聲、之忍切、

piǎo 瞟 瞟 瞭也、从目票聲、敷沼切、

qì 䁥 䁥 察也、从目祭聲、戚細切、

dǔ 睹 睹 見也、从目者聲、當古切、 覩 古文从見、

dà 眔 眔 目相及也、从目、从隶省、徒合切、

kuí 睽 睽 目不相聽也、从目癸聲、苦圭切、

mò 眛 眛 目不明也、从目未聲、莫撥切、

pán 䀡 䀡 轉目視也、从目般聲、薄官切、

pàn ⿲辛目辛 ⿲辛目辛 小兒白眼也、从目辡聲、蒲莧切、

mò 眽 眽 目財視也、从目𠂢聲、莫獲切、

tì ⿰目脩 ⿰目脩 失意視也、从目脩聲、他歷切、

zhùn 瞕

謹鈍目也、从目𦎫聲、之閏切、

rún 瞤

目動也、从目閏聲、如匀切、

pín 矉

恨張目也、从目賓聲、詩曰、國步斯矉、符眞切、

yuān 眢

目無明也、从目夗聲、一丸切、

huī 睢

仰目也、从目隹聲、許惟切、

xuàn 旬

目搖也、从目、匀省聲、黃絢切、

眴 旬、或从旬、

huò 矆

大視也、从目蒦聲、許縛切、

mù 睦

目順也、从目坴聲、一曰、敬和也、莫卜切、

古文睦、

zhān 瞻

臨視也、从目詹聲、職廉切、

mào 瞀

氐目謹視也、从目敄聲、莫候切、

mái 䁲　jiān 䁯　qì 䁈　xiāng 相　chēn 瞋　diāo 瞗　shì 睗　juàn 睊　yuè [目窅]

䁲 小視也、从目、買聲、莫佳切、

䁯 視也、从目、監聲、古銜切、

䁈 省視也、从目、啓省聲、苦系切、

相 省視也、从目、从木、易曰、地可觀者、莫可觀於木、詩曰、相鼠有皮、息良切、

瞋 張目也、从目、眞聲、昌眞切、𥇿 祕書瞋、从戌、

瞗 目孰視也、从目、鳥聲、讀若雕、都僚切、

睗 目疾視也、从目、易聲、施隻切、

睊 視皃、从目、肙聲、於絢切、

[目窅] 目深皃、从目窅、讀若易曰勿卹之卹、於悅切、

tiàn 睼
睼 迎視也、从目、是聲、讀若珥瑱之瑱、他計切、

yǎn 䁙
䁙 目相戲也、从目、晏聲、詩曰、䁙婉之求、於殄切、

wò ⿰目⿱叉日
⿰目⿱叉日 短深目皃、从目、䀤聲、烏括切、

juàn 眷
眷 顧也、从目、𢍏聲、詩曰、乃眷西顧、居倦切、

dū 督
督 察也、一曰目痛也、从目、叔聲、冬毒切、

xī 睎
睎 望也、从目、稀省聲、海岱之閒謂眄曰睎、香衣切、

kān 看
看 睎也、从手下目、苦寒切、𥄫 看或从倝、

shěn 瞫
瞫 深視也、一曰下視也、又竊見也、从目、覃聲、式荏切、

shuì 睡
睡 坐寐也、从目、垂、是僞切、

míng 瞑
瞑 翕目也、从目、冥、冥亦聲、臣鉉等曰、今俗別作眠、非是、武延切、

shěng 眚 piē 瞥 chī 眵 miè 䁾 jué 䀗 liàng 䀶 mèi 眛 xián 瞯 mǐ 眯 tiào 眺

眚 目病生翳也、从目、生聲、所景切、

瞥 過目也、又目翳也、从目、敝聲、一曰財見也、普滅切、

眵 目傷眥也、从目、多聲、一曰瞢兜、叱支切、

䁾 目眵也、从目、蔑省聲、莫結切、

䀗 涓目也、从目、夬聲、臣鉉等曰、當从決省、古穴切、

䀶 目病也、从目、良聲、力讓切、

眛 目不明也、从目、未聲、莫佩切、

瞯 戴目也、从目、閒聲、江淮之間謂眄曰瞯、戶閒切、

眯 艸入目中也、从目、米聲、莫禮切、

眺 目不正也、从目、兆聲、他弔切、

lài 睞

睞 目童子不正也。从目來聲。洛代切。

lù 睩

睩 目睞謹也。从目彔聲。讀若鹿。盧谷切。

chōu 䀺

䀺 眣也。从目攸聲。敕鳩切。䀺 䀺或从丩。

dié 眣

眣 目不正也。从目失聲。丑栗切。

méng 矇

矇 童矇也。一曰不明也。从目蒙聲。莫中切。

miǎo 眇

眇 一目小也。从目从少，少亦聲。亡沼切。

miǎn 眄

眄 目偏合也。一曰衺視也。秦語。从目丏聲。莫甸切。

luò 䀩

䀩 眄也。从目各聲。盧各切。

máng 盲

盲 目無牟子。从目亡聲。武庚切。

qià 䁑

䁑 目陷也。从目咸聲。苦夾切。

gǔ 瞽　sǒu 瞍　yíng 䁝　cuó 睉　wò 䀐　dì 睇　shùn 瞚　chì 眙　zhù 眝　xì 盻

瞽 目但有眹也、从目、鼓聲、公戶切、

瞍 無目也、从目、叜聲、穌后切、

䁝 惑也、从目、榮省聲、戶扃切、

睉 目小也、从目、坐聲、臣鉉等曰、案尚書、元首叢脞哉、叢脞猶細碎也、今从肉、非是、昨禾切

䀐 捾目也、从目、叉、烏括切

睇 目小視也、从目、弟聲、南楚謂眄曰睇、特計切

瞚 開闔目數搖也、从目、寅聲、臣鉉等曰、今俗别作瞬、非是、舒問切

眙 直視也、从目、台聲、丑吏切、

眝 長眙也、一曰張目也、从目、宁聲、陟呂切、

盻 恨視也、从目、兮聲、胡計切、

⿱弗目 目不明也、从目、弗聲、普未切、

文百十三　重八

瞼 目上下瞼也、从目、僉聲、居奄切、

眨 動目也、从目、乏聲、側洽切、

眭 深目也、亦人姓、从目、圭聲、許規切、

眹 目精也、从目、𠔏聲、案勝字賸皆从朕聲、疑古以朕爲眹、直引切、

眸 目童子也、从目、牟聲、說文直作牟、莫浮切、

睚 目際也、从目、厓五隘切、

文六 新附

䀠 左右視也、从二目、凡䀠之屬皆从䀠、讀若拘、又若良

士瞿瞿、九遇切、

juàn 𥄎

目圍也、从䀠丿、讀若書卷之卷、古文以爲醜字、居倦切、

jū 𡙨

目衺也、从䀠从大、大人也、舉朱切、

文三

méi 眉

目上毛也、从目象眉之形、上象頟理也、凡眉之屬皆从眉、武悲切、

xǐng 省

視也、从眉省、从屮、臣鉉等曰屮通識也所景切　古文从少从囧、

文二　重一

dùn 盾

瞂也、所以扞身蔽目、象形、凡盾之屬皆从盾、食問切、

fá 瞂

瞂 盾也。从盾、犮聲。扶發切。

kuī 䀛

䀛 盾握也。从盾、圭聲。苦圭切。

文三

zì 自

自 鼻也。象鼻形。凡自之屬皆从自。疾二切。 𦣹 古文自。

mián 𦤀(㝔)

𦤀 宮不見也。闕。武延切。

文二　重一

zì 白

白 此亦自字也。省自者，詞言之气从鼻出，與口相助也。凡白之屬皆从白。疾二切。

jiē 皆

皆 俱詞也。从比、从白。古諧切。

lǔ 魯

魯 鈍詞也。从白、鮺省聲。論語曰："參也魯。"郎古切。

zhě 者　chóu 皗　zhì 𥏼　bǎi 百　bí 鼻　xiù 齅　hān 鼾　qiú 鼽

者　別事詞也、从白𣥌聲、𣥌古文旅字、之也切、

皗　詞也、从白𠷎聲、𠷎與疇同、虞書、帝曰𠷎咨、直由切、

𥏼　識詞也、从白从亏从知、知義切、𥏼　古文𥏼、

百　十十也、从一白、數十百爲一貫、相章也、博陌切、百　古文百、从自、

文七　重二

鼻　引气自畀也、从自畀、凡鼻之屬皆从鼻、父二切、

齅　以鼻就臭也、从鼻从臭、臭亦聲、讀若畜牲之畜、許救切、

鼾　卧息也、从鼻干聲、讀若汗、侯幹切、

鼽　病寒鼻窒也、从鼻九聲、巨鳩切、

xiè 齂　bì 皕　shì 奭　xí 習　wàn 翫　yǔ 羽

齂 臥息也、从鼻隶聲、讀若虺、許介切、

文五

皕 二百也、凡皕之屬皆从皕、讀若祕、彼力切、

奭 盛也、从大从皕、皕亦聲、此燕召公名、讀若郝、史篇名醜、徐鍇曰史篇謂所作倉頡十五篇也詩亦切 □ 古文奭、

文二　重一

習 數飛也、从羽从白、凡習之屬皆从習、似入切、

翫 習猒也、从習元聲、春秋傳曰翫歲而愒日、五換切、

文二

羽 鳥長毛也、象形、凡羽之屬皆从羽、王矩切、

chì 翨
翨 鳥之彊羽猛者、从羽、是聲、俱豉切、

hàn 翰
翰 天雞赤羽也、从羽、倝聲、逸周書曰、大翰若翬雉、一名鷐風、周成王時、蜀人獻之、侯幹切、

dí 翟
翟 山雉尾長者、从羽、从隹、徒歷切、

fěi 翡
翡 赤羽雀也、出鬱林、从羽、非聲、房味切、

cuì 翠
翠 青羽雀也、出鬱林、从羽、卒聲、七醉切、

jiǎn 翦
翦 羽生也、一曰矢羽、从羽、前聲、即淺切、

wēng 翁
翁 頸毛也、从羽、公聲、烏紅切、

chì 翄
翄 翼也、从羽、支聲、施智切、
翄或从氏、

gé 䩹
䩹 翅也、从羽、革聲、古翮切、

qiáo 翹

翹尾長毛也、从羽、堯聲、渠遙切、

hóu 翭

翭羽本也、一曰羽初生皃、从羽、侯聲、乎溝切、

hé 翮

翮羽莖也、从羽、鬲聲、下革切、

qú 翑

翑羽曲也、从羽、句聲、其俱切、

yì 羿

羿羽之羿風、亦古諸侯也、一曰射師、从羽、开聲、五計切、

zhù 翥

翥飛舉也、从羽、者聲、章庶切、

xī 翕

翕起也、从羽、合聲、許及切、

xuān 翾

翾小飛也、从羽、瞏聲、許緣切、

huī 翬

翬大飛也、从羽、軍聲、一曰伊雒而南、雉五采皆備曰翬、詩曰、如翬斯飛、臣鉉等曰、當从揮省、許歸切

liù 翏 翏高飛也、从羽从㐱、力救切、

piān 翩 翩疾飛也、从羽扁聲、芳連切、

shà 翜 翜捷也、飛之疾也、从羽夾聲、讀若濇、一曰俠也、山洽切、

yì 翊 翊飛皃、从羽立聲、與職切、

tà 𦐇 𦐇飛盛皃、从羽从冃、臣鉉等曰、犯冃而飛、是盛也、土盍切、

chī 𦐀 𦐀飛盛皃、从羽之聲、侍之切、

áo 翱 翱翱翔也、从羽皋聲、五牢切、

xiáng 翔 翔回飛也、从羽羊聲、似羊切、

huì 翽 翽飛聲也、从羽歲聲、詩曰、鳳皇于飛、翽翽其羽、呼會切、

xué 翯 翯鳥白肥澤皃、从羽高聲、詩云、白鳥翯翯、胡角切、

huáng 翌 fú 翇 dào 翿 yì 翳 shà 翣 fān 翻 líng 翎

翌 樂舞、以羽翿自翳其首、以祀星辰也、从羽、王聲、讀若皇、胡光切、

翇 樂舞、執全羽以祀社稷也、从羽、犮聲、讀若紱、分勿切、

翿 翳也、所以舞也、从羽、𣪠聲、詩曰、左執翿、徒到切、

翳 華蓋也、从羽、殹聲、於計切、

翣 棺羽飾也、天子八、諸侯六、大夫四、士二、下垂、从羽、妾聲、山洽切、

文三十四 重一

翻 飛也、从羽、番聲、或从飛、孚袁切、

翎 羽也、从羽、令聲、郎丁切、

hóng 羾　zhuī 隹　yǎ 雅　zhī 隻　luò 雒　lìn 閵　guī 巂

羾 飛聲。从羽，工聲。戶公切

文三　新附

隹 鳥之短尾總名也。象形。凡隹之屬皆从隹。職追切

雅 楚烏也。一名鸒，一名卑居。秦謂之雅。从隹，牙聲。臣鉉等曰：今俗別作鴉，非是。五下切，又烏加切

隻 鳥一枚也。从又持隹。持一隹曰隻，二隹曰雙。之石切

雒 鵋鵙也。从隹，各聲。盧各切

閵 今閵，似鴝鵒而黃。从隹，㒳省聲。良刃切 閵 籒文不省。

巂 周燕也。从隹，屮象其冠也，冏聲。一曰蜀王望帝婬其相妻，慙亡去，爲子巂鳥，故蜀人聞子巂鳴，皆起云望

fāng 雂　què 雀　yá 猚　hàn 雗　zhì 雉　gòu 雊

帝。戸圭切

雂 鳥也。从隹，方聲。讀若方。府良切

雀 依人小鳥也。从小隹。讀與爵同。即略切

猚 鳥也。从隹，犬聲。睢陽有猚水。五加切

雗 雗鷽也。从隹，倝聲。侯幹切

雉 有十四種：盧諸雉，喬雉，鳪雉，鷩雉，秩秩海雉，翟山雉，翰雉，卓雉，伊洛而南曰翬，江淮而南曰摇，南方曰𠷎，東方曰甾，北方曰稀，西方曰蹲。从隹，矢聲。直几切

古文雉从弟。

雊 雄雌鳴也。雷始動，雉鳴而雊其頸。从隹从句，句亦聲。

古候切

jī 雞

雞 知時畜也、从隹奚聲、古兮切 鷄 籀文雞从鳥、

chú 雛

雛 雞子也、从隹芻聲、士于切 鶵 籀文雛从鳥、

liù 雡

雡 鳥大雛也、从隹翏聲、一曰雉之莫子爲雡、力救切

lí 離

離 黃倉庚也、鳴則蠶生、从隹离聲、呂支切

diāo 雕

雕 鷻也、从隹周聲、都僚切 鵰 籀文雕从鳥、

yīng 䧹

䧹 鳥也、从隹瘖省聲、或从人、人亦聲、徐鍇曰、鷹隨人所指蹤、故从人、於凌切 鷹 籀文䧹从鳥、

chī 䧑

䧑 𨿸也、从隹氐聲、處脂切 鴟 籀文䧑从鳥、

shuì 𨿸

𨿸 䧑也、从隹垂聲、是僞切

雃 qiān

石鳥、一名雝鰈、一曰精刿、从隹、幵聲、春秋傳、秦有士雃、苦堅切、

雝 yōng

雝鰈也、从隹、邕聲、於容切、

雂 qián

鳥也、从隹、今聲、春秋傳有公子苦雂、巨淹切、

雁 yàn

鳥也、从隹、从人、厂聲、讀若鴈、臣鉉等曰、雁、知時鳥、大夫以爲摯、昏禮用之、故从人、五晏切、

⿰黎隹 lí

⿰黎隹黃也、从隹、黎聲、一曰楚雀也、其色黎黑而黃、郎兮切、

雐 hū

鳥也、从隹、虍聲、荒烏切、

雓 rú

牟母也、从隹、奴聲、人諸切、

鴽 雓或从鳥、

雇 hù

九雇、農桑候鳥、扈民不婬者也、从隹、戶聲、春雇鳻盾、

夏雇竊玄、秋雇竊藍、冬雇竊黃、棘雇竊丹、行雇唶唶、宵雇嘖嘖、桑雇竊脂、老雇鷃也、侯古切 雇或从雩、籒文雇从鳥、

chún 䧼
䧼 雐屬、从隹𦎫聲、常倫切

ān 雓
雓 雐屬、从隹酓聲、恩含切 籒文雓从鳥、

zhī 䧳
䧳 鳥也、从隹、支聲、一曰䧳度、章移切

hóng 琟
琟 鳥肥大琟琟也、从隹工聲、戶工切 琟或从鳥、

sàn 䧲
䧲 繳䧲也、从隹、椒聲、一曰飛䧲也、臣鉉等曰、繳之若切 罾繳以取鳥也、穌旰切

yì 隿
隿 繳射飛鳥也、从隹、弋聲、與職切

xióng 雄 cī 雌 zhào 罩 juàn 雋 wéi 𨿽 suī 奞 duó 奪 fèn 奮

雄 鳥父也。从隹，厷聲。羽弓切。

雌 鳥母也。从隹，此聲。此移切。

罩 覆鳥令不飛走也。从网隹。讀若到。都校切。

雋 肥肉也。从弓，所以射隹。長沙有下雋縣。徂沇切。

𨿽 飛也。从隹，隓聲。山垂切。

文三十九　重十二

奞 鳥張毛羽自奮也。从大，从隹。凡奞之屬皆从奞。讀若睢。息遺切。

奪 手持隹失之也。从又，从奞。徒活切。

奮 翬也。从奞在田上。詩曰：不能奮飛。方問切。

huán 雈　huò 蒦　guàn 雚　jiù 舊　guǎ 𦫳

文三

雈 鴟屬、从隹、从𦫳、有毛角、所鳴、其民有旤、凡雈之屬皆从雈、讀若和、胡官切

蒦 規蒦、商也、从又持雈、一曰視遽皃、一曰蒦度也、徐鍇曰、商、度也、雈善度人禍福也、乙虢切 彠 蒦或从尋、尋亦度也、楚詞曰、求矩彠之所同、

雚 小爵也、从雈、吅聲、詩曰、雚鳴于垤、工奐切

舊 雖舊、舊畱也、从雈、臼聲、巨救切 鵂 舊或从鳥、休聲、

文四　重二

𦫳 羊角也、象形、凡𦫳之屬皆从𦫳、讀若乖、工瓦切

guāi 菲

菲 戾也。从艹而兆。兆，古文別。臣鉉等曰：兆，兵列切，篆文分別字也。古懷切。

mián 芇

芇 相當也。闕。讀若宀。母官切。

文三

mò 苜

苜 目不正也。从艹从目。凡苜之屬皆从苜。莧从此。讀若末。徐鍇曰：艹，角戾也。徒結切。

méng 瞢

瞢 目不明也。从苜从旬。旬，目數搖也。木空切。

miè 莫

莫 火不明也。从苜从火，苜亦聲。周書曰：布重莫席。織蒻席也。讀與蔑同。莫結切。

miè 蔑

蔑 勞目無精也。从苜，人勞則蔑然；从戍。莫結切。

文四

yáng 羊　mǐ 芈　gāo 羔　zhù 羜　yù 𦍩　dá 羍　zhào 䍜　dī 羝

羊 祥也、从𦍌、象頭角足尾之形、孔子曰牛羊之字、以形舉也、凡羊之屬皆从羊、與章切

芈 羊鳴也、从羊、象聲气上出、與牟同意、緜婢切

羔 羊子也、从羊、照省聲、古牢切

羜 五月生羔也、从羊、宁聲、讀若煑、直呂切

𦍩 六月生羔也、从羊、敄聲、讀若霚、已遇切、又亡遇切

羍 小羊也、从羊、大聲、讀若達、他末切 羍 羍或省、

䍜 羊未卒歲也、从羊、兆聲、或曰、夷羊百斤左右為䍜、讀若春秋盟于洮、治小切

羝 牡羊也、从羊、氐聲、都兮切

fén 羒
羒 牂羊也、从羊、分聲、符分切、

zāng 牂
牂 牡羊也、从羊、爿聲、則郎切、

yú 羭
羭 夏羊牡曰羭、从羊、俞聲、羊朱切、

gǔ 羖
羖 夏羊牡曰羖、从羊、殳聲、公戶切、

jié 羯
羯 羊羖犗也、从羊、曷聲、居謁切、

yí 羠
羠 騬羊也、从羊、夷聲、徐姊切、

fán 羳
羳 黃腹羊、从羊、番聲、附袁切、

qiān 羥
羥 羊名、从羊、巠聲、口莖切、

jìn 𦏁
𦏁 羊名、从羊、執聲、汝南平輿有𦏁亭、讀若晉、臣鉉曰、執非聲、未詳、即刃切、

léi 羸
瘦也、从羊、𣎆聲、臣鉉等曰、羊主給膳、以瘦爲病、故从羊、力爲切

wèi 䍪
羊相積也、从羊、委聲、於僞切

zì 羵
䍪羵也、从羊、責聲、子賜切

qún 羣
輩也、从羊、君聲、臣鉉等曰、羊性好羣、故从羊、渠云切

yān 䍳
羣羊相積也、一曰黑羊、从羊、垔聲、烏閑切

cī 𦍩
羊名、蹏皮可以割桼、从羊、此聲、此思切

měi 美
甘也、从羊、从大、羊在六畜主給膳也、美與善同意、臣鉉等曰、羊大則美、故从大、無鄙切

qiāng 羌
西戎、牧羊人也、从人、从羊、羊亦聲、南方蠻閩从虫、北方狄从犬、東方貉从豸、西方羌从羊、此六種也、西南

yǒu 羑　shān 羴　chàn 羼

僰人僬僥从人蓋在坤地頗有順理之性唯東夷从大大人也夷俗仁仁者壽有君子不死之國孔子曰道不行欲之九夷乘桴浮於海有以也去羊切 羌古文羌如此

羑 進善也从羊久聲文王拘羑里在湯陰與久切

文二十六　重二

羴 羊臭也从三羊凡羴之屬皆从羴式連切 羶 羴或从亶

羼 羊相廁也从羴在尸下尸屋也一曰相出前也初限切

文二　重一

jù 瞿

瞿 鷹隼之視也、从隹、从䀠、䀠亦聲、凡瞿之屬皆从瞿、讀若章句之句、九遇切、又音衢、

jué 矍

矍 隹欲逸走也、从又持之矍矍也、讀若詩云穬彼淮夷之穬、一曰視遽皃、九縛切

文二

chóu 雔

雔 雙鳥也、从二隹、凡雔之屬皆从雔、讀若醻、市流切、

huò 靃

靃 飛聲也、雨而雙飛者、其聲靃然、呼郭切、

shuāng 雙

雙 隹二枚也、从雔、又持之、所江切、

文三

zá 雥

雥 羣鳥也、从三隹、凡雥之屬皆从雥、徂合切、

yuān ⿱雥𣶒　jí 雧　niǎo 鳥　fèng 鳳

⿱雥𣶒鳥羣也、从雥、𣶒聲、烏玄切、

雧羣鳥在木上也、从雥、从木、秦入切、集雧或省、

文三　重一

鳥長尾禽總名也、象形、鳥之足似匕、从匕、凡鳥之屬皆从鳥、都了切、

鳳神鳥也、天老曰、鳳之象也、鴻前麐後、蛇頸魚尾、鸛顙鴛思、龍文虎背、燕頷雞喙、五色備舉、出於東方君子之國、翶翔四海之外、過崐崘、飲砥柱、濯羽弱水、莫宿風穴、見則天下大安寧、从鳥、凡聲、馮貢切、古文鳳、象形、鳳飛、羣鳥從以萬數、故以爲朋黨字、亦古

文鳳

鸞　亦神靈之精也、赤色五采、雞形、鳴中五音、頌聲作則至、从鳥、䜌聲、周成王時氐羌獻鸞鳥、洛官切、

鸑　鸑鷟、鳳屬神鳥也、从鳥、獄聲、春秋國語曰、周之興也、鸑鷟鳴於岐山、江中有鸑鷟、似鳧而大、赤目、五角切、

鷟　鸑鷟也、从鳥、族聲、士角切、

鷫　鷫鷞也、五方神鳥也、東方發明、南方焦明、西方鷫鷞、北方幽昌、中央鳳皇、从鳥、肅聲、息逐切、𪇰　司馬相如說、从叜聲、

鷞　鷫鷞也、从鳥、爽聲、所莊切、

jiū 鳩

鶻鵃也、从鳥九聲、居求切、

jué 鶌

鶌鳩也、从鳥屈聲、九勿切、

zhuī 鵻

祝鳩也、从鳥隹聲、思允切、

鵻、或从隹一、一曰鶉字、

gǔ 鶻

鶻鵃也、从鳥骨聲、古忽切、

zhōu 鵃

鶻鵃也、从鳥舟聲、張流切、

jú 鵴

秸鵴、尸鳩、从鳥𥴪聲、臣鉉等曰𥴪、居六切、與籟同、居六切、

gē 鴿

鳩屬、从鳥合聲、古沓切、

dàn 鴠

渴鴠也、从鳥旦聲、得案切、

jú 鶪

伯勞也、从鳥狊聲、古闃切、

鶪、或从隹、

liù 鷚

天龠也、从鳥翏聲、力救切、

yù 鸒 卑居也。从鳥與聲。羊茹切

xué 鷽 雗鷽，山鵲，知來事鳥也。从鳥，學省聲。胡角切 雤 鷽或从隹。

jiù 鷲 鳥。黑色多子。師曠曰：南方有鳥，名曰羌鷲，黃頭赤目，五色皆備。从鳥就聲。疾僦切

xiāo 鴞 鴟鴞，寧鴂也。从鳥号聲。于嬌切

jué 鴂 寧鴂也。从鳥夬聲。古穴切

xù ⿰崇鳥 鳥也。从鳥崇聲。辛聿切

fǎng 鴋 澤虞也。从鳥方聲。分兩切

jié ⿰截鳥 鳥也。从鳥截聲。子結切

qī 鶈 鳥也。从鳥妻聲。親吉切

dié 鴃 鋪豉也。从鳥失聲。臣鉉等曰：鋪豉，鳥名。徒結切

kūn 鶤 鶤鷄也。从鳥軍聲。讀若運。古渾切

ǎo 䳁 鳥也。从鳥芙聲。烏浩切

jú 舄 鳥也。从鳥臼聲。居玉切

jiāo 鷦 鷦䴈，桃蟲也。从鳥焦聲。即消切

miǎo 䴈 鷦䴈也。从鳥眇聲。亡沼切

liú 鶹 鳥少美長醜爲鶹離。从鳥畱聲。力求切

nán 鷬 鳥也。从鳥堇聲。那干切

難 鷬或从隹。

古文鷬。

古文鷬。

古文鷬。

chuàn 鶨 yuè 䳑 tǒu 䳇 mín 鴖 liáo 鷯 yǎn 鶠 zhī 鴲 luò 鵅 bǔ 鸔 hè 鶴

鶨 欺老也、从鳥彖聲、丑絹切

䳑 鳥也、从鳥、説省聲、弋雪切

䳇 鳥也、从鳥主聲、天口切

鴖 鳥也、从鳥昏聲、武巾切

鷯 刀鷯、剖葦食其中蟲、从鳥尞聲、洛簫切

鶠 鳥也、其雌皇、从鳥匽聲、一曰鳳皇也、於幰切

鴲 瞑鴲也、从鳥旨聲、旨夷切

鵅 鳥鸔也、从鳥各聲、盧各切

鸔 鳥鸔也、从鳥暴聲、蒲木切

鶴 鳴九皋、聲聞于天、从鳥隺聲、下各切

lù 鷺
鷺 白鷺也、从鳥、路聲、洛故切、

hú 鵠
鵠 鴻鵠也、从鳥、告聲、胡沃切、

hóng 鴻
鴻 鴻鵠也、从鳥、江聲、戶工切、

qiū ⿰尗鳥
⿰尗鳥 秃⿰尗鳥也、从鳥、尗聲、臣鉉等曰、尗非聲、未詳、七由切、鶖 ⿰尗鳥、或从秋、

yuān 鴛
鴛 鴛鴦也、从鳥、夗聲、於袁切、

yāng 鴦
鴦 鴛鴦也、从鳥、央聲、於良切、

duò 鵽
鵽 鵽鳩也、从鳥、叕聲、丁刮切、

lù 鵱
鵱 蔞鵝也、从鳥、坴聲、力竹切、

gē 鴚
鴚 鴚鵝也、从鳥、可聲、古俄切、

é 鵝
鵝 鴚鵝也、从鳥、我聲、五何切、

yàn 鴈

鴈　鵝也、从鳥人、厂聲、臣鉉等曰、从人从厂、義無所取、當从雁省聲、五晏切

wù 鶩

鶩　舒鳧也、从鳥敄聲、莫卜切

yī 鷖

鷖　鳧屬、从鳥殹聲、詩曰、鳧鷖在梁、烏雞切

jié ⿱契鳥

⿱契鳥　⿱契鳥⿰鳥辥、鳧屬、从鳥契聲、古節切

jiá ⿰鳥辥

⿰鳥辥　⿱契鳥⿰鳥辥也、从鳥辥聲、魚列切

méng 鸏

鸏　水鳥也、从鳥蒙聲、莫紅切

yù 鷸

鷸　知天將雨鳥也、从鳥矞聲、禮記曰、知天文者冠鷸、余律切

⿰遹鳥　鷸、或从遹、

pī 䴙

䴙　䴙鷉也、从鳥辟聲、普擊切

tī 鷉

鷉　䴙鷉也、从鳥虒聲、土雞切

lú 鸕
鸕鷀鳥也、从鳥盧聲、洛乎切、

cí 鷀
鸕鷀也、从鳥兹聲、疾之切、

yì 鷧
鷀也、从鳥壹聲、乙冀切、

fú 鴔
鴔鵖也、从鳥乏聲、平立切、

bí 鵖
鴔鵖也、从鳥皀聲、彼及切、

bǎo 鴇
鳥也、肉出尺胾、从鳥𠂤聲、博好切、
鴇或从包、

qú 鸈
䳟鸈也、从鳥渠聲、強魚切、

ōu 鷗
水鴞也、从鳥區聲、烏侯切、

bó 䴋
鳥也、从鳥犮聲、讀若撥、蒲達切、

yōng 鷛
鳥也、从鳥庸聲、余封切、

yì 鶂

鳥也、从鳥兒聲、春秋傳曰六鶂退飛、五歷切、鶂或从鬲、司馬相如說鶂、从赤、

tí 鵜

鶇胡、污澤也、从鳥夷聲、杜兮切、鵜或从弟、

lì 鴗

天狗也、从鳥立聲、力入切、

cāng 鶬

麋鴰也、从鳥倉聲、七岡切、鶬或从隹、

guā 鴰

麋鴰也、从鳥昏聲、古活切、

jiāo 鵁

鵁鶄也、从鳥交聲、一曰鵁鸕也、古肴切、

jīng 鶄

鵁鶄也、从鳥靑聲、子盈切、

jiān 鳽

鵁鶄也、从鳥幵聲、古賢切、

zhēn ⿰箴鳥

⿰箴鳥鵟也、从鳥箴聲、職深切、

cí 鴜
鸃鴜也、从鳥、此聲、即夷切

tuán 鷻
雕也、从鳥、敦聲、詩曰、匪鷻匪鳶、度官切

yuān 鳶
鷙鳥也、从鳥、屰聲、臣鉉等曰、屰非聲、一本从䒑、疑从萑省、今俗別作鳶、非是、與專切

xián 鷳
鴟也、从鳥、閒聲、戶閒切

yào 鷂
鷙鳥也、从鳥、䍃聲、弋笑切

jué 鷢
白鷢、王鴡也、从鳥、厥聲、居月切

jū 鴡
王鴡也、从鳥、且聲、七余切

huān 鸛
鸛專、畐蹂、如䧿、短尾、射之、銜矢射人、从鳥、雚聲、呼官切

zhān 鸇
鷐風也、从鳥、亶聲、諸延切

籀文鸇、从廛、

chén 鷐
鷐風也、从鳥、晨聲、植鄰切

zhì 鷙　擊殺鳥也、从鳥、執聲、脂利切、

yù 鴥　鸇飛皃、从鳥、穴聲、詩曰、鴥彼晨風、余律切、

yīng 鶯　鳥也、从鳥、榮省聲、詩曰、有鶯其羽、烏莖切、

qú 鴝　鴝鵒也、从鳥、句聲、其俱切、

yù 鵒　鴝鵒也、从鳥、谷聲、古者鴝鵒不踰泲、余蜀切、　鵒、或从隹、从臾、

biē 鷩　赤雉也、从鳥、敝聲、周禮曰、孤服鷩冕、并列切、

jùn 鵔　鵔鸃、鷩也、从鳥、夋聲、私閏切、

yí 鸃　鵔鸃也、从鳥、義聲、秦漢之初、侍中冠鵔鸃冠、魚羈切、

dí 鸐　雉屬、戇鳥也、从鳥、適省聲、都歷切、

鶡 似雉、出上黨、从鳥、曷聲、胡割切、

鴧 鳥似鶡而青、出羌中、从鳥、介聲、古拜切、

鸚 鸚䳇、能言鳥也、从鳥、嬰聲、烏莖切、

䳇 鸚䳇也、从鳥、母聲、文甫切、

鷮 走鳴長尾雉也、乘輿以爲防釳、著馬頭上、从鳥、喬聲、巨嬌切

鷕 雌雉鳴也、从鳥、唯聲、詩曰、有鷕雉鳴、以沼切、

鸓 鼠形、飛走且乳之鳥也、从鳥、畾聲、力軌切、

𪈁 籒文鸓、

鶾 雉肥鶾音者也、从鳥、倝聲、魯郊以丹雞、祝曰、以斯鶾音赤羽、去魯侯之咎、侯幹切

yàn 鴳：雇也、从鳥安聲、烏諫切、

zhèn 鴆：毒鳥也、从鳥冘聲、一名運日、直禁切、

kòu 鷇：鳥子生哺者、从鳥㱿聲、口豆切、

míng 鳴：鳥聲也、从鳥从口、武兵切、

xiān 鶱：飛皃、从鳥寒省聲、虛言切、

fēn 鴍：鳥聚皃、一曰飛皃、从鳥分聲、府文切、

文百十六　重十九

zhè 鷓：鷓鴣、鳥名、从鳥庶聲、之夜切、

gū 鴣：鷓鴣也、从鳥古聲、古乎切、

yā 鴨：鶩也、俗謂之鴨、从鳥甲聲、烏狎切、

chì 鶒　wū 烏　què 舄　yān 焉

鶒 谿鶒，水鳥。从鳥，式聲。恥力切

文四 新附

孝鳥也。象形。孔子曰：烏，盱呼也。取其助气，故以爲烏呼。凡烏之屬皆从烏。哀都切 臣鉉等曰：今俗作嗚，非是。
古文烏，象形。
象古文烏省。

䧿也。象形。七雀切
篆文舄，从隹、𠭥。

焉鳥，黄色，出於江淮。象形。凡字：朋者，羽蟲之屬；烏者，日中之禽；舄者，知太歲之所在；燕者，請子之候，作巢避戊己。所貴者故皆象形。焉亦是也。有乾切

文三　重三

說文解字弟四上

李承緒篆
黎永椿校
劉昌齡覆校
陳昌治校刊

bān 𠦒　bì 畢　fèn 糞　qì 棄

說文解字弟四下

漢太尉祭酒許慎記

宋右散騎常侍徐鉉等校定

𠦒 箕屬、所以推棄之器也、象形、凡𠦒之屬皆从𠦒、官溥說、北潘切、

畢 田罔也、从𠦒、象畢形微也、或曰、由聲、臣鉉等曰、由音弗、卑吉切

糞 棄除也、从廾推𠦒棄釆也、官溥說、似米而非米者矢字、方問切

棄 捐也、从廾推𠦒棄之、从𠫓、𠫓、逆子也、臣鉉等曰、𠫓、他忽切、詰利切、

𠨗 古文棄、𠤻 籒文棄、

gòu 冓 zài 再 chēng 爯 yāo 幺 yòu 幼 mó 麼

冓 交積材也。象對交之形。凡冓之屬皆从冓。古候切

再 一舉而二也。从冓省。作代切

爯 并舉也。从爪，冓省。處陵切

文三

幺 小也。象子初生之形。凡幺之屬皆从幺。於堯切

幼 少也。从幺从力。伊謬切

文二

麼 細也。从幺，麻聲。亡果切

文一 新附

文四 重二

yōu 𢆶　yōu 幽　jī 幾　zhuān 叀　huì 惠　zhì 疐

𢆶 微也、从二幺、凡𢆶之屬皆从𢆶、於虯切

幽 隱也、从山中𢆶、𢆶亦聲、於虯切

幾 微也、殆也、从𢆶、从戍、戍、兵守也、𢆶而兵守者危也、居衣切

文三

叀 專、小謹也、从幺省、屮、財見也、屮亦聲、凡叀之屬皆从叀、職緣切

𠧢 古文叀、

𠃬 亦古文叀、

惠 仁也、从心、从叀、徐鍇曰、爲惠者心專也、胡桂切

𢡆 古文惠、从芔、

疐 礙不行也、从叀引而止之也、叀者如叀馬之鼻、从此、與牽同意、陟利切

xuán 玄　zī 兹　lú 玈　yǔ 予　shū 舒　huàn 幻

文三　重三

玄 幽遠也。黑而有赤色者爲玄。象幽而入覆之也。凡玄之屬皆从玄。胡涓切 古文玄。

兹 黑也。从二玄。春秋傳曰：何故使吾水兹。子之切

文二　重一

玈 黑色也。从玄，旅省聲。義當用黸。洛乎切

文一　新附

予

予 推予也。象相予之形。凡予之屬皆从予。余呂切

舒 伸也。从舍从予，予亦聲。一曰舒緩也。傷魚切

幻 相詐惑也。从反予。周書曰：無或譸張爲幻。胡辦切

luàn 𤔔 yuán 爰 biào 𠬪 yuè 敫 áo 敖 fàng 放

文三

放 逐也、从攴方聲、凡放之屬皆从放、甫妄切、

敖 出游也、从出从放、五牢切、

敫 光景流也、从白从放、讀若龠、以灼切、

文三

𠬪 物落、上下相付也、从爪从又、凡𠬪之屬皆从𠬪、讀若詩摽有梅、平小切、

爰 引也、从𠬪从于、籒文以爲車轅字、羽元切、

𤔔 治也、幺子相亂、𠬪治之也、讀若亂同、一曰理也、徐鍇曰、冂、坰也、界也、郎段切、

𤔔 古文𤔔、

shòu 受：相付也、从𠬪、舟省聲、殖酉切、

liè 𤕦：撮也、从𠬪从己、臣鉉等曰、己者物也、又爪掫取之、指事、力輟切、

zhēng 爭：引也、从𠬪厂、臣鉉等曰、厂音曳、𠬪二手也、而曳之、爭之道也、側莖切、

yǐn 𤔌：所依據也、从𠬪工、讀與隱同、於謹切、

lǜ 寽：五指持也、从𠬪一聲、讀若律、呂戌切、

gǎn 𠭥：進取也、从𠬪古聲、古覽切、𠭥：籒文𠭥、𠭥：古文𠭥、

文九 重三

cán 𣦼：殘穿也、从又从歺、凡𣦼之屬皆从𣦼、讀若殘、昨干切、

hè 叡：溝也、从𣦼从谷、讀若郝、呼各切、壑：叡或从土、

gài 𣦿：𣦼探堅意也、从𣦼从貝、貝、堅寶也、讀若概、古代切、

jǐng 𣦸　ruì 叡　è 歺　wěi 𣨙　hūn 殙　dú 殰

𣦸 坑也、从𡘲、从井、井亦聲、疾正切

叡 深明也、通也、从𡘲、从目、从谷省、以芮切 睿 古文叡、

壡 籒文叡从土、

文五　重三

歺 𠜱骨之殘也、从半冎、凡歺之屬皆从歺、讀若櫱岸之櫱、徐鍇曰、冎、剔肉置骨也、歺、殘骨也、故从半冎、臣鉉等曰、義不應有中一、秦刻石文有之、五割切

𣦵 古文歺、

𣨙 病也、从歺委聲、於爲切

殙 瞀也、从歺昏聲、呼昆切

殰 胎敗也、从歺賣聲、徒谷切

mò 歾

終也、从歺、勿聲、莫勃切 歾、或从昷、

zú 殚

大夫死曰殚、从歺、卒聲、子聿切

shū 殊

死也、从歺、朱聲、漢令曰、蠻夷長有罪、當殊之、市朱切

wēn 殟

胎敗也、从歺、昷聲、烏沒切

shāng 殤

不成人也、人年十九至十六死、爲長殤、十五至十二死、爲中殤、十一至八歲死、爲下殤、从歺、傷省聲、式陽切

cú 殂

往死也、从歺、且聲、虞書曰、勛乃殂、昨胡切 古文殂、从歺、从作、

jí 殛

殊也、从歺、亟聲、虞書曰、殛鯀于羽山、已力切

yì 殪

死也、从歺、壹聲、於計切 古文殪、从死、

mò 㱦

㱦死宋墓也。从歺，莫聲。莫各切

bìn 殯

殯死在棺，將遷葬柩，賓遇之。从歺，从賓，賓亦聲。夏后殯於阼階，殷人殯於兩楹之間，周人殯於賓階。必刃切

yì 殔

殔瘞也。从歺，隶聲。羊至切

jìn 殣

殣道中死人人所覆也。从歺，堇聲。詩曰：行有死人，尚或墐之。渠吝切

chòu 殠

殠腐气也。从歺，臭聲。尺救切

kuì 殨

殨爛也。从歺，貴聲。胡對切

xiǔ 㱙

㱙腐也。从歺，丂聲。許久切

朽㱙或从木。

dài 殆

殆危也。从歺，台聲。徒亥切

yāng	cán	tiǎn	jiān	dān	dù	luò	ái	cán	zhí
殃	殘	殄	殲	殫	殬	𣨻	⿰歹豈	⿰歹月	殖

殃 咎也、从歺、央聲、於良切、

殘 賊也、从歺、戔聲、昨干切、

殄 盡也、从歺、㐱聲、徒典切、 古文殄如此、

殲 微盡也、从歺、韱聲、春秋傳曰、齊人殲于遂、子廉切、

殫 殛盡也、从歺、單聲、都寒切、

殬 敗也、从歺、睪聲、商書曰、彝倫攸殬、當故切、

𣨻 畜產疫病也、从歺、从羸、郎果切、

⿰歹豈 殺羊出其胎也、从歺、豈聲、五來切、

⿰歹月 禽獸所食餘也、从歺、从肉、昨干切、

殖 脂膏久殖也、从歺、直聲、常職切、

kū 殆 qī 踦 sǐ 死 hōng 薨 hāo 薧 zì 殈

（篆）枯也。从歺，古聲。苦孤切

（篆）棄也。从歺，奇聲。俗語謂死曰大踦。去其切

文三十二　重六

（篆）澌也。人所離也。从歺，从人。凡死之屬皆从死。息姊切

（古文）古文死如此。

（篆）公矦殌也。从死，瞢省聲。呼肱切

（篆）死人里也。从死，蒿省聲。呼毛切

（篆）戰見血曰傷，亂或爲惽，死而復生爲殈。从死，次聲。咨四切

文四　重一

guǎ 冎

冎 剔人肉、置其骨也、象形、頭隆骨也、凡冎之屬皆从冎、古瓦切

bié 𠛱

𠛱 分解也、从冎从刀、憑列切

bēi ⿰冎卑

⿰冎卑 別也、从冎卑聲、讀若罷、府移切

文三

gǔ 骨

骨 肉之覈也、从冎有肉、凡骨之屬皆从骨、古忽切

dú 髑

髑 髑髏、頂也、从骨蜀聲、徒谷切

lóu 髏

髏 髑髏也、从骨婁聲、洛侯切

bó 髆

髆 肩甲也、从骨尃聲、補各切

ǒu 髃

髃 肩前也、从骨禺聲、午口切

pián **骿** 并脅也。从骨，并聲。晉文公骿脅。臣鉉等曰：骿胝字同，今別作胼，非。部田切。

bǐ **髀** 股也。从骨，卑聲。并弭切。古文髀。

kē **髁** 髀骨也。从骨，果聲。苦臥切。

jué **⿰骨厥** 臀骨也。从骨，厥聲。居月切。

kuān **髖** 髀上也。从骨，寬聲。苦官切。

bìn **髕** 厀耑也。从骨，賓聲。毗忍切。

guā **䯏** 骨耑也。从骨，𠯑聲。古活切。

kuì **⿰骨貴** 厀脛閒骨也。从骨，貴聲。丘媿切。

qiāo **骹** 脛也。从骨，交聲。口交切。

gàn **骭** 骹也。从骨，干聲。古案切。

hái 骸 脛骨也。从骨亥聲。戶皆切

suǐ 髓 骨中脂也。从骨隓聲。息委切

tì ⿰骨昜 骨間黃汁也。从骨昜聲。讀若易曰夕惕若厲。他歷切

tǐ 體 總十二屬也。从骨豊聲。他禮切

mó 髍 㾱病也。从骨麻聲。莫鄱切

gěng 骾 食骨畱咽中也。从骨㪅聲。古杏切

gé 骼 禽獸之骨曰骼。从骨各聲。古覈切

cī 骴 鳥獸殘骨曰骴。骴，可惡也。从骨此聲。明堂月令曰：掩骼薶骴。骴，或从肉。資四切

wěi 骫 骨耑骫奊也。从骨丸聲。於詭切

kuài 䯤
䯤 骨擿之可會髮者、从骨會聲、詩曰、䯤弁如星、古外切

文二十五　重一

ròu 肉
肉 胾肉、象形、凡肉之屬皆从肉、如六切

méi 腜
腜 婦始孕腜兆也、从肉、某聲、莫桮切

pēi 肧
肧 婦孕一月也、从肉、不聲、匹桮切

tāi 胎
胎 婦孕三月也、从肉、台聲、土來切

jī 肌
肌 肉也、从肉、几聲、居夷切

lú 臚
臚 皮也、从肉、盧聲、力居切

膚 籀文臚、

zhūn 肫
肫 面頯也、从肉、屯聲、章倫切

jī 䐚
䐚 頰肉也、从肉、幾聲、讀若畿、居衣切

chún 脣
口耑也、从肉、辰聲、食倫切、
古文脣、从頁、

dòu 脰
項也、从肉、豆聲、徒候切、

huāng 肓
心上鬲下也、从肉、亡聲、春秋傳曰、病在肓之下、呼光切、

shèn 腎
水藏也、从肉、臤聲、時忍切、

fèi 肺
金藏也、从肉、市聲、芳吠切、

pí 脾
土藏也、从肉、卑聲、符支切、

gān 肝
木藏也、从肉、干聲、古寒切、

dǎn 膽
連肝之府、从肉、詹聲、都敢切、

wèi 胃
穀府也、从肉、圂、象形、云貴切、

pāo 脬
膀光也、从肉、孚聲、匹交切、

cháng 腸
大小腸也、从肉昜聲、直良切、

gāo 膏
肥也、从肉高聲、古勞切、

fáng 肪
肥也、从肉方聲、甫良切、

yīng 膺
胷也、从肉𤸰聲、於陵切、

yì 肊
胷骨也、从肉乙聲、於力切、
肊或从意、

bèi 背
脊也、从肉北聲、補妹切、

xié 脅
兩膀也、从肉劦聲、虛業切、

páng 膀
脅也、从肉旁聲、步光切、
膀或从骨、

liè 脟
脅肉也、从肉寽聲、一曰脟腸閒肥也、一曰膫也、力輟切、

lèi 肋
脅骨也、从肉力聲、盧則切、

shēn 胂 𦙍 夾脊肉也。从肉，申聲。矢人切

méi 脢 𦟼 背肉也。从肉，每聲。易曰：咸其脢。莫桮切

jiān 肩 𦚖 髆也。从肉，象形。古賢切 肩 俗肩从戶。

gē 胳 𦛖 亦下也。从肉，各聲。古洛切

qū 胠 𦛙 亦下也。从肉，去聲。去劫切

bì 臂 𦡀 手上也。从肉，辟聲。卑義切

nào 臑 𦡞 臂，羊矢也。从肉，需聲。讀若襦。那到切

zhǒu 肘 𦙮 臂節也。从肉，从寸。寸，手寸口也。陟柳切

qí 齎 𦡪 朏齎也。从肉，齊聲。徂兮切

fù 腹 𦝤 厚也。从肉，复聲。方六切

yú 腴：腹下肥也、从肉、臾聲、羊朱切

shuí 脽：屍也、从肉、隹聲、示隹切

jué 肤：孔也、从肉、決省聲、讀若決水之決、古穴切

kuà 胯：股也、从肉、夸聲、苦故切

gǔ 股：髀也、从肉、殳聲、公戶切

jiǎo 腳：脛也、从肉、卻聲、居勺切

jìng 脛：胻也、从肉、巠聲、胡定切

héng 胻：脛耑也、从肉、行聲、戶更切

féi 腓：脛腨也、从肉、非聲、符飛切

shuàn 腨：腓腸也、从肉、耑聲、市沇切

zhī 胑
體四胑也、从肉、只聲、章移切、胑或从攴、

gāi 胲
足大指毛也、从肉、亥聲、古哀切、

xiào 肖
骨肉相似也、从肉、小聲、不似其先、故曰不肖也、私妙切、

yìn 胤
子孫相承續也、从肉、从八象其長也、从幺象重累也、羊晉切、古文胤、

zhòu 胄
胤也、从肉、由聲、直又切、

qì 肸
振肸也、从肉、八聲、許訖切、

dàn 膻
肉膻也、从肉、亶聲、詩曰、膻裼暴虎、徒旱切、

rǎng 臁
益州鄙言人盛諱其肥謂之臁、从肉、襄聲、如兩切、

jiē 腊
臞也、从肉、皆聲、古諧切、

qú 臞

少肉也、从肉、瞿聲、其俱切、

tuō 脫

消肉臞也、从肉、兑聲、徒活切、

qiú 脙

齊人謂臞脙也、从肉、求聲、讀若休止、巨鳩切、

luán 臠

臞也、从肉、䜌聲、一曰切肉臠也、詩曰棘人臠臠兮、力沇切、

jí 膌

瘦也、从肉、脊聲、資昔切、

古文膌、从疒从朿、朿亦聲、

chéng 脀

騃也、从肉、丞聲、讀若丞、署陵切、

zhěn 胗

脣瘍也、从肉、㐱聲、之忍切、

籒文胗、从疒、

zhuī 腄

瘢胝也、从肉、垂聲、竹垂切、

zhī 胝

腄也、从肉、氐聲、竹尼切、

yóu 肬 [篆] 贅也、从肉、尤聲、羽求切、[篆] 籒文肬、从黑、

huàn 肒 [篆] 搔生創也、从肉、丸聲、胡岸切、

zhǒng 腫 [篆] 癰也、从肉、重聲、之隴切、

dié 胅 [篆] 骨差也、从肉、失聲、讀與跌同、徒結切、

xìn 脪 [篆] 創肉反出也、从肉、希聲、香近切、

zhèn 𦙍 [篆] 瘢也、从肉、引聲、一曰遽也、羊晉切、

là 臘 [篆] 冬至後三戌、臘祭百神、从肉、巤聲、盧盍切、

lǚ 膢 [篆] 楚俗、以二月祭飲食也、从肉、婁聲、一曰、祈穀食新曰離膢、力俱切、

tiǎo 朓 [篆] 祭也、从肉、兆聲、土了切、

zuò 胙
祭福肉也、从肉乍聲、臣鉉等曰、今俗別作祚、非是、昨誤切

duò 隋
裂肉也、从肉、从隓省、徒果切

shàn 膳
具食也、从肉善聲、常衍切

róu 腬
嘉善肉也、从肉柔聲、耳由切

yáo 肴
啖也、从肉爻聲、徐鍇曰、謂已修庖之可食也、胡茅切

tiǎn 腆
設膳腆腆多也、从肉典聲、他典切
古文腆、

tú 腯
牛羊曰肥、豕曰腯、从肉盾聲、他骨切

bié 䏟
肥肉也、从肉必聲、蒲結切

hú 胡
牛顄垂也、从肉古聲、戶孤切

xián 胘
牛百葉也、从肉、弦省聲、胡田切

pí 膍

牛百葉也、从肉、毘聲、一曰鳥膍胵、房脂切、膍、或从比、

chī 胵

鳥胃也、从肉、至聲、一曰胵、五藏總名也、處脂切、

piǎo 膘

牛脅後髀前合革肉也、从肉、㶾聲、讀若繇、敷紹切、

lù 膟

血祭肉也、从肉、帥聲、呂戌切、膟或从率、

liáo 膫

牛腸脂也、从肉、尞聲、詩曰、取其血膫、洛蕭切、膫、或从勞省聲、

fǔ 脯

乾肉也、从肉、甫聲、方武切、

xiū 脩

脯也、从肉、攸聲、息流切、

xié 膎

脯也、从肉、奚聲、戶皆切、

liǎng 脼

膎肉也、从肉、兩聲、良獎切、

pò 膊

薄脯膊之屋上、从肉、尃聲、匹各切、

wǎn 脘

胃府也、从肉、完聲、讀若患、舊云脯、古卵切、

qú 朐

脯挺也、从肉、句聲、其俱切、

hū 膴

無骨腊也、楊雄說鳥腊也、从肉、無聲、周禮有膴判、讀若謨、荒烏切、

xū 胥

蟹醢也、从肉、疋聲、相居切、

jū 腒

北方謂鳥腊曰腒、从肉、居聲、傳曰、堯如腊、舜如腒、九魚切、

qiú 肍

孰肉醬也、从肉、九聲、讀若舊、巨鳩切、

sōu 䐹
乾魚尾䐹䐹也、从肉、肅聲、周禮有腒䐹、所鳩切

ní 腝
有骨醢也、从肉、耎聲、人移切
臡 腝或从難、

shān 脠
生肉醬也、从肉、延聲、丑連切

bù 䏽
豕肉醬也、从肉、咅聲、薄口切

ér 胹
爛也、从肉、而聲、如之切

sǔn 䐣
切孰肉内於血中和也、从肉、員聲、讀若遜、穌本切

xīng 胜
犬膏臭也、从肉、生聲、一曰不孰也、桑經切

sāo 臊
豕膏臭也、从肉、喿聲、穌遭切

xiāo 膮
豕肉羹也、从肉、堯聲、許幺切

xìng 腥
星見食豕、令肉中生小息肉也、从肉、从星、星亦聲、穌佞切

切。

zhī
脂 戴角者脂，無角者膏。从肉旨聲。旨夷切

suò
𦟝 骨也。从肉貨聲。穌果切

nì
膩 上肥也。从肉貳聲。女利切

mó
膜 肉閒胲膜也。从肉莫聲。慕各切

ruò
𦢊 肉表革裏也。从肉弱聲。而勺切

hè
臛 肉羹也。从肉隺聲。呼各切

fèn
膹 臛也。从肉賁聲。房吻切

juǎn
臇 臛也。从肉雋聲。讀若纂。子沇切 𤎫 臇或从火巽。

zì
胾 大臠也。从肉𢦏聲。側吏切

zhé 牒 薄切肉也、从肉枼聲、直葉切、

kuài 膾 細切肉也、从肉會聲、古外切、

yān 腌 漬肉也、从肉奄聲、於業切、

cuì 脃 小耎易斷也、从肉、从絕省、此芮切、

cuì 膬 耎易破也、从肉毳聲、七絕切、

sàn 散 雜肉也、从肉㪔聲、穌旰切、

zhuǎn 膞 切肉也、从肉專聲、市沇切、

chuò 腏 挑取骨閒肉也、从肉叕聲、讀若詩曰啜其泣矣、陟劣切、

zǐ 𦙽 食所遺也、从肉仕聲、易曰噬乾𦙽、阻史切、胏 揚雄說、胏、从𠂔、

xiàn 䐄

食肉不猒也。从肉臽聲。讀若陷。戶猎切

rán 肰

犬肉也。从犬肉。讀若然。如延切 古文肰。 亦古文肰。

chēn 䐜

起也。从肉眞聲。昌眞切

tǎn 肬

肉汁滓也。从肉冘聲。他感切

jiāo 膠

昵也。作之以皮。从肉翏聲。古肴切

luó 臝

或曰嘼名。象形。闕。郎果切

qū 胆

蠅乳肉中也。从肉且聲。七余切

yuàn 肙

小蟲也。从肉口聲。一曰空也。烏玄切 臣鉉等曰：口音韋。

fǔ 腐

爛也。从肉府聲。扶雨切

kěn 肎 féi 肥 qǐ 䏿 zuī 朘 qiāng 腔 chǔn 胊 rùn 䏰

肎 骨閒肉肎肎箸也。从肉，从冎省。一曰骨無肉也。苦等切

肎 古文肎。

肥 多肉也。从肉，从卪。臣鉉等曰：肉不可過多，故从卪。符非切

文一百四十 重二十

䏿 肥腸也。从肉，启省聲。康禮切

朘 赤子陰也。从肉，夋聲。或从血。子回切

腔 内空也。从肉，从空，空亦聲。苦江切

胊 胊䏰，蟲名。漢中有胊䏰縣，地下多此蟲，因以爲名。从肉，旬聲。考其義，當作潤蠢。如順切

䏰 胊䏰也。从肉，忍聲。尺尹切

文五 新附

筋 jīn

肉之力也。从力，从肉，从竹。竹，物之多筋者。凡筋之屬皆从筋。居銀切

⿱⺮⿰夗力 jiàn

筋之本也。从筋，从夗省聲。渠建切

筋，或从肉建。

⿱⺮⿰勺力 bó

手足指節鳴也。从筋省，勺聲。北角切

筋，或省竹。

文三　重三

刀 dāo

兵也。象形。凡刀之屬皆从刀。都牢切

⿰缶刂 fǒu

刀握也。从刀，缶聲。方九切

⿰咢刂 è

刀劍刃也。从刀，咢聲。臣鉉等曰：今俗作鍔，非是。五各切

籀文⿰咢刂。从㓞，从各。

削 xuē

鞞也。一曰析也。从刀，肖聲。息約切

gōu 𠛎 鎌也、从刀、句聲、古侯切、

gāi 剴 大鎌也、一曰摩也、从刀、豈聲、五來切、

jī 剞 剞劂、曲刀也、从刀、奇聲、居綺切、

jué 劂 剞劂也、从刀、屈聲、九勿切、

lì 利 銛也、从刀、和然後利、从和省、易曰、利者義之和也、力至切、

古文利、

yǎn 剡 銳利也、从刀、炎聲、以冉切、

chū 初 始也、从刀、从衣、裁衣之始也、楚居切、

jiǎn 前 齊斷也、从刀、歬聲、子善切、

zé 則 等畫物也、从刀、从貝、貝、古之物貨也、子德切、

古文

則、𠟭亦古文則、𠟭籀文則从鼎、

gāng 剛
剛 彊斷也、从刀岡聲、古郎切、[古文] 古文剛如此、

duān 剬
剬 斷齊也、从刀耑聲、旨兖切、

guì 劊
劊 斷也、从刀會聲、古外切、

qiē 切
切 刌也、从刀七聲、千結切、

cǔn 刌
刌 切也、从刀寸聲、倉本切、

xiè ⿱辥刀
⿱辥刀 斷也、从刀辥聲、私列切、

jī 刉
刉 劃傷也、从刀气聲、一曰斷也、又讀若磑、一曰刀不利、於瓦石上刉之、古外切、

guì 劌
劌 利傷也、从刀歲聲、居衛切、

kè 刻 鏤也、从刀亥聲、苦得切

pì 副 判也、从刀畐聲、周禮曰、副辜祭、芳逼切 疈 籒文副、

pōu 剖 判也、从刀咅聲、浦后切

biàn 辦 判也、从刀辡聲、蒲莧切

pàn 判 分也、从刀半聲、普半切

duó 剫 判也、从刀度聲、徒洛切

kū 刳 判也、从刀夸聲、苦孤切、

liè 列 分解也、从刀𡿪聲、良薛切、

kān 刊 剟也、从刀干聲、苦寒切、

zhuō 剟 刊也、从刀叕聲、陟劣切

删 shān　剟也、从刀冊、冊書也、所姦切

劈 pī　破也、从刀、辟聲、普擊切

剥 bō　裂也、从刀、从彔、彔刻割也、彔亦聲、北角切　𠞈 剥、或从卜、

割 gē　剥也、从刀、害聲、古達切

剺 lí　剥也、劃也、从刀、𠩺聲、里之切

劃 huá　錐刀曰劃、从刀、从畫、畫亦聲、呼麥切

剈 yuān　挑取也、从刀、肙聲、一曰窐也、烏玄切

劀 guā　刮去惡創肉也、从刀、矞聲、周禮曰、劀殺之齊、古鎋切

劑 jì　齊也、从刀、从齊、齊亦聲、在詣切

shuā 刷 刮也、从刀、㕞省聲、禮布刷巾、所劣切

guā 𠜼(刮) 掊把也、从刀、𠯑聲、古八切

piào 剽 砭刺也、从刀、𤐫聲、一曰剽劫人也、匹妙切

kuī 刲 刺也、从刀、圭聲、易曰、士刲羊、苦圭切

cuò 剉 折傷也、从刀、坐聲、麤臥切

jiǎo 劋 絕也、从刀、喿聲、周書曰、天用劋絕其命、子小切

yuè 刖 絕也、从刀、月聲、魚厥切

fú 刜 擊也、从刀、弗聲、分勿切

chì 㓨 傷也、从刀、桼聲、親結切

chán 劖 斷也、从刀、毚聲、一曰剽也、釗也、鉏銜切

wán 刓
剸也、从刀、元聲、一曰齊也、五丸切、

zhāo 釗
刓也、从刀、从金、周康王名、止遙切、

zhì 制
裁也、从刀、从未、未物成有滋味、可裁斷、一曰止也、征例切、
古文制如此、

diàn 㓠
缺也、从刀、占聲、詩曰、白圭之㓠、丁念切、

fá 罰
辠之小者、从刀、从詈、未以刀有所賊、但持刀罵詈、則應罰、房越切、

èr 刵
斷耳也、从刀、从耳、仍吏切、

yì 劓
刑鼻也、从刀、臬聲、易曰、天且劓、魚器切、
臬、或从鼻、

xíng 刑
剄也、从刀、幵聲、戶經切、

jǐng 剄

剄 刑也、从刀、巠聲、古零切、

zǔn 劗

劗 減也、从刀、尊聲、兹損切、

jié 魝

魝 楚人謂治魚也、从刀、从魚、讀若鍥、古屑切、

quàn 券

券 契也、从刀、𢍏聲、券別之書以刀判契其旁故曰契券、去願切、

cì 刺

刺 君殺大夫曰刺、刺直傷也、从刀、从朿、朿亦聲、七賜切、

tì 剔

剔 解骨也、从刀、易聲、他歷切、

文六十二 重九

wěn 刎

刎 剄也、从刀、勿聲、武粉切、

wān 剜

剜 削也、从刀、宛聲、一丸切、

jù 劇 chà 剎 rèn 刃 chuāng 刅 jiàn 劒 qià 㓞 jiá 契

劇 尤甚也、从刀、未詳、豦聲、渠力切、

剎 柱也、从刀、未詳、殺省聲、初轄切、

文四 新附

刃 刀堅也、象刀有刃之形、凡刃之屬皆从刃、而振切、

刅 傷也、从刃、从一、楚良切、創 或从刀、倉聲、臣鉉等曰、今俗別作瘡、非是也、

劒 人所帶兵也、从刃、僉聲、居欠切、劍 籒文劒、从刀、

文三 重二

㓞 巧㓞也、从刀、丰聲、凡㓞之屬皆从㓞、恪八切、

契 齘契、刮也、从㓞、夬聲、一曰、契畫堅也、古黠切、

qì 栔 jiè 丯 gé 挌 lěi 耒 gēng 耕 ǒu 耦

栔 刻也、从㓞、从木、苦計切、

文三

丯 艸蔡也、象艸生之散亂也、凡丯之屬皆从丯、讀若介、古拜切、

挌 枝挌也、从丯、各聲、古百切、

文二

耒 手耕曲木也、从木推丯、古者垂作耒梠、以振民也、凡耒之屬皆从耒、盧對切、

耕 犂也、从耒、井聲、一曰古者井田、古莖切、

耦 耒廣五寸爲伐、二伐爲耦、从耒、禺聲、五口切、

jí 耤

耤 帝耤千畝也、古者使民如借、故謂之耤、从耒、昔聲、秦昔切、

guī 桂

桂 冊叉可以劃麥、河内用之、从耒、圭聲、古攜切、

yún 𦓹

𦓹 除苗閒穢也、从耒、員聲、羽文切、

耘 𦓹或从芸、

chú 耡

耡 商人七十而耡、耡耤稅也、从耒、助聲、周禮曰、以興耡利萌、牀倨切、

文七　重一

jiǎo 角

角 獸角也、象形、角與刀魚相似、凡角之屬皆从角、古岳切、

xuān 觼

觼 揮角皃、从角、雚聲、梁隱縣有觼亭、又讀若縳、況袁切、

lù 觻

觻 角也、从角、樂聲、張掖有觻得縣、盧谷切、

sāi 䚡

角中骨也。从角，思聲。穌來切

quán 觠

曲角也。从角，𢍏聲。巨員切

ní 䚕

角䚕曲也。从角，兒聲。西河有䚕氏縣。研啓切

shì 觢

一角仰也。从角，㓞聲。易曰：其牛觢。臣鉉等曰：當从契省乃得聲。尺制切

zhì 𧤗

角傾也。从角，虒聲。敕豕切

qī 觭

角一俛一仰也。从角，奇聲。去奇切

qiú 觓

角皃。从角，丩聲。詩曰：兕觵其觓。渠幽切

wēi 䚈

角曲中也。从角，畏聲。烏賄切

zhuó 𧢻

角長皃。从角，爿聲。士角切

jué 𧥂

角有所觸發也。从角，厥聲。居月切

chù 觸

觸 抵也、从角、蜀聲、尺玉切、

xīng 觲

觲 用角低仰便也、从羊牛角、詩曰、觲觲角弓、息營切、

gāng 𧢼

𧢼 舉角也、从角、公聲、古雙切、

xué 觷

觷 治角也、从角、學省聲、胡角切、

héng 衡

衡 牛觸、橫大木其角、从角、从大、行聲、詩曰、設其楅衡、戶庚切、

𩨓 古文衡如此、

duān 䚴

䚴 角䚴、獸也、狀似豕、角善爲弓、出胡休多國、从角、耑聲、多官切、

zhā 觰

觰 觰拏、獸也、从角、者聲、一曰下大者也、陟加切、

guǐ 觤

觤 羊角不齊也、从角、危聲、過委切、

huà 觟

觟 牝牂羊生角者也。从角，圭聲。下瓦切。

gé 觡

觡 骨角之名也。从角，各聲。古百切。

zuǐ 觜

觜 鴟舊頭上角觜也。一曰：觜觿也。从角，此聲。遵爲切。

jiě 解

解 判也。从刀判牛角。一曰：解廌獸也。佳買切。又戶賣切。

xī 觿

觿 佩角，鋭耑可以解結。从角，巂聲。《詩》曰：「童子佩觿。」戶圭切。

gōng 觵

觵 兕牛角可以飲者也。从角，黄聲。其狀觵觵，故謂之觵。古橫切。

觥 俗觵从光。

zhì 觶

觶 鄉飲酒角也。《禮》曰：「一人洗舉觶。」觶受四升。从角，單聲。臣鉉等曰：當从戰省，乃得聲。之義切。

觗 觶或从辰。

觝 《禮經》觶。

dàn 觛

觛 小觶也。从角，旦聲。徒旱切。

shāng 觴
觶實曰觴，虛曰觶。从角，𥏻省聲。式陽切。𧢦 籀文觴从爵省。

gū 觚
鄉飲酒之爵也。一曰觴受三升者謂之觚。从角瓜聲。古乎切。

xuān 觛
角匕也。从角亘聲。讀若讙。臣鉉等曰：亘音宣，俗作古鄧切，篆文有異，況袁切。

xí 𧥄
杖耑角也。从角敫聲。胡狄切。

jué 觼
環之有舌者。从角敻聲。古穴切。鐍 觼或从金矞。

nuò 䚥
調弓也。从角，弱省聲。於角切。

fèi 𧥓
惟射收繁具也。从角發聲。方肺切。

qiú 𧤼
惟射收繳具。从角酋聲。讀若鰌。字秋切。

hú 觳 𧤼盛觵巵也。一曰射具。从角，㱿聲。讀若斛。胡谷切

bì 觱 𧥢羌人所吹角屠觱，以驚馬也。从角，𤇾聲。𤇾，古文誖字。卑吉切

文三十九　重六

說文解字弟四下

李承緒篆

黎永椿校

劉昌齡覆校

陳昌治校刊

jùn 箘 jiàn 箭 zhú 竹

說文解字弟五上

漢太尉祭酒許愼記

宋右散騎常侍徐鉉等校定

六十三部　五百二十七文　重百二十二

凡七千二百七十三字

文十五新附

竹　冬生艸也。象形。下垂者，箁箬也。凡竹之屬皆从竹。陟玉切

箭　矢也。从竹，前聲。子賤切

箘　箘簬也。从竹，囷聲。一曰博棊也。渠隕切

lù 簬

簬 箘簬也、从竹、路聲、夏書曰、惟箘簬楛、洛故切 輅 古文簬、从輅、

xiǎo 筱

筱 箭屬小竹也、从竹、攸聲、先杳切

dàng 簜

簜 大竹也、从竹、湯聲、夏書曰、瑤琨筱簜、簜可爲幹、筱可爲矢、徒朗切

wéi ⿱竹微

⿱竹微 竹也、从竹、微聲、無非切 ⿱竹𢼸 籒文从微省、

sǔn 筍

筍 竹胎也、从竹、旬聲、思允切

tái 䈚

䈚 竹萌也、从竹、怠聲、徒哀切

póu 箁

箁 竹箬也、从竹、音聲、薄侯切

ruò 箬

箬 楚謂竹皮曰箬、从竹、若聲、而勺切

jié 節
竹約也、从竹、即聲、子結切、

tú 筡
折竹笢也、从竹、余聲、讀若絮、同都切、

mí ⿱竹爲
筡也、从竹、爲聲、武移切、

mǐn 笢
竹膚也、从竹、民聲、武盡切、

bèn 笨
竹裏也、从竹、本聲、布忖切、

wēng ⿱竹翁
竹皃、从竹、翁聲、烏紅切、

cēn 篸
差也、从竹、參聲、所今切、

zhuàn 篆
引書也、从竹、彖聲、持兖切、

zhòu 籒
讀書也、从竹、㩆聲、春秋傳曰、卜籒云、直又切、

piān 篇
書也、一曰、關西謂榜曰篇、从竹、扁聲、芳連切、

jí 籍

籍 簿書也。从竹，耤聲。秦昔切

huáng 篁

篁 竹田也。从竹，皇聲。戶光切

jiǎng 䉃

䉃 剖竹未去節謂之䉃。从竹，將聲。即兩切

yè 䈎

䈎 籥也。从竹，枼聲。與接切

yuè 籥

籥 書僮竹笘也。从竹，龠聲。以灼切

liú 䉧

䉧 竹聲也。从竹，劉聲。力求切

jiǎn 簡

簡 牒也。从竹，閒聲。古限切

gāng 笐

笐 竹列也。从竹，亢聲。古郎切

bù 篰

篰 㒼爰也。从竹，部聲。薄口切

děng 等

等 齊簡也。从竹，从寺。寺，官曹之等平也。多肯切

fàn 笵

笵法也、从竹、竹簡書也、氾聲、古法有竹刑、防叉切、

jiān 箋

箋表識書也、从竹、戔聲、則前切、

fú 符

符信也、漢制以竹長六寸、分而相合、从竹、付聲、防無切、

shì 筮

筮易卦用蓍也、从竹、从𢍰、𢍰古文巫字、時制切、

jī 笄

笄簪也、从竹、幵聲、古兮切、

jī 笸

笸取蟣比也、从竹、𦣞聲、居之切、

yuè 籆

籆收絲者也、从竹、蒦聲、王縛切、

䈎籆或从角、从閒、

tíng 筳

筳繀絲筦也、从竹、廷聲、特丁切、

guǎn 筦

筦筟也、从竹、完聲、古滿切、

fū 筟

筟筳也、从竹、孚聲、讀若春秋魯公子彄、芳無切、

zé 笮
迫也、在瓦之下、棼上、从竹乍聲、阻厄切、

lián 簾
堂簾也、从竹廉聲、力鹽切、

zé 簀
牀棧也、从竹責聲、阻厄切、

zǐ 笫
牀簀也、从竹𠂔聲、阻史切、

yán 筵
竹席也、从竹延聲、周禮曰、度堂以筵、筵一丈、以然切、

diàn 簟
竹席也、从竹覃聲、徒念切、

qú 籧
籧篨、粗竹席也、从竹遽聲、彊魚切、

chú 篨
籧篨也、从竹除聲、直魚切、

shāi 籭
竹器也、可以取粗去細、从竹麗聲、所宜切、

fān 籓
大箕也、从竹潘聲、一曰蔽也、甫煩切、

yù 籅

漉米籔也、从竹、奥聲、於六切、

sǒu 籔

炊籅也、从竹、數聲、蘇后切、

bì 箅

蔽也、所以蔽甑底、从竹、畀聲、必至切、

shāo 䈰

飯筥也、受五升、从竹、稍聲、秦謂筥曰䈰、山樞切、

shāo 𥳓

陳留謂飯帚曰𥳓、从竹、捎聲、一曰、飯器容五升、一曰宋魏謂箸筩爲𥳓、所交切、

jǔ 筥

𥳓也、从竹、呂聲、居許切、

sì 笥

飯及衣之器也、从竹、司聲、相吏切、

dān 簞

笥也、从竹、單聲、漢律令簞、小筐也、傳曰、簞食壺漿、都寒切、

shāi 簁
簁箄竹器也、从竹、徙聲、所綺切

bǐ 箄
簁箄也、从竹、卑聲、并弭切

tuán 篿
圜竹器也、从竹、專聲、度官切

zhù 箸
飯攲也、从竹、者聲、陟慮切、又遟倨切

lǒu 簍
竹籠也、从竹、婁聲、洛侯切

láng 筤
籃也、从竹、良聲、盧黨切

lán 籃
大篝也、从竹、監聲、魯甘切、古文籃如此、

gōu 篝
客也、可熏衣、从竹、冓聲、宋楚謂竹篝牆以居也、古侯切

luò 笿
桮笿也、从竹、各聲、盧各切

gòng [竹夅]
桮笿也、从竹、夅聲、或曰盛箸籠、古送切

lián 籢
籢鏡籢也、从竹、斂聲、力鹽切、

zuǎn 籫
籫竹器也、从竹、贊聲、讀若纂、一曰叢、作管切、

yíng 籯
籯笭也、从竹、嬴聲、以成切、

sān 䈀
䈀竹器也、从竹、刪聲、蘇旰切、

guǐ 簋
簋黍稷方器也、从竹、从皿、从皀、居洧切、
古文簋、从匚飢、
古文簋、或从軌、
亦古文簋、

fǔ 簠
簠黍稷圜器也、从竹、从皿、甫聲、方矩切、
古文簠、从匚从夫、

biān 籩
籩竹豆也、从竹、邊聲、布玄切、
籀文籩、

dùn 𥬠
𥬠篅也、从竹、屯聲、徒損切、

chuán 篅
篅以判竹圜以盛穀也、从竹耑聲、市緣切、

lù 簏
簏竹高篋也、从竹鹿聲、盧谷切、[簶]簏或从录、

dàng 簜
簜大竹筩也、从竹昜聲、徒朗切、

tóng 筩
筩斷竹也、从竹甬聲、徒紅切、

biān 箯
箯竹輿也、从竹便聲、旁連切、

nú 笯
笯鳥籠也、从竹奴聲、乃故切、

gān 竿
竿竹梃也、从竹干聲、古寒切、

zhuó 籱
籱罩魚者也、从竹靃聲、竹角切、[籗]籱或省、

gè 箇
箇竹枚也、从竹固聲、古賀切、

jiǎo 筊
筊竹索也、从竹交聲、胡茅切、

zuó 筰：筊也。从竹，作聲。在各切

qián 箝：蔽絮簀也。从竹，沾聲。讀若錢。昨鹽切

shà 箑：扇也。从竹，疌聲。山洽切　篓：箑或从妾。

lóng 籠：舉土器也。一曰笭也。从竹，龍聲。盧紅切

ráng 䉴：裛也。从竹，襄聲。如兩切

hù 𥫶：可以收繩也。从竹，象形，中象人手所推握也。胡誤切　互：𥫶或省。

liáo 簝：宗廟盛肉竹器也。从竹，尞聲。周禮：供盆簝以待事。洛蕭切

jǔ 𥵃：飲牛筐也。从竹，豦聲。方曰筐，圜曰𥵃。居許切

篼 dōu
篼 飲馬器也、从竹、兜聲、當侯切、

籚 lú
籚 積竹矛戟矜也、从竹、盧聲、春秋國語曰、朱儒扶籚、洛乎切、

箝 qián
箝 籋也、从竹、拑聲、巨淹切、

籋 niè
籋 箝也、从竹、爾聲、臣鉉等曰、爾非聲、未詳、尼輒切、

簦 dēng
簦 笠蓋也、从竹、登聲、都滕切、

笠 lì
笠 簦無柄也、从竹、立聲、力入切、

箱 xiāng
箱 大車牝服也、从竹、相聲、息良切、

篚 fěi
篚 車笭也、从竹、匪聲、敷尾切、

笭 líng
笭 車笭也、从竹、令聲、一曰笭籯也、郎丁切、

tán 簟
𥳑 搔馬也从竹剡聲丑廉切

cè 策
策 馬箠也从竹朿聲楚革切

chuí 箠
箠 擊馬也从竹垂聲之壘切

zhuā 笍
笍 箠也从竹朵聲陟瓜切

zhuì 笍
笍 羊車騶箠也箸箴其耑長半分从竹内聲陟衞切

lán 籣
籣 所以盛弩矢人所負也从竹闌聲洛干切

fú 箙
箙 弩矢箙也从竹服聲周禮仲秋獻矢箙房六切

zhū 笨
笨 棰雙也从竹朱聲陟輸切

shān 笘
笘 折竹箠也从竹占聲潁川人名小兒所書寫爲笘失廉切

dá 笪

笪 笞也。从竹，旦聲。當割切。

chī 笞

笞 擊也。从竹，台聲。丑之切。

qiān 籤

籤 驗也。一曰銳也，貫也。从竹，韱聲。七廉切。

tún 䉈

䉈 榜也。从竹，殿聲。臣鉉等曰：當从臀省聲。徒魂切。

zhēn 箴

箴 綴衣箴也。从竹，咸聲。職深切。

shuò 箾

箾 以竿擊人也。从竹，削聲。虞舜樂曰箾韶。所角切。又音簫。

yú 竽

竽 管三十六簧也。从竹，亏聲。羽俱切。

shēng 笙

笙 十三簧。象鳳之身也。笙，正月之音。物生，故謂之笙。大者謂之巢，小者謂之和。从竹，生聲。古者隨作笙。所庚切。

huáng 簧

簧 笙中簧也。从竹，黄聲。古者女媧作簧。戶光切。

shí ⿱竹是

⿱竹是 簧屬、从竹、是聲、是支切

xiāo 簫

簫 參差管樂、象鳳之翼、从竹、肅聲、穌彫切

dòng 筒

筒 通簫也、从竹、同聲、徒弄切

lài 籟

籟 三孔龠也、大者謂之笙、其中謂之籟、小者謂之箹、从竹、賴聲、洛帶切

yuè 箹

箹 小籟也、从竹、約聲、於角切

guǎn 管

管 如篪、六孔、十二月之音、物開地牙、故謂之管、从竹、官聲、古滿切

琯 古者玉琯以玉、舜之時、西王母來獻其白琯、前零陵文學姓奚、於伶道舜祠下得笙玉琯、夫以玉作音、故神人以和、鳳皇來儀也、从玉、官聲、

miǎo 篎

篎 小管謂之篎。从竹，眇聲。亡沼切。

dí 笛

笛 七孔筩也。从竹，由聲。羌笛三孔。徐鍇曰：當从胄省乃得聲。徒歷切。

zhú 筑

筑 以竹曲五弦之樂也。从竹，从巩。巩，持之也。竹亦聲。張六切。

zhēng 箏

箏 鼓弦竹身樂也。从竹，爭聲。側莖切。

gū 箛

箛 吹鞭也。从竹，孤聲。古乎切。

qiū 篍

篍 吹筩也。从竹，秋聲。七肖切。

chóu 籌

籌 壺矢也。从竹，壽聲。直由切。

sài 簺

簺 行棊相塞謂之簺。从竹，从塞，塞亦聲。先代切。

bó 簙

簙 局戲也。六箸十二棊也。从竹，博聲。古者烏胄作簙。補各

bì 篳　ài 䉋　yán 䉷　yǔ 籞　suàn 筭　suàn 算　xiào 笑

切。

篳 藩落也。从竹，畢聲。春秋傳曰：篳門圭窬。卑吉切

䉋 蔽不見也。从竹，愛聲。烏代切

䉷 惟射所蔽者也。从竹，嚴聲。語杴切

籞 禁苑也。从竹，御聲。春秋傳曰：澤之目籞。魚舉切

籞 或从又，魚聲。

筭 長六寸，計歷數者。从竹，从弄。言常弄乃不誤也。蘇貫切

算 數也。从竹，从具。讀若筭。蘇管切

笑 此字本闕。臣鉉等案：孫愐唐韻引說文云：喜也。从竹，从犬。而不述其義。今俗皆从犬。又案：李陽冰刊定說文：从竹，从夭。義云：竹得風，其體夭屈，如人之笑。未知其審。私妙切

文百四十四　重十五

簃 閣邊小屋也、从竹、移聲、說文通用誃、弋支切、

筠 竹皮也、从竹、均聲、王春切、

笏 公及士所搢也、从竹、勿聲、案籀文作𠚣象形、義云、佩也、古笏佩之、此字後人所加、呼骨切

篦 導也、今俗謂之篦、从竹、𣬈聲、邊兮切、

篙 所以進船也、从竹、高聲、古牢切、

文五　新附

箕 簸也、从竹、𠀠象形、下其丌也、凡箕之屬皆从箕、居之切、

 古文箕省、 亦古文箕、 亦古文箕、

籀文箕、 籀文箕、

bǒ 簸　jī 丌　jì 辺　diǎn 典　xùn 巽

簸 揚米去糠也。从箕，皮聲。布火切。

文二　重五

丌 下基也。薦物之丌。象形。凡丌之屬皆从丌。讀若箕同。居之切。

辺 古之遒人以木鐸記詩言。从辵，从丌，丌亦聲。讀與記同。徐鍇曰：遒人行而求之，故从辵。丌薦而進之於上也。居吏切。

典 五帝之書也。从册在丌上，尊閣之也。莊都說：典，大册也。多殄切。　𠀠 古文典从竹。

巽 巺也。从丌，从頣。此易頣卦爲長女爲風者。臣鉉等曰：頣之義亦選具也。蘇困切。

bì 畀　xùn 巺　diàn 奠　zuǒ 左　chā 差

畀 相付與之約在閣上也、从丌甶聲、必至切、

巺 具也、从丌𠨍聲、臣鉉等曰庶物皆具、丌以薦之、蘇困切、

巺 古文巺、

巽 篆文巽、

奠 置祭也、从酋、酋、酒也、下其丌也、禮有奠祭者、堂練切、

文七　重三

左 手相左助也、从𠂇工、凡左之屬皆从左、則箇切、臣鉉等曰今俗別作佐、

差 貳也、差不相值也、从左从𠂹、徐鍇曰左於事、是不當值也、初牙切、又楚佳切、

差 籒文𢀩从二、

文二　重一

gōng 工　shì 式　qiǎo 巧　jù 巨　zhǎn 㠭　sè 𡫳

工 巧飾也、象人有規榘也、與巫同意、凡工之屬皆从工、古紅切

徐鍇曰、爲巧必遵規矩法度、然後爲工、否則目巧也、巫事無形、失在於詭、亦當遵規榘、故曰與巫同意

𢒄 古文工从彡、

式 法也、从工弋聲、賞職切

巧 技也、从工丂聲、苦絞切

巨 規巨也、从工象手持之、其呂切

榘 巨或从木矢、矢者、其中正也、

𢀓 古文巨、

文四　重三

㠭 極巧視之也、从四工、凡㠭之屬皆从㠭、知衍切

𡫳 窒也、从㠭从廾窒宀中、㠭猶齊也、蘇則切

wū 巫 xí 覡 gān 甘 tián 甛 gān 㽍

文二

巫 祝也、女能事無形以舞降神者也、象人兩褎舞形、與工同意、古者巫咸初作巫、凡巫之屬皆从巫、武扶切

𢍎 古文巫、

文二

覡 能齋肅事神明也、在男曰覡、在女曰巫、从巫从見、徐鍇曰、能見神也、胡狄切

文二 重一

甘 美也、从口含一、一、道也、凡甘之屬皆从甘、古三切

甛 美也、从甘从舌、舌知甘者、徒兼切

㽍 和也、从甘从厤、厤、調也、甘亦聲、讀若函、古三切

yān 猒　shèn 甚　yuē 曰　cè 𠕋　hé 曷　hū 曶　cǎn 朁

猒 飽也、从甘、从肰、於鹽切 𤟄 猒或从㠯、

甚 尤安樂也、从甘、从匹、耦也、常枕切 𠤃 古文甚、

文五　重二

曰 詞也、从口、乙聲、亦象口气出也、凡曰之屬皆从曰、王代切、

𠕋 告也、从曰、从冊、冊亦聲、楚革切、

曷 何也、从曰、匃聲、胡葛切、

曶 出气詞也、从曰、象气出形、春秋傳曰、鄭太子曶、呼骨切、

𡆪 籒文曶、一曰佩也、象形、

朁 曾也、从曰、兟聲、詩曰、朁不畏明、臣鉉等曰、今俗有昝字、蓋朁之譌、七感切

沓 語多沓沓也、从水、从曰、遼東有沓縣、臣鉉等曰、語多沓沓若水之流、故从水會意、徒合切、

曹 獄之兩曹也、在廷東、从㯥、治事者、从曰、徐鍇曰、以言詞治獄也、故从曰、昨牢切、

文七　重一

乃 曳詞之難也、象气之出難、凡乃之屬皆从乃、奴亥切、臣鉉等曰、今隸書作乃、古文乃、籒文乃、

𠧟 驚聲也、从乃省、西聲、籒文𠧟不省、或曰𠧟往也、讀若仍、臣鉉等曰、西非聲、未詳、如乘切、古文𠧟、

𠧪 气行兒、从乃、卤聲、讀若攸、以周切、

文三　重三

kǎo 丂

丂 气欲舒出勹上礙於一也丂古文以爲亏字又以爲巧字凡丂之屬皆从丂 苦浩切

pīng 甹

甹 亟詞也从丂从由或曰甹俠也三輔謂輕財者爲甹 臣鉉等曰由用也任俠用气也 普丁切

níng 寧

寧 願詞也从丂盁聲 奴丁切

hē 丂

丂 反丂也讀若呵 虎何切

文四

kě 可

可 肎也从口丂丂亦聲凡可之屬皆从可 肯我切

qí 奇

奇 異也一曰不耦从大从可 渠羈切

gě 哿　gē 哥　pǒ 叵　xī 兮　sǔn 㝁　xī 羲　hū 乎

哿 可也、从可、加聲、詩曰、哿矣富人、古我切、

哥 聲也、从二可、古文以爲謌字、古俄切、

文四

叵 不可也、从反可、普火切、

文一 新附

兮 語所稽也、从丂八、象气越亏也、凡兮之屬皆从兮、胡雞切

㝁 驚辭也、从兮、旬聲、思允切、恂 㝁或从心、

羲 气也、从兮、義聲、許羈切、

乎 語之餘也、从兮、象聲上越揚之形也、戶吳切

hào 号 háo 號 yú 亏 kuī 虧 yuè 粤 xū 吁

号 痛聲也。从口在丂上。凡号之屬皆从号。胡到切

號 呼也。从号，从虎。乎刀切

文二

亏 於也。象气之舒亏。从丂，从一。一者，其气平之也。凡亏之屬皆从亏。今變隸作于。羽俱切

虧 气損也。从亏，雐聲。去爲切 虧 虧或从兮。

粤 亏也。審慎之詞者。从亏，从寀。周書曰：粤三日丁亥。王伐切

吁 驚語也。从口，从亏，亏亦聲。臣鉉等案：口部有吁，此重出。況于切

文四 重一

píng 平
平 語平舒也。从亏，从八。八，分也。爰禮說。符兵切。𠀭 古文平如此。

文五　重二

zhǐ 旨
旨 美也。从甘，匕聲。凡旨之屬皆从旨。職雉切。𣅀 古文旨。

cháng 嘗
嘗 口味之也。从旨，尚聲。市羊切。

文二　重一

xǐ 喜
喜 樂也。从壴，从口。凡喜之屬皆从喜。虛里切。歖 古文喜，从欠，與歡同。

xǐ 憙
憙 說也。从心，从喜，喜亦聲。許記切。

pǐ 嚭
嚭 大也。从喜，否聲。春秋傳吳有太宰嚭。匹鄙切。

zhù 壴　shù 尌　qì 鼜　péng 彭　jiā 嘉　gǔ 鼓

文三　重一

壴 陳樂立而上見也、从屮从豆、凡壴之屬皆从壴、中句切

尌 立也、从壴、从寸、持之也、讀若駐、常句切

鼜 夜戒守鼓也、从壴蚤聲、禮、昏鼓四通爲大鼓、夜半三通爲戒晨、旦明五通爲發明、讀若戚、倉歷切

彭 鼓聲也、从壴彡聲、臣鉉等曰、當从形省、乃得聲、薄庚切

嘉 美也、从壴加聲、古牙切

文五

鼓 郭也、春分之音、萬物郭皮甲而出、故謂之鼓、从壴、支象其手擊之也、周禮六鼓、靁鼓八面、靈鼓六面、路鼓

四面、鼖鼓皋鼓晉鼓皆兩面、凡鼓之屬皆从鼓、徐鍇曰、郭者、覆冒之意、工戶切

𡔷 籒文鼓、从古聲、

gāo 鼛

鼛 大鼓也、从鼓咎聲、詩曰、鼛鼓不勝、古勞切

fén 鼖

鼖 大鼓謂之鼖、鼖八尺而兩面、以鼓軍事、从鼓賁省聲、符分切

鞼 鼖或从革、賁不省、

pí 鼙

鼙 騎鼓也、从鼓卑聲、部迷切

lóng 𪔵

𪔵 鼓聲也、从鼓隆聲、徒冬切

yuān 鼘

鼘 鼓聲也、从鼓𣶒聲、詩曰、鼗鼓鼘鼘、烏玄切

tāng 鼞

鼞 鼓聲也、从鼓堂聲、詩曰、擊鼓其鼞、土郎切

tà 𪔳

𪔳 鼓聲也、从鼓合聲、徒合切

鞈 古文𪔳从革、

qì 䶁　tà 𪔛　qǐ 豈　kǎi 愷　qí 𧯷　dòu 豆

䶁 鼓無聲也、从鼓咠聲、他叶切、

𪔛 鼓𪔛聲、从鼓缶聲、土盍切、

文十　重三

豈 還師振旅樂也、一曰、欲也、登也、从豆、微省聲、凡豈之屬皆从豈、墟喜切、

愷 康也、从心豈、豈亦聲、苦亥切、

𧯷 𧯷也、訖事之樂也、从豈、幾聲、臣鉉等曰、說文無𧯷字、从幾从气、義無所取、當是訖字之誤、尔渠稀切、

文三

豆 古食肉器也、从口、象形、凡豆之屬皆从豆、徒候切、

dòu 梪　jǐn 𧯛　juàn 𧯷　wān 𧯧　dēng 𢍺　lǐ 豊　zhì 豒

古文豆

梪 木豆謂之梪从木豆徒候切

𧯛 蠡也从豆蒸省聲居隱切

𧯷 豆屬从豆𢍏聲居倦切

𧯧 豆飴也从豆夗聲一九切

𢍺 禮器也从廾持肉在豆上讀若鐙同都滕切

文六　重一

豊 行禮之器也从豆象形凡豊之屬皆从豊讀與禮同盧啓切

豒 爵之次弟也从豊从弟虞書曰平豒東作直質切

文二

fēng 豐

豐 豆之豐滿者也。从豆，象形。一曰鄉飲酒有豐侯者。凡豐之屬皆从豐。敷戎切

𧰭 古文豐。

yàn 豔

豔 好而長也。从豐。豐，大也。盍聲。春秋傳曰：美而豔。以贍切

文二　重一

xī 𧯛

𧯛 古陶器也。从豆，虍聲。凡𧯛之屬皆从𧯛。許羈切

hào 𧯞

𧯞 土鍪也。从𧯛，号聲。讀若鎬。胡到切

zhù 𧯠

𧯠 器也。从𧯛、盅，盅亦聲。闕。直呂切

文三

hū 虍

虍 虎文也。象形。凡虍之屬皆从虍。徐鍇曰：象其文章屈曲也。荒烏切

yú 虞
虞 騶虞也、白虎黑文、尾長於身、仁獸、食自死之肉、从虍、吳聲、詩曰、于嗟乎騶虞、五俱切、

fú 虙
虙 虎皃、从虍、必聲、房六切

qián 虔
虔 虎行皃、从虍、文聲、讀若矜、臣鉉等曰、文非聲、未詳、渠焉切

cuó 虘
虘 虎不柔不信也、从虍、且聲、讀若鄌縣、昨何切

hū 虖
虖 哮虖也、从虍、兮聲、荒烏切

nüè 虐
虐 殘也、从虍、虎足反爪人也、魚約切、虐 古文虐如此、

bīn 虨
虨 虎文彪也、从虍、彬聲、布還切

jù 虡
虡 鐘鼓之柎也、飾爲猛獸、从虍、異象其下足、其呂切、鐻 虡或从金、豦聲、虡 篆文虡省、

hǔ 虎　gé ⿰毄虎　mì ⿰虎日　kǎn 䖔　shù 虪　zhàn 虦　biāo 彪　yì ⿰乂虎

虎　山獸之君。从虍，虎足象人足。象形。凡虎之屬皆从虎。呼古切　古文虎。　亦古文虎。

文九　重三

⿰毄虎　虎聲也。从虎毄聲。讀若隔。古覈切

⿰虎日　白虎也。从虎，昔省聲。讀若鼏。莫狄切

䖔　虎屬。从虎去聲。臣鉉等曰：去非聲，未詳。呼濫切

虪　黑虎也。从虎儵聲。式竹切

虦　虎竊毛謂之虦苗。从虎戔聲。竊，淺也。昨閑切

彪　虎文也。从虎，彡象其文也。甫州切

⿰乂虎　虎皃。从虎乂聲。魚廢切

yì 䖅
虎皃、从虎气聲、魚迄切

xiāo 虓
虎鳴也、一曰師子、从虎九聲、許交切

yín 䖈
虎聲也、从虎斤聲、語斤切

xì 虩
易履虎尾虩虩、恐懼、一曰蠅虎也、从虎㡭聲、許隙切

guó 虢
虎所攫畫明文也、从虎寽聲、古伯切

sī 虒
委虒、虎之有角者也、从虎厂聲、息移切

téng 䲢
黑虎也、从虎騰聲、徒登切

文十五　重二

bào 虣
虐也、急也、从虎从武、見周禮、薄報切

tú 䖘
楚人謂虎爲烏䖘、从虎兔聲、同都切

yán 虤

yín 𧇡

xuàn 贙

mǐn 皿

yú 盂

wǎn 盌

chéng 盛

虤 虎怒也。从二虎。凡虤之屬皆从虤。五閑切

𧇡 兩虎爭聲。从虤，从曰。讀若憖。臣鉉等曰：曰，口气出也。語巾切

贙 分别也。从虤對爭貝。讀若迴。胡畎切

文三

文二 新附

皿 飯食之用器也。象形。與豆同意。凡皿之屬皆从皿。讀若猛。武永切

盂 飯器也。从皿亏聲。羽俱切

盌 小盂也。从皿夗聲。烏管切

盛 黍稷在器中以祀者也。从皿成聲。氏征切

zī 齍
齍 黍稷在器以祀者。从皿齊聲。卽夷切

yòu 盍
盍 小甌也。从皿有聲。讀若灰。一曰若賄。于救切 𥁕 盍或从右。

lú 盧
盧 飯器也。从皿𠧪聲。洛乎切 𥂗 籀文盧。

gǔ 盬
盬 器也。从皿从缶古聲。公戶切

zhāo 盄
盄 器也。从皿弔聲。止遙切

àng 盎
盎 盆也。从皿央聲。烏浪切 瓷 盎或从瓦。

pén 盆
盆 盎也。从皿分聲。步奔切

zhù 盅
盅 器也。从皿宁聲。直呂切

xǔ 盨
盨 檳盨，負戴器也。从皿須聲。相庾切

⿱漻皿 jiǎo 器也、从皿、漻聲、古巧切、

⿱必皿 mì 械器也、从皿、必聲、彌畢切、

醯 xī 酸也、作醯、以䰞、以酒、从䰞酒並省、从皿、皿、器也、呼雞切、

盉 hé 調味也、从皿、禾聲、戶戈切

益 yì 饒也、从水皿、皿、益之意也、伊昔切、

盈 yíng 滿器也、从皿夃、臣鉉等曰、夃、古乎切、益多之義也、古者以買物多得爲夃、故从夃、以成切

盡 jìn 器中空也、从皿、㶳聲、慈刃切

盅 chōng 器虛也、从皿、中聲、老子曰、道盅而用之、直弓切、

盦 ān 覆蓋也、从皿、酓聲、臣鉉等曰、今俗別作罯、非是、烏合切

昷 wēn 仁也、从皿、以食囚也、官溥說、烏渾切

guàn 盥

盥 澡手也、从臼水臨皿、春秋傳曰、奉匜沃盥、古玩切

dàng 盪

盪 滌器也、从皿湯聲、徒朗切

文二十五 重三

bō 盋

盋 盋器、盂屬、从皿犮聲、或从金、从本、北末切

文一 新附

qū 𠙴

𠙴 𠙴盧飯器、以柳爲之、象形、凡𠙴之屬皆从𠙴、去魚切

笒 𠙴或从竹去聲、

文一 重一

qù 去

去 人相違也、从大、𠙴聲、凡去之屬皆从去、丘據切

qiè 朅

朅 去也、从去曷聲、丘竭切

líng 𧊒

𧊒 去也。从去，夌聲。讀若陵。力膺切

文三

xuè 血

血 祭所薦牲血也。从皿，一，象血形。凡血之屬皆从血。呼決切

huāng 衁

衁 血也。从血，亡聲。春秋傳曰：士刲羊，亦無衁也。呼光切

pēi 衃

衃 凝血也。从血，不聲。芳桮切

jīn 𧖧

𧖧 气液也。从血，𦘔聲。將鄰切

tíng 粤

粤 定息也。从血，甹省聲。讀若亭。特丁切

nǜ 衄

衄 鼻出血也。从血，丑聲。女六切

nóng 盥

盥 腫血也。从血，農省聲。奴冬切

膿 俗盥。从肉，農聲。

tǎn 䀅

䀅 血醢也、从血、肬聲、禮記有䀅醢以牛乾脯粱䵃鹽酒也、臣鉉等曰、肬、肉汁滓也、故从肬、肬亦聲、他感切

zú 𧖴

𧖴 醢也、从血、菹聲、側余切 𧖴 𧖴或从缶、

jī 𧗿

𧗿 以血有所刏涂祭也、从血、幾聲、渠稀切

xù 卹

卹 憂也、从血、卩聲、一曰鮮少也、徐鍇曰、皿者言憂之切至也、辛聿切

xì 衋

衋 傷痛也、从血、聿、皕聲、周書曰、民罔不衋傷心、許力切

kàn 衉

衉 羊凝血也、从血、臽聲、苦紺切 䘓 衉或从贛、

hé 盇

盇 覆也、从血、大、臣鉉等曰、大象蓋覆之形、胡臘切

miè 衊

衊 污血也、从血、蔑聲、莫結切

文十五 重三

zhǔ 丶　zhǔ 主　pǒu 咅

丶 有所絶止丶而識之也凡丶之屬皆从丶 知庾切

主 鐙中火主也从𡈼象形从丶丶亦聲 臣鉉等曰今俗別作炷非是之庾切

咅 相與語唾而不受也从丶从否否亦聲 天口切 㰳音 或从豆从欠

文三　重一

說文解字弟五上

李承緒篆

黎永椿校

劉昌齡覆校

陳昌治校刊

dān 丹　wò 雘　tóng 彤　qīng 青

說文解字弟五下

漢　太　尉　祭　酒　許　愼　記

宋　右　散　騎　常　侍　徐　鉉　等　校　定

丹 巴越之赤石也、象采丹井、一象丹形、凡丹之屬皆从丹、都寒切　古文丹、　亦古文丹、

雘 善丹也、从丹、蒦聲、周書曰、惟其斁丹雘、讀若隺、烏郭切

彤 丹飾也、从丹、从彡、彡、其畫也、徒冬切

文三　重二

青 東方色也、木生火、从生丹、丹青之信、言象然、凡青之屬皆从青、倉經切　古文青、

jìng 靜

靜 審也、从青、爭聲、徐鍇曰、丹青明審也、疾郢切、

文二 重一

jǐng 井

井 八家一井、象構韓形、·甕之象也、古者伯益初作井、凡井之屬皆从井、子郢切、

yǐng ⿱𤇾井

⿱𤇾井 深池也、从井、瑩省聲、烏迥切、

jǐng 阱

阱 陷也、从𨸏、从井、井亦聲、疾正切、穽 阱或从穴、汬 古文阱、从水、

xíng 㓝

㓝 罰辠也、从井、从刀、易曰、井法也、井亦聲、戶經切、

chuàng 刱

刱 造法刱業也、从井、刅聲、讀若創、初亮切、

文五 重二

bī 皀　jí 即　jì 既　shì 冟　chàng 鬯　yù 鬱

皀 穀之馨香也、象嘉穀在裹中之形、匕所以扱之、或説皀一粒也、凡皀之屬皆从皀、又讀若香、皮及切

即 即食也、从皀卪聲、徐鍇曰、即、就也、子力切

既 小食也、从皀、旡聲、論語曰、不使勝食既、居未切

冟 飯剛柔不調相著、从皀、冂聲、讀若適、施隻切

文四

鬯 以秬釀鬱艸、芬芳攸服、以降神也、从凵、凵、器也、中象米、匕所以扱之、易曰、不喪匕鬯、凡鬯之屬皆从鬯、丑諒切

鬱 芳艸也、十葉爲貫、百廿貫築以煑之爲鬱、从臼冂缶

鬯彡其飾也一曰鬱鬯百艸之華遠方鬱人所貢芳艸合釀之以降神鬱今鬱林郡也迂勿切

jué 爵

爵禮器也象爵之形中有鬯酒又持之也所以飲器象爵者取其鳴節節足足也即畧切 古文爵象形

jù 䰞

䰞黑黍也一稃二米以釀也从鬯矩聲其吕切 秬 䰞或从禾

shǐ 䰡

䰡列也从鬯吏聲讀若迅疏吏切

文五 重二

shí 食

食一米也从皀亼聲或説亼皀也凡食之屬皆从食乘力切

fēn 餴　liù 餾　rèn 飪　yōng 饔　yí 飴　xíng 餳　sǎn 饊　bǐng 餅　cí 餈

餴 滫飯也、从食、𠦪聲、臣鉉等曰𠦪音忽、非聲、疑奔字之誤、府文切 饙 餴或从賁、𩜿 餴或从奔、

餾 飯气蒸也、从食、畱聲、力救切

飪 大孰也、从食、壬聲、如甚切 𦞣 古文飪、恁 亦古文飪、

饔 孰食也、从食、雝聲、於容切

飴 米櫱煎也、从食、台聲、與之切 𩛎 籒文飴从異省

餳 飴和饊者也、从食、易聲、徐盈切

饊 熬稻粻程也、从食、散聲、穌旱切

餅 麪餈也、从食、并聲、必郢切

餈 稻餅也、从食、次聲、疾資切 𩟄 餈或从齊、粢 餈或从

zhān 饘 hóu 餱 fěi 餥 chì 饎 zhuàn 籑 yǎng 養 fàn 飯 niù 䭃

米、

饘 糜也、从食亶聲、周謂之饘、宋謂之餬、諸延切、

餱 乾食也、从食侯聲、周書曰、峙乃餱粻、乎溝切、

餥 餱也、从食非聲、陳楚之閒、相謁食麥飯曰餥、非尾切、

饎 酒食也、从食喜聲、詩曰、可以饙饎、昌志切、 𩞄 饎或从巸、

糦 饎或从米、

籑 具食也、从食算聲、士戀切、 饌 籑或从巽、

養 供養也、从食羊聲、余兩切、 𦎫 古文養、

飯 食也、从食反聲、符萬切、

䭃 雜飯也、从食丑聲、女久切、

sì 飤 zàn 饡 shǎng 𩞁 sūn 飧 bū 餔 cān 餐 lián 䭑 yè 饁 xiǎng 饟

飤 糧也、从人食、祥吏切、

饡 以羹澆飯也、从食贊聲、則榦切、

𩞁 晝食也、从食象聲、書兩切、 𩞁或从傷省聲、

飧 餔也、从夕食、思魂切、

餔 日加申時食也、从食甫聲、博狐切、 籒文餔、从皿浦聲、

餐 吞也、从食奴聲、七安切、 湌 餐或从水、

䭑 嘰也、从食兼聲、讀若風溓溓、一曰廉潔也、力鹽切、

饁 餉田也、从食盍聲、詩曰、饁彼南畝、筠輒切、

饟 周人謂餉曰饟、从食襄聲、人漾切、

xiǎng 餉
餉 饟也、从食向聲、式亮切

kuì 饋
饋 餉也、从食貴聲、求位切

xiǎng 饗
饗 鄉人飲酒也、从食从鄉、鄉亦聲、許兩切

méng 饛
饛 盛器滿皃、从食蒙聲、詩曰、有饛簋飧、莫紅切

zuò 飵
飵 楚人相謁食麥曰飵、从食乍聲、在各切

nián 鲇
鲇 相謁食麥也、从食占聲、奴兼切

wèn 䭈
䭈 秦人謂相謁而食麥曰䭈饐、从食㥯聲、烏困切

wèn 饐
饐 䭈饐也、从食豈聲、五困切

hú 餬
餬 寄食也、从食胡聲、戸吳切

bì 飶
飶 食之香也、从食必聲、詩曰、有飶其香、毗必切

yù 飫
飫 燕食也、从食、芺聲、詩曰、飲酒之飫、依據切

bǎo 飽
飽 猒也、从食、包聲、博巧切 𩛁 古文飽、从孚、𩞂 亦古文飽、从卯聲、

yuàn 䬼
䬼 猒也、从食、肙聲、烏玄切

ráo 饒
饒 飽也、从食、堯聲、如昭切

yú 餘
餘 饒也、从食、余聲、以諸切

hài 餀
餀 食臭也、从食、艾聲、爾雅曰、餀謂之喙、呼艾切

jiàn 餞
餞 送去也、从食、戔聲、詩曰、顯父餞之、才線切

yùn 餫
餫 野饋曰餫、从食、軍聲、王問切

guǎn 館
館 客舍也、从食、官聲、周禮、五十里有市、市有館、館有積、

以待朝聘之客。古玩切

tāo 饕

貪也。从食，號聲。土刀切 叨，饕或从口，刀聲。籀文饕从號省。

tiè 飻

貪也。从食，殄省聲。春秋傳曰：謂之饕飻。他結切

wèi 餯

飯傷熱也。从食，歲聲。於廢切

yì 饐

飯傷溼也。从食，壹聲。乙冀切

yè 餲

飯餲也。从食，曷聲。論語曰：食饐而餲。乙例切 又烏介切

jī 饑

穀不孰爲饑。从食，幾聲。居衣切

jǐn 饉

蔬不孰爲饉。从食，堇聲。渠吝切

è 餩

飢也。从食，戹聲。讀若楚人言恚人。於革切

nĕi 餧

餧 飢也。从食委聲。一曰魚敗曰餧。奴罪切

jī 飢

飢 餓也。从食几聲。居夷切

è 餓

餓 飢也。从食我聲。五箇切

guì 餽

餽 吳人謂祭曰餽。从食，从鬼，鬼亦聲。俱位切 又音饋

zhuì 餟

餟 祭酹也。从食叕聲。陟衛切

shuì 䭊

䭊 小餟也。从食兌聲。輸芮切

líng 䬬

䬬 馬食穀多气流四下也。从食夌聲。里甑切

mò 䬴

䬴 食馬穀也。从食末聲。莫撥切

文六十二　重十八

jùn 餕

餕 食之餘也。从食夋聲。子峻切

gāo 餻 jí 亼 hé 合 qiān 僉 lún 侖 jīn 今 shè 舍

餻 餌屬。从食羔聲。古牢切

文二 新附

亼 三合也。从入一，象三合之形。凡亼之屬皆从亼。讀若集。秦入切 臣鉉等曰：此疑只象形，非从入一也。

合 合口也。从亼从口。候閤切

僉 皆也。从亼从吅从从。虞書曰：僉曰伯夷。七廉切

侖 思也。从亼从冊。力屯切 𠎫 籒文侖。

今 是時也。从亼从㇇。㇇，古文及。居音切

舍 市居曰舍。从亼、屮象屋也，口象築也。始夜切

文六 重一

huì 會　pí 朇　chén ⿸辰會　cāng 倉　qiāng 牄　rù 入

會合也、从亼、从曾省、曾益也、凡會之屬皆从會、黃外切

𠓝古文會如此、

朇益也、从會、卑聲、符支切

⿸辰會日月合宿爲辰、从會、从辰、辰亦聲、植鄰切

文三　重一

倉穀藏也、倉黃取而藏之、故謂之倉、从食省、口象倉形、凡倉之屬皆从倉、七岡切

仺奇字倉、

牄鳥獸來食聲也、从倉、爿聲、虞書曰、鳥獸牄牄、七羊切

文二　重一

入内也、象从上俱下也、凡入之屬皆从入、人汁切

nèi 内(內)
内 入也、从冂、自外而入也、奴對切、

cén ⿱山入
⿱山入 入山之深也、从山从入、闕、鉏箴切

dí 糴
糴 市穀也、从入从䊮、徒歷切

quán 仝
仝 完也、从入从工、疾緣切、
全 篆文仝、从玉、純玉曰全、
𠓞 古文全

liǎng 㒳
㒳 二入也、兩从此、闕、良奬切

文六　重二

fǒu 缶
缶 瓦器、所以盛酒漿、秦人鼓之以節謌、象形、凡缶之屬皆从缶、方九切

kòu 㱿
㱿 未燒瓦器也、从缶、殻聲、讀若筩莩、又苦候切

táo 匋

匋 瓦器也、从缶、包省聲、古者昆吾作匋、案史篇讀與缶同、徒刀切

yīng 罌

罌 缶也、从缶、賏聲、烏莖切

chuí 䍋

䍋 小口罌也、从缶、𠂹聲、池僞切

bù 䍌

䍌 小缶也、从缶、咅聲、蒲候切

píng 缾

缾 罋也、从缶、并聲、薄經切 瓶 缾或从瓦、

wèng 罋

罋 汲缾也、从缶、雝聲、烏貢切

tà 𦈢

𦈢 下平缶也、从缶、乏聲、讀若易、土盍切

yīng 罃

罃 備火長頸缾也、从缶、熒省聲、烏莖切

gāng 缸

缸 瓨也、从缶、工聲、下江切

yù 䍁
瓦器也、从缶、或聲、于逼切

cùn 𦉜
瓦器也、从缶、薦聲、作甸切

yóu 䍃
瓦器也、从缶、肉聲、臣鉉等曰當从䍃省乃得聲、以周切

líng 𦉢
瓦器也、从缶、霝聲、郎丁切

diǎn 䍄
缺也、从缶、占聲、都念切

quē 缺
器破也、从缶、決省聲、傾雪切

xià 罅
裂也、从缶、虖聲、缶燒善裂也、呼迓切

qìng 罄
器中空也、从缶、殸聲、殸、古文磬字、詩云、缾之罄矣、苦定切

qì 罊
器中盡也、从缶、毄聲、苦計切

缿 受錢器也、从缶后聲、古以瓦、今以竹、大口切、又胡講切

文二十一　重一

罐 器也、从缶雚聲、古玩切

文一　新附

矢 弓弩矢也、从入、象鏑栝羽之形、古者夷牟初作矢、凡矢之屬皆从矢、式視切

䠶 弓弩發於身而中於遠也、从矢、从身、食夜切

射 篆文䠶、从寸、寸、法度也、亦手也、

矯 揉箭箝也、从矢、喬聲、居夭切

矰 隿䠶矢也、从矢、曾聲、作滕切

hóu 矦(侯)

矦 春饗所躲矦也。从人，从厂，象張布，矢在其下。天子躲熊虎豹，服猛也；諸矦躲熊豕虎；大夫射麋，麋，惑也；士射鹿豕，爲田除害也。其祝曰："毋若不寧矦，不朝于王所，故伉而躲汝也。"乎溝切。 𥎦 古文矦。

shāng 煬

煬 傷也。从矢，昜聲。式陽切。

duǎn 短

短 有所長短，以矢爲正。从矢，豆聲。都管切。

shěn 矤

矤 況也，詞也。从矢，引省聲。从矢，取詞之所之如矢也。式忍切。

zhī 知

知 詞也。从口，从矢。陟离切。

yǐ 矣

矣 語已詞也。从矢，㠯聲。于已切。

ǎi 矮
jiōng 冂 bó 亳 tíng 亭 qǐng 高 gāo 高

文十　重二

矮　短人也。从矢，委聲。烏蟹切

文一　新附

高　崇也。象臺觀高之形。从冂口。與倉舍同意。凡高之屬皆从高。古牢切

高　小堂也。从高省，冋聲。去潁切　廎　高或从广，頃聲。

亭　民所安定也。亭有樓，从高省，丁聲。特丁切

亳　京兆杜陵亭也。从高省，乇聲。㫄各切

文四　重一

冂　邑外謂之郊，郊外謂之野，野外謂之林，林外謂之冂。

象遠界也。凡冂之屬皆从冂。古熒切。

shì 市：買賣所之也。市有垣，从冂，从乁。乁，古文及，象物相及也。之省聲。時止切。

yín 冘：淫淫，行皃。从人出冂。余箴切。

yāng 央：中央也。从大在冂之内。大，人也。央旁同意。一曰久也。於良切。

hú 隺：高至也。从隹上欲出冂。易曰："夫乾隺然。"胡沃切。

文五　重二

guō 𩫏：度也，民所度居也。从回，象城𩫏之重，兩亭相對也。或

què 𩫖　jīng 京　jiù 就　xiǎng 亯

但从口、音韋、凡𩫏之屬皆从𩫏、古博切

𩫖 缺也、古者城闕其南方謂之𩫖、从𩫏、缺省、讀若拔物爲決引也、傾雪切

文二

京 人所爲絶高丘也、从高省、丨象高形、凡京之屬皆从京、舉卿切

就 就高也、从京从尤、尤、異於凡也、疾僦切　𡮢 籀文就、

文二　重一

亯 獻也、从高省、曰象進孰物形、孝經曰、祭則鬼亯之、凡亯之屬皆从亯、許兩切、又普庚切、又許庚切　𦎫 篆文亯、

chún 𦎫

𦎫孰也、从亯、从羊、讀若純、一曰鬻也、常倫切、𦎫篆文𦎫、

dǔ 䈞

䈞厚也、从亯、竹聲、讀若篤、冬毒切、

yōng 𩫖

𩫖用也、从亯、从自、自知臭香所食也、讀若庸、余封切、

文四　重二

hòu 㫗

㫗厚也、从反亯、凡㫗之屬皆从㫗、徐鍇曰、亯者進上也、以進上之具反之於下、則厚也、胡口切、

tán 覃

覃長味也、从㫗、鹹省聲、詩曰、實覃實吁、徒含切、覃古文覃、覃篆文覃省、

hòu 厚

厚山陵之厚也、从㫗、从厂、胡口切、垕古文厚、从后土、

文三　重三

fú 畗　liáng 良　lǐn 㐭　bǐng 稟　dǎn 亶

畗滿也、从高省、象高厚之形、凡畗之屬皆从畗、讀若伏、芳逼切

良善也、从畗省、亡聲、徐鍇曰、良甚也、故从畗、呂張切　良古文良、良亦古文良、良亦古文良、

文二　重三

㐭穀所振入、宗廟粢盛、倉黃㐭而取之、故謂之㐭、从入、回象屋形、中有戶牖、凡㐭之屬皆从㐭、力甚切、廩㐭或从广、从禾、

稟賜穀也、从㐭从禾、筆錦切、

亶多穀也、从㐭、旦聲、多旱切、

bǐ 啚　sè 嗇　qiáng 牆　lái 來

啚 嗇也、从口㐭、㐭受也、方美切 啚 古文啚如此、

文四　重二

嗇 愛濇也、从來、从㐭、來者㐭而藏之、故田夫謂之嗇夫、凡嗇之屬皆从嗇、所力切 嗇 古文嗇、从田、

牆 垣蔽也、从嗇、爿聲、才良切 牆 籒文从二禾、牆 籒文亦从二來、

文二　重三

來 周所受瑞麥來麰、一來二縫、象芒束之形、天所來也、故爲行來之來、詩曰、詒我來麰、凡來之屬皆从來、洛哀切

sì 𥝢　mài 麥　móu 麰　hé 麧　suǒ 䵀　cuó 䴾　fū 麩

𥝢 詩曰：不𥝢不來。从來矣聲。牀史切。𢓊 𥝢或从彳。

文二　重一

麥 芒穀，秋穜厚薶，故謂之麥。麥，金也。金王而生，火王而死。从來，有穗者；从夊。凡麥之屬皆从麥。臣鉉等曰：夊，足也。周受瑞麥來麰，如行來，故从夊。莫獲切

麰 來麰，麥也。从麥牟聲。莫浮切。䅎 麰或从艸。

麧 堅麥也。从麥气聲。乎沒切

䵀 小麥屑之覈。从麥貨聲。穌果切

䴾 䃰麥也。从麥㢠聲。一曰擣也。昨何切

麩 小麥屑皮也。从麥夫聲。甫無切。𪌊 麩或从甫。

miàn 麪
麪 麥末也、从麥丏聲、弥箭切

zhí 麱
麱 麥覈屑也、十斤爲三斗、从麥啻聲、直隻切

fēng 麷
麷 煑麥也、从麥豐聲、讀若馮、敷戎切

qù 麮
麮 麥甘鬻也、从麥去聲、丘據切

kū 䴹
䴹 餅䴹也、从麥殸聲、讀若庫、空谷切

huá 䴳
䴳 餅䴹也、从麥穴聲、戶八切

cái 䴺
䴺 餅䴹也、从麥才聲、昨哉切

文十三 重二

suī 夊
夊 行遲曳夊夊、象人兩脛有所躧也、凡夊之屬皆从夊、楚危切

qūn 夋
行夋夋也。一曰倨也。从夊，允聲。七倫切

fú 复
行故道也。从夊，畐省聲。房六切

líng 夌
越也。从夊从兂。兂，高也。一曰夌徲也。力膺切

zhì 致
送詣也。从夊从至。陟利切

yōu 憂
和之行也。从夊，𢚧聲。詩曰：布政憂憂。於求切

ài 愛
行皃。从夊，㤅聲。烏代切

pú 𡲞
行𡲞𡲞也。从夊，闕。讀若僕。又卜切

kǎn 竷
繇也。舞也。樂有章。从章从夅从夊。詩曰：竷竷舞我。苦感切

wǎn 𡕒
瑙蓋也。象皮包覆瑙，下有兩臂，而夊在下。讀若范。亡范切

切、

xià 夏

夏中國之人也、从夊、从頁、从𦥑、𦥑、兩手、夊、兩足也、胡雅切、

古文夏、

cè 畟

畟治稼畟畟進也、从田人、从夊、詩曰、畟畟良耜、初力切、

zōng 夎

夎斂足也、鵲鵙醜、其飛也夎、从夊兇聲、子紅切、

náo 夒

夒貪獸也、一曰母猴、似人、从頁、巳止夊、其手足、臣鉉等曰、巳止、皆象形也、奴刀切、

kuí 夔

夔神魖也、如龍、一足、从夊、象有角手人面之形、渠追切、

文十五 重一

zuò 坐

坐拜失容也、从夊、坐聲、則臥切、

文一　新附

舛 對臥也、从夊㐄相背、凡舛之屬皆从舛、昌兖切　踳 楊雄說舛从足春、

舞 樂也、用足相背、从舛無聲、文撫切　𦏶 古文舞、从羽亡、

舝 車軸耑鍵也、兩穿相背、从舛、䚻省聲、䚻古文偰字、胡戛切、

文三　重二

舜 艸也、楚謂之葍、秦謂之蔓、地連華、象形、从舛、舛亦聲、凡舜之屬皆从舜、舒閏切、今隸變作舜、𡯁 古文舜、

䑟 華榮也、从舜生聲、讀若皇、爾雅曰、䑟華也、戶光切

䑞或从艸皇。

文二　重二

wéi 韋

韋 相背也。从舛，囗聲。獸皮之韋，可以束，枉戾相韋背，故借以爲皮韋。凡韋之屬皆从韋。宇非切 𡆧 古文韋。

bì 韠

韠 韍也。所以蔽前，以韋。下廣二尺，上廣一尺，其頸五寸。一命縕韠，再命赤韠。从韋，畢聲。卑吉切

mèi 韎

韎 茅蒐染韋也。一入曰韎。从韋，末聲。莫佩切

suì 韢

韢 橐紐也。从韋，惠聲。一曰盛虜頭橐也。徐鍇曰：謂戰伐以盛首級。胡計切

tāo 韜

韜 劒衣也。从韋，舀聲。土刀切

gōu 韝
韝 射臂決也。从韋冓聲。古侯切

shè 韘
韘 射決也。所以拘弦，以象骨韋系，著右巨指。从韋枼聲。詩曰：童子佩韘。失涉切
𢏍 韘或从弓。

zhú 韣
韣 弓衣也。从韋蜀聲。之欲切

chàng 韔
韔 弓衣也。从韋長聲。詩曰：交韔二弓。丑亮切

xiá 韕
韕 履也。从韋叚聲。乎加切

duàn ⿰韋段
⿰韋段 履後帖也。从韋段聲。徒玩切
⿰糸段 ⿰韋段或从糸。

wà 韤
韤 足衣也。从韋蔑聲。望發切　臣鉉等曰：今俗作韈，非是。

pò ⿰韋尃
⿰韋尃 軶裹也。从韋尃聲。匹各切

quàn 韏
韏 革中辨謂之韏。从韋𢍏聲。九萬切

jiū ⿰韋焦 hán 韓 rèn 韌 dì 弟 kūn 罤

⿰韋焦 收束也。从韋⿰米焦聲。讀若酋。臣鉉等曰：⿰米焦，側角切，聲不相近，未詳。即由切

⿰韋要 ⿰韋焦或从要。揫 ⿰韋焦或从秋手。

韓 井垣也。从韋，取其帀也，倝聲。胡安切

文十六 重五

韌 柔而固也。从韋，刃聲。而進切

文一 新附

弟 韋束之次弟也。从古字之象。凡弟之屬皆从弟。特計切

古文弟从古文韋省，丿聲。

罤 周人謂兄曰罤。从弟从眔。臣鉉等曰：眔，目相及也。兄弟親比之義。古魂切

文二 重一

zhǐ 夂 hài 夆 fēng 夆 xiáng 夅 gǔ 夃 kuǎ 㐄 jiǔ 久

夂 从後至也象人兩脛後有致之者凡夂之屬皆从夂讀若黹陟侈切

夆 相遮要害也从夂丰聲南陽新野有夆亭乎蓋切

夆 啎也从夂丰聲讀若縫敷容切

夅 服也从夂午相承不敢竝也下江切

夃 秦以市買多得爲夃从乃从夂益至也从乃詩曰我夃酤彼金罍臣鉉等曰乃難意也古乎切

㐄 跨步也从反夂𢾰从此苦瓦切

文六

久 从後灸之象人兩脛後有距也周禮曰久諸牆以觀

jié 桀 zhé 磔 chéng 椉(乘)

其樻、凡久之屬皆从久、舉友切、

文一

桀 磔也、从舛、在木上也、凡桀之屬皆从桀、渠列切、

磔 辜也、从桀、石聲、陟格切、

椉 覆也、从入桀、桀黠也、軍法曰乘、食陵切、乘 古文乘、从几、

文三 重一

說文解字弟五下

李承緒篆

黎永椿校

劉昌齡覆校
陳昌治校刊

說文解字弟六上

漢太尉祭酒許慎記

宋右散騎常侍徐鉉等校定

二十五部 七百五十三文 重六十一

凡九千四百四十三字

文二十 新附

木 冒也、冒地而生、東方之行、从屮、下象其根、凡木之屬皆从木、徐鍇曰、屮者、木始甲拆、萬物皆始於微、故木从屮、莫卜切、

橘 果、出江南、从木、矞聲、居聿切

橙 橘屬、从木、登聲、丈庚切、

yòu 柚

柚 條也、似橙而酢、从木、由聲、夏書曰、厥包橘柚、余救切、

zhā 樝

樝 果似棃而酢、从木、虘聲、側加切、

lí 棃(梨)

棃 果名、从木、𥝢聲、𥝢、古文利、力脂切、

yǐng 梬

梬 棗也、似柹、从木、甹聲、以整切、

shì 柹

柹 赤實果、从木、𠂔聲、鉏里切、

nán 枏

枏 梅也、从木、冄聲、汝閻切、

méi 梅

梅 枏也、可食、从木、每聲、莫桮切、

楳 或从某、

xìng 杏

杏 果也、从木、可省聲、何梗切、

nài 柰

柰 果也、从木、示聲、奴帶切、

lǐ 李

李 果也、从木、子聲、良止切、

杍 古文、

táo 桃　mào 楙　zhēn 亲　jiē 楷　qǐn 梫　guì 桂　táng 棠　dù 杜　xí 槢

桃 果也、从木、兆聲、徒刀切、

楙 冬桃、从木、敄聲、讀若髦、莫候切、

亲 果實如小栗、从木、辛聲、春秋傳曰、女摯不過亲栗、側詵切、

楷 木也、孔子冢蓋樹之者、从木、皆聲、苦駭切、

梫 桂也、从木、侵省聲、七荏切、

桂 江南木、百藥之長、从木、圭聲、古惠切、

棠 牡曰棠、牝曰杜、从木、尚聲、徒郎切、

杜 甘棠也、从木、土聲、徒古切、

槢 木也、从木、習聲、似入切、

zhǎn 樿

樿 木也、可以爲櫛、从木、單聲、旨善切、

wěi 椲

椲 木也、可屈爲杅者、从木、韋聲、于鬼切、

yóu 楢

楢 柔木也、工官以爲耎輪、从木、酋聲、讀若糗、以周切、

qióng 桏

桏 桏椐木也、从木、邛聲、渠容切、

lún 棆

棆 毋杶也、从木、侖聲、讀若易卦屯、陟倫切、

xū 楈

楈 木也、从木、胥聲、讀若芟刈之芟、私閭切、

yǎng 柍

柍 梅也、从木、央聲、一曰、江南橦材、其實謂之柍、於京切、

kuí 楑

楑 木也、从木、癸聲、又度也、求癸切、

gǎo ⿰木咎

⿰木咎 木也、从木、咎聲、讀若皓、古老切、

chóu 椆

椆 木也、从木、周聲、讀若丩、職留切、

sù	yí	cén	zhuō	háo	yǎn	chuán	liáng	yì	fèi
樕	⿰木彝	梣	棳	⿰呆虎	棪	椯	椋	檍	橨

樕 樸樕木、从木、欶聲、桑谷切

⿰木彝 木也、从木、彝聲、羊皮切

梣 青皮木、从木、岑聲、子林切 ⿰木寖 或从寖省、寖籒文寑、

棳 木也、从木、叕聲、益州有棳縣、職說切

⿰呆虎 木也、从木、號省聲、乎刀切

棪 遬其也、从木、炎聲、讀若三年導服之導、以冄切

椯 木也、从木、遄聲、市緣切

椋 即來也、从木、京聲、呂張切

檍 杶也、从木、意聲、於力切

橨 木也、从木、費聲、房未切

樗　木也、从木虖聲、丑居切、

楀　木也、从木禹聲、王矩切、

蘽　木也、从木藟聲、力軌切、籀文、

桋　赤桋也、从木夷聲、詩曰、隰有杞桋、以脂切、

栟　栟櫚也、从木并聲、府盈切、

椶　栟櫚也、可作萆、从木㚇聲、子紅切、

檟　楸也、从木賈聲、春秋傳曰、樹六檟於蒲圃、古雅切、

椅　梓也、从木奇聲、於离切、

梓　楸也、从木宰省聲、卽里切、　榟　或不省、

楸　梓也、从木秋聲、七由切、

yì 檍　bǐ 柀　shān 檆　zhēn 榛　kǎo 栲　chūn 杶　chūn 橁　ruí 桵　yù 棫

檍 梓屬、大者可爲棺椁、小者可爲弓材、从木意聲、於力切

柀 檆也、从木皮聲、一曰折也、甫委切

檆 木也、从木煔聲、臣鉉等曰、今俗作杉、非是、所銜切

榛 木也、从木秦聲、一曰菆也、側詵切

栲 山樗也、从木尻聲、苦浩切

杶 木也、从木屯聲、夏書曰、杶榦栝柏、敕倫切 櫄 或从熏、

杻 古文杶、

橁 杶也、从木筍聲、相倫切

桵 白桵、棫、从木妥聲、臣鉉等曰、當从綏省、儒隹切

棫 白桵也、从木或聲、于逼切

xī 㮩
㮩 木也、从木息聲、相卽切

jū 椐
椐 樻也、从木居聲、九魚切

kuì 樻
樻 椐也、从木貴聲、求位切

xǔ 栩
栩 柔也、从木羽聲、其皁、一曰樣、況羽切

shù 柔
柔 栩也、从木予聲、讀若杼、直呂切

xiàng 樣
樣 栩實、从木羕聲、徐兩切

yì 杙
杙 劉、劉杙、从木弋聲、与職切

pí 枇
枇 枇杷木也、从木比聲、房脂切

jié 桔
桔 桔梗藥名、从木吉聲、一曰直木、古屑切

zuò 柞
柞 木也、从木乍聲、在各切

lú 𣏓 木、出橐山、从木、乎聲、他乎切

jiàn 榗 木也、从木、晉聲、書曰、竹箭如榗、子善切

suì 檖 羅也、从木、㒸聲、詩曰、隰有樹檖、徐醉切

jiǎ 椵 木、可作牀几、从木、叚聲、讀若賈、古雅切

huì 櫘 木也、从木、惠聲、胡計切

hù 楛 木也、从木、苦聲、詩曰、榛楛濟濟、侯古切

jī 櫅 木也、可以爲大車軸、从木、齊聲、祖雞切

réng 𣏕 木也、从木、乃聲、讀若仍、如乘切

pín 櫇 木也、从木、頻聲、符眞切

èr 樲 酸棗也、从木、貳聲、而至切

pú	rǎn	nǐ	shāo	lì	liè	xùn	bì	là	jǔ
樸	橪	柅	梢	⿰木隸	⿰木寽	梭	⿰木畢	楋	枸

樸 棗也、从木、僕聲、博木切、

橪 酸小棗、从木、然聲、一曰染也、人善切、

柅 木也、實如棃、从木、尼聲、女履切、

梢 木也、从木、肖聲、所交切、

⿰木隸 木也、从木、隸聲、郎計切、

⿰木寽 木也、从木、寽聲、力輟切、

梭 木也、从木、夋聲、臣鉉等曰、今人別音穌禾切、以爲機杼之屬、私閏切

⿰木畢 木也、从木、畢聲、卑吉切、

楋 木也、从木、剌聲、盧達切、

枸 木也、可爲醬、出蜀、从木、句聲、俱羽切、

zhè 樜

樜 木、出發鳩山、从木、庶聲、之夜切

fāng 枋

枋 木、可作車、从木、方聲、府良切

jiāng 橿

橿 枋也、从木、畺聲、一曰鉏柄名、居良切

chū 樗

樗 木也、以其皮裹松脂、从木、雩聲、讀若華、丑居切 檴 或从蒦、

bò 檗

檗 黃木也、从木、辟聲、博戹切

fēn 棥

棥 香木也、从木、岁聲、撫文切

shā 榝

榝 似茱萸、出淮南、从木、殺聲、所八切

zú 槭

槭 木、可作大車輮、从木、戚聲、子六切

yáng 楊

楊 木也、从木、昜聲、与章切

chēng 檉
liǔ 桺(柳)
xún 樳
luán 欒
yí 栘
dì 棣
zhǐ 枳
fēng 楓
quán 權

檉 河柳也。从木聖聲。敕貞切

桺 小楊也。从木丣聲。丣，古文酉。力九切

樳 大木，可爲鉏柄。从木𢍜聲。詳遵切

欒 木，似欄。从木䜌聲。禮：天子樹松，諸侯柏，大夫欒，士楊。洛官切

栘 棠棣也。从木多聲。弋支切

棣 白棣也。从木隶聲。特計切

枳 木，似橘。从木只聲。諸氏切

楓 木也。厚葉弱枝，善搖。一名欇。从木風聲。方戎切

權 黄華木。从木雚聲。一曰反常。巨員切

jǔ 柜 huái 槐 gǔ 榖 chǔ 楮 jì 檵 qǐ 杞 yá 枒 tán 檀 lì 櫟 qiú 梂

柜 木也、从木、巨聲、其呂切

槐 木也、从木、鬼聲、戶恢切

榖 楮也、从木、㱿聲、古祿切

楮 榖也、从木、者聲、丑呂切

柠 楮、或从宁、

檵 枸杞也、从木、繼省聲、一曰監木也、古詣切

杞 枸杞也、从木、己聲、墟里切

枒 木也、从木、牙聲、一曰車輞會也、五加切

檀 木也、从木、亶聲、徒乾切

櫟 木也、从木、樂聲、郎擊切

梂 櫟實、一曰鑿首、从木、求聲、巨鳩切

liàn 楝 yǎn 檿 zhè 柘 qī 榛 xuán 檈 wú 梧 róng 榮 tóng 桐 fán 播

楝 木也、从木柬聲、郎電切、

檿 山桑也、从木厭聲、詩曰、其檿其柘、於琰切、

柘 桑也、从木石聲、之夜切、

榛 木、可爲杖、从木𣓤聲、親吉切、

檈 檈味、稔棗、从木還聲、似沿切、

梧 梧桐木、从木吾聲、一名櫬、五胡切、

榮 桐木也、从木熒省聲、一曰屋梠之兩頭起者爲榮、永兵切、

桐 榮也、从木同聲、徒紅切、

播 木也、从木番聲、讀若樊、附轅切、

yú 榆　fèn 枌　gěng 梗　qiáo 樵　sōng 松　mán 樠　guì 檜　cōng 樅　bǎi 柏　jī 机

榆 榆白、枌、从木、俞聲、羊朱切、

枌 榆也、从木、分聲、扶分切、

梗 山枌榆、有朿、莢可爲蕪夷者、从木、更聲、古杏切、

樵 散也、从木、焦聲、昨焦切、

松 木也、从木、公聲、祥容切、㮤 松、或从容、

樠 松心木、从木、㒼聲、莫奔切、

檜 柏葉松身、从木、會聲、古外切、

樅 松葉柏身、从木、從聲、七恭切、

柏 鞠也、从木、白聲、博陌切、

机 木也、从木、几聲、居履切、

xiān 枮
木也、从木、占聲、息廉切

lòng 梇
木也、从木、弄聲、益州有梇棟縣、盧貢切

yú 楰
鼠梓木、从木、臾聲、詩曰、北山有楰、羊朱切

guǐ 桅
黃木可染者、从木、危聲、過委切

rèn 杒
桎杒也、从木、刃聲、而震切

tà 𣝗
榙𣝗、木也、从木、遝聲、徒合切

tā 榙
榙𣝗、果似李、从木、荅聲、讀若嚃、土合切

méi 某
酸果也、从木、从甘、闕、莫厚切
古文某从口、

yóu 櫾
崐崘河隅之長木也、从木、繇聲、以周切

shù 樹
生植之總名、从木、尌聲、常句切
籒文、

léi	guǒ	jì	mò	zhū	gēn	zhū	dǐ	bēn
樏	果	[木畟]	末	株	根	朱	柢	本

本 木下曰本、从木、一在其下、徐鍇曰、一、記其處也、本末朱皆同義、布忖切

古文、

柢 木根也、从木、氐聲、都禮切

朱 赤心木、松柏屬、从木、一在其中、章俱切

根 木株也、从木、艮聲、古痕切

株 木根也、从木、朱聲、陟輸切

末 木上曰末、从木、一在其上、莫撥切

[木畟] 細理木也、从木、畟聲、子力切

果 木實也、从木、象果形在木之上、古火切

樏 木實也、从木、絫聲、力追切

chā 杈

杈 枝也、从木、叉聲、初牙切

zhī 枝

枝 木別生條也、从木、支聲、章移切

pò 朴

朴 木皮也、从木、卜聲、匹角切

tiáo 條

條 小枝也、从木、攸聲、徒遼切

méi 枚

枚 榦也、可爲杖、从木、从攴、詩曰、施于條枚、莫桮切

kān 栞

栞 槎識也、从木、㚋闕、夏書曰、隨山栞木、讀若刊、苦寒切

栞 篆文从幵、

zhé 欇

欇 木葉榣白也、从木、聶聲、之涉切

rěn 栠

栠 弱皃、从木、任聲、如甚切

yāo 枖

枖 木少盛皃、从木、夭聲、詩曰、桃之枖枖、於喬切

diān 槇 tǐng 梃 shēn 櫐 biāo 標 miǎo 杪 duǒ 朵 láng 桹 jiàn 橌 xiāo 枵

槇 木頂也。从木，眞聲。一曰：仆木也。都季切。

梃 一枚也。从木，廷聲。徒頂切。

櫐 衆盛也。从木，驫聲。逸周書曰：疑沮事。闕。所臻切。

標 木杪末也。从木，㶾聲。敷沼切。

杪 木標末也。从木，少聲。亡沼切。

朵 樹木垂朵朵也。从木，象形。此與采同意。丁果切。

桹 高木也。从木，良聲。魯當切。

橌 大木皃。从木，閒聲。古限切。

枵 木根也。从木，号聲。春秋傳曰：歲在玄枵。玄枵，虛也。許嬌切。

sháo 柖：樹搖皃、从木、召聲、止搖切、

yáo 榣：樹動也、从木、䍃聲、余昭切、

jiū 樛：下句曰樛、从木、翏聲、吉虯切、

jiū 朻：高木也、从木、丩聲、吉虯切

wǎng 枉：衺曲也、从木、㞷聲、迂往切、

nào 橈：曲木、从木、堯聲、女教切、

fú 枎：枎疏、四布也、从木、夫聲、防無切、

yī 檹：木檹施、从木、旖聲、賈侍中說、檹卽椅木、可作琴、於离切、

jiǎo ⿰木小：相高也、从木、小聲、私兆切、

hū ⿰木曶：高皃、从木、曶聲、呼骨切、

槮 shēn 木長皃、从木參聲、詩曰、槮差荇菜、所今切、

梴 chān 長木也、从木延聲、詩曰、松桷有梴、丑連切、

橚 sù 長木皃、从木肅聲、山巧切、

杕 dì 樹皃、从木大聲、詩曰、有杕之杜、特計切、

⿱㲋木 tuò 木葉陊也、从木㲋聲、讀若薄、他各切、

格 gé 木長皃、从木各聲、古百切、

槸 yì 木相摩也、从木埶聲、魚祭切、槸、或从艸、

枯 kū 槀也、从木古聲、夏書曰、唯箘輅枯、木名也、苦孤切、

槀 gǎo 木枯也、从木高聲、苦浩切、

樸 pǔ 木素也、从木菐聲、匹角切、

zhēn 楨

楨 剛木也、从木、貞聲、上郡有楨林縣、陟盈切、

róu 柔

柔 木曲直也、从木、矛聲、耳由切、

tuò ⿰木㡿

⿰木㡿 判也、从木、㡿聲、易曰、重門擊⿰木㡿、他各切、

lè 朸

朸 木之理也、从木、力聲、平原有朸縣、盧則切、

cái 材

材 木梃也、从木、才聲、昨哉切、

chái 柴

柴 小木散材、从木、此聲、臣鉉等曰、師行野次、豎散木爲區落、名曰柴籬、後人語譌、轉入去聲、又别作寨字、非是、士佳切

fú 榑

榑 榑桑、神木、日所出也、从木、尃聲、防無切、

gǎo 杲

杲 明也、从日在木上、古老切、

yǎo 杳

杳 冥也、从日在木下、烏皎切、

hé 𣝅：角械也、从木卻聲、一曰木下白也、其逆切

zài 栽：築牆長版也、从木𢦏聲、春秋傳曰楚圍蔡、里而栽、昨代切

zhù 築：擣也、从木筑聲、陟玉切 𥳑古文、

gàn 榦：築牆耑木也、从木倝聲、臣鉉等曰、今別作幹、非是、矢榦亦同、古案切

yǐ 檥：榦也、从木義聲、魚羈切

gòu 構：蓋也、从木冓聲、杜林以爲椽桷字、古后切

mú 模：法也、从木莫聲、讀若嫫母之嫫、莫胡切

fú 桴：棟名、从木孚聲、附柔切

dòng 棟：極也、从木東聲、多貢切

jí 極

極 棟也。从木亟聲。渠力切

zhù 柱

柱 楹也。从木主聲。直主切

yíng 楹

楹 柱也。从木盈聲。春秋傳曰：丹桓宮楹。以成切

chēng 樘

樘 衺柱也。从木堂聲。臣鉉等曰：今俗別作撐，非是。丑庚切

zhī 榰

榰 柱砥。古用木，今以石。从木耆聲。易：榰恒凶。章移切

jié 楶

楶 欂櫨也。从木咨聲。子結切

bó 欂

欂 壁柱。从木薄省聲。弼戟切

lú 櫨

櫨 柱上柎也。从木盧聲。伊尹曰：果之美者，箕山之東，青鳧之所，有櫨橘焉。夏孰也。一曰宅櫨木，出弘農山也。落胡切

jī 枅

枅 屋櫨也、从木、幵聲、古兮切、

liè 栵

栵 栭也、从木、㓫聲、詩曰、其灌其栵、良薛切、

ér 栭

栭 屋枅上標、从木、而聲、爾雅曰、栭謂之楶、如之切、

yìn 檃

檃 棼也、从木、㥯聲、於靳切、

lǎo 橑

橑 椽也、从木、尞聲、盧浩切、

jué 桷

桷 榱也、椽方曰桷、从木、角聲、春秋傳曰、刻桓宮之桷、古岳切、

chuán 椽

椽 榱也、从木、彖聲、直專切、

cuī 榱

榱 秦名爲屋椽、周謂之榱、齊魯謂之桷、从木、衰聲、所追切、

méi 楣

楣 秦名屋櫋聯也、齊謂之檐、楚謂之梠、从木、眉聲、武悲切、

lǚ 梠 pí 㮰 mián 櫋 yán 檐 tán 橝 dí 樀 zhí 植 shū 樞 qiǎn 槏 lóu 樓

梠 楣也、从木、呂聲、力舉切、

㮰 梠也、从木、𣬈聲、讀若枇杷之枇、房脂切、

櫋 屋櫋聯也、从木、邊省聲、武延切、

檐 㮰也、从木、詹聲、臣鉉等曰、今俗作簷、非是、余廉切、

橝 屋梠前也、从木、覃聲、一曰蠶槌、徒含切、

樀 戶樀也、从木、啻聲、爾雅曰、檐謂之樀、讀若滴、都歷切、

植 戶植也、从木、直聲、常職切、

𣚭 或从置、

樞 戶樞也、从木、區聲、昌朱切、

槏 戶也、从木、兼聲、苦減切、

樓 重屋也、从木、婁聲、洛侯切、

lóng 櫳 shǔn 楯 líng 櫺 máng 杗 cù 梀 wū 杇 màn 槾 wēi 椳 mào 㮊 kǔn 梱

櫳 房室之疏也、从木、龍聲、盧紅切

楯 闌楯也、从木、盾聲、食允切

櫺 楯間子也、从木、霝聲、郎丁切

杗 棟也、从木、亡聲、爾雅曰、杗廇謂之梁、武方切

梀 短椽也、从木、束聲、丑録切

杇 所以涂也、秦謂之杇、關東謂之槾、从木、亏聲、哀都切

槾 杇也、从木、曼聲、母官切

椳 門樞謂之椳、从木、畏聲、烏恢切

㮊 門樞之横梁、从木、冒聲、莫報切

梱 門橛也、从木、困聲、苦本切

xiè 榍

榍 限也。从木，屑聲。先結切

zhā 柤

柤 木閑。从木，且聲。側加切

qiāng 槍

槍 歫也。从木，倉聲。一曰槍欀也。七羊切

jiàn 楗

楗 限門也。从木，建聲。其獻切

jiān 櫼

櫼 楔也。从木，韱聲。子廉切

xiè 楔

楔 櫼也。从木，契聲。先結切

zhà 栅

栅 編樹木也。从木，从冊，冊亦聲。楚革切

lí 杝

杝 落也。从木，也聲。讀若他。池尒切

tuò 欜

欜 夜行所擊者。从木，橐聲。易曰：重門擊欜。他各切

huán 桓

桓 亭郵表也。从木，亘聲。胡官切

楃 wò

楃 木帳也。从木屋聲。於角切

橦 chuáng

橦 帳極也。从木童聲。宅江切

杠 gāng

杠 牀前横木也。从木工聲。古雙切

桯 tīng

桯 牀前几。从木呈聲。他丁切

桱 jīng

桱 桱桯也。東方謂之蕩。从木巠聲。古零切

牀 chuáng

牀 安身之坐者。从木爿聲。徐鍇曰：左傳薳子馮詐病，掘地下冰而牀焉。至於恭坐則席也。故从爿，爿則爿之省，象人衺身有所倚箸。至於牆壯戕狀之屬，竝當从牀省聲。李陽冰言：木右爲片，左爲爿，音牆。且說文無爿字，其書亦異，故知其妄。仕莊切

枕 zhěn

枕 臥所薦首者。从木冘聲。章衽切

楲 wēi

楲 楲窬，褻器也。从木威聲。於非切

dú 櫝 zhì 櫛 shū 梳 gé 柃 nòu 槈 xū 㮛 huá 芣 sì 相

櫝 匱也。从木賣聲。一曰木名。又曰大梡也。徒谷切

櫛 梳比之總名也。从木節聲。阻瑟切

梳 理髮也。从木疏省聲。所葅切

柃 劒柙也。从木合聲。胡甲切

槈 薅器也。从木辱聲。奴豆切 鎒 或从金。

㮛 芣臿也。从木，入象形，䀠聲。舉朱切

芣 兩刃臿也。从木，丫象形。宋魏曰芣也。互瓜切 釫 或从金从于。

相 臿也。从木㠯聲。一曰徙土輂，齊人語也。臣鉉等曰：今俗作耜，詳里切 梩 或从里。

yí 枱

枱 耒耑也、从木、台聲、弋之切、鈶 或从金、辝 籒文从辝、

hún 楎

楎 六叉犂、一曰、犂上曲木犂轅、从木、軍聲、讀若渾天之渾、戸昆切、

yōu 櫌

櫌 摩田器、从木、憂聲、論語曰、櫌而不輟、於求切、

zhú 欘

欘 斫也、齊謂之鎡錤、一曰斤柄性自曲者、从木、屬聲、陟玉切、

zhuó 櫡

櫡 斫謂之櫡、从木、箸聲、張略切、

pá 杷

杷 收麥器、从木、巴聲、蒲巴切、

yì 杸

杸 穜樓也、一曰、燒麥柃杸、从木、役聲、与辟切、

líng 柃

柃 木也、从木、令聲、郎丁切、

fú 柫 jiā 枷 chǔ 杵 gài 槩 gài 杚 shěng 㮐 sì 柶 bēi 桮 pán 槃

柫 擊禾連枷也、从木、弗聲、敷勿切、

枷 柫也、从木、加聲、淮南謂之柍、古牙切、

杵 舂杵也、从木、午聲、昌與切、

槩 杚斗斛、从木、既聲、工代切、

杚 平也、从木、气聲、古沒切、

㮐 木參交以枝炊籅者也、从木、省聲、讀若驪駕、臣鉉等曰、驪駕未詳、所綆切、

柶 禮有柶、柶、匕也、从木、四聲、息利切、

桮 䀀也、从木、否聲、布回切、 𠥓 籒文桮、

槃 承槃也、从木、般聲、薄官切、 鎜 古文从金、 盤 籒文从皿

sī 榹　àn 案　xuán 檈　jiān 椷　zhǔ 枓　biāo 杓　léi 櫑　pí 椑

皿。

榹 槃也。从木虒聲。息移切

案 几屬。从木安聲。烏旰切

檈 圜案也。从木瞏聲。似沿切

椷 篋也。从木咸聲。古咸切

枓 勺也。从木从斗。之庾切

杓 枓柄也。从木从勺。臣鉉等曰：今俗作市若切，以爲桮杓之杓。甫搖切

櫑 龜目酒尊，刻木作雲雷象。象施不窮也。从木畾聲。魯回切

罍 櫑或从缶。𥂎 櫑或从皿。𦉜 籒文櫑。

椑 圜榼也。从木卑聲。部迷切

kē 榼　tuǒ 橢　zhuì 槌　zhé ⿰木寺　zhèn 栚　liǎn 槤　huǎng 櫎　jú ⿱具木　jì 檕

榼 酒器也、从木盍聲、枯蹋切、

橢 車笭中橢橢器也、从木隋聲、徒果切、

槌 關東謂之槌、關西謂之⿰木寺、从木追聲、直類切、

⿰木寺 槌也、从木、特省聲、陟革切、

栚 槌之橫者也、關西謂之⿰木巽、从木灷聲、臣鉉等曰、當从朕省、直衽切

槤 瑚槤也、从木連聲、臣鉉等曰、今俗作璉、非是、里典切、

櫎 所以几器、从木廣聲、一曰帷屏風之屬、臣鉉等曰、今別作幌、非是、胡廣切、

⿱具木 舉食者、从木具聲、俱燭切、

檕 繘耑木也、从木毄聲、古詣切、

nǐ 檷
檷 絡絲檷。从木，爾聲。讀若柅。奴礼切

jī 機
機 主發謂之機。从木，幾聲。居衣切

shèng 塍
塍 機持經者。从木，朕聲。詩證切

zhù 杼
杼 機之持緯者。从木，予聲。直呂切

fù 椱
椱 機持繒者。从木，复聲。扶富切

xuàn 楥
楥 履法也。从木，爰聲。讀若指撝。吁券切

gāi 核
核 蠻夷以木皮爲篋，狀如籢尊。从木，亥聲。古哀切

péng 棚
棚 棧也。从木，朋聲。薄衡切

zhàn 棧
棧 棚也。竹木之車曰棧。从木，戔聲。士限切

jiàn 栫
栫 以柴木壅也。从木，存聲。徂悶切

guì 檲

檲 筐當也、从木國聲、古悔切、

tī 梯

梯 木階也、从木弟聲、土雞切、

chéng 棖

棖 杖也、从木長聲、一曰法也、宅耕切、

juàn 桊

桊 牛鼻中環也、从木𢍏聲、居倦切、

duǒ 椯

椯 箠也、从木耑聲、一曰椯度也、一曰剟也、兜果切、

jué 橜

橜 弋也、从木厥聲、一曰門梱也、瞿月切、

zhí 樴

樴 弋也、从木戠聲、之弋切、

zhàng 杖

杖 持也、从木丈聲、臣鉉等曰今俗別作仗非是直兩切、

bā 柭

柭 棓也、从木犮聲、北末切、

bàng 棓

棓 棁也、从木咅聲、步項切、

chuí 椎　kē 柯　tuō 棁　bǐng 柄　bì 柲　cuán 欑　chì 杘　bēng 榜

椎 擊也。齊謂之終葵。从木隹聲。直追切

柯 斧柄也。从木可聲。古俄切

棁 木杖也。从木兌聲。他活切。又之說切

柄 柯也。从木丙聲。陂病切

棅 或从秉。

柲 欑也。从木必聲。兵媚切

欑 積竹杖也。从木贊聲。一曰穿也。一曰叢木。在丸切

杘 籆柄也。从木尸聲。女履切

柅 杘或从木尼聲。臣鉉等曰：柅，女氏切。木若棃。此重出。

榜 所以輔弓弩。从木旁聲。補盲切。臣鉉等案：李舟切韻一音北孟切。進船也。又音北朗切。木片也。今俗作牓，非。

qíng 檠 yǐn 檃 kuò 桰 qí 枼 jiē 椄 xiáng 栙 tiǎn 栝 cáo 槽 niè 臬 tǒng 桶

檠 榜也。从木，敬聲。巨京切

檃 栝也。从木，隱省聲。於謹切

桰 檃也。从木，𠯑聲。一曰矢栝，築弦處。古活切

枼 博棊。从木，其聲。渠之切

椄 續木也。从木，妾聲。子葉切

栙 栙雙也。从木，夅聲。讀若鴻。下江切

栝 炊竈木。从木，舌聲。臣鉉等曰：當从甛省乃得聲。他念切

槽 畜獸之食器。从木，曹聲。昨牢切

臬 射準的也。从木，从自。李陽冰曰：自非聲，从劓省。五結切

桶 木方受六升。从木，甬聲。他奉切

lǔ 櫓 櫓 大盾也、从木魯聲、郎古切、樐 或从鹵、

yuè 樂 樂 五聲八音總名、象鼓鞞、木、虡也、玉角切、

fū 柎 柎 闌足也、从木付聲、甫無切、

fú 枹 枹 擊鼓杖也、从木包聲、甫無切、

qiāng 椌 椌 柷樂也、从木空聲、苦江切、

zhù 柷 柷 樂木空也、所以止音爲節、从木、祝省聲、昌六切、

qiàn 槧 槧 牘樸也、从木斬聲、自琰切、

zhá 札 札 牒也、从木乙聲、側八切、

jiǎn 檢 檢 書署也、从木僉聲、居奄切、

xí 檄 檄 二尺書、从木敫聲、胡狄切、

qǐ 棨 傳信也、从木、啟省聲、康礼切

mù 楘 車歷録束文也、从木、敄聲、詩曰、五楘梁輈、莫卜切

hù 枑 行馬也、从木、互聲、周禮曰、設梐枑再重、胡誤切

bì 梐 梐枑也、从木、陛省聲、邊兮切

jí 极 驢上負也、从木、及聲、或讀若急、其輒切

qū 𣏁 极也、从木、去聲、去魚切

gé 槅 大車枙、从木、鬲聲、古覈切

shū 橾 車轂中空也、从木、喿聲、讀若藪、山樞切

huò 楇 盛膏器、从木、咼聲、讀若過、乎臥切

àng 枊 馬柱、从木、卬聲、一曰堅也、吾浪切

gù 棝

棝、棝斗、可射鼠。从木、固聲。古慕切

léi 欙

欙、山行所乘者。从木、纍聲。虞書曰、予乘四載。水行乘舟、陸行乘車、山行乘欙、澤行乘𣃁。力追切

què 榷

榷、水上横木、所以渡者也。从木、隺聲。江岳切

qiáo 橋

橋、水梁也。从木、喬聲。巨驕切

liáng 梁

梁、水橋也。从木从水、刅聲。呂張切 𣲙 古文。

sōu ⿰木叜

⿰木叜、船總名。从木、叜聲。臣鉉等曰、今俗別作艘、非是。穌遭切

fá 橃

橃、海中大船。从木、發聲。臣鉉等曰、今俗別作筏、非是。房越切

jí 楫

楫、舟櫂也。从木、咠聲。子葉切

lǐ 欚

欚、江中大船名。从木、蠡聲。盧啓切

jiào 校
校 木囚也、从木交聲、古孝切

cháo 樔
樔 澤中守艸樓、从木巢聲、鉏交切

cǎi 采
采 捋取也、从木从爪、倉宰切

fèi 柿
柿 削木札樸也、从木巿聲、陳楚謂櫝爲柹、芳吠切

héng 横
横 闌木也、从木黃聲、戶盲切

jiā 梜
梜 檢柙也、从木夾聲、古洽切

guāng 桄
桄 充也、从木光聲、古曠切

zuì 檇
檇 以木有所擣也、从木雋聲、春秋傳曰、越敗吳於檇李、遵爲切

zhuó 椓
椓 擊也、从木豖聲、竹角切

chéng 朾 gū 柧 léng 棱 niè 櫱 píng 枰 lā 柆 zhà 槎 duò 柮

朾 橦也、从木、丁聲、宅耕切、

柧 棱也、从木、瓜聲、又、柧棱、殿堂上最高之處也、古胡切、

棱 柧也、从木、夌聲、魯登切、

櫱 伐木餘也、从木、獻聲、商書曰、若顛木之有皀櫱、五葛切、

𣡌 櫱、或从木、辥聲、𣎵 古文櫱、从木、無頭、枿 亦古文櫱、

枰 平也、从木、从平、平亦聲、蒲兵切、

柆 折木也、从木、立聲、盧合切、

槎 衺斫也、从木、差聲、春秋傳曰、山不槎、側下切、

柮 斷也、从木、出聲、讀若爾雅貀無前足之貀、女滑切、

táo 檮
斷木也、从木𠷎聲、春秋傳曰檮柮、徒刀切

xī 析
破木也、一曰折也、从木从斤、先激切

zōu 棷
木薪也、从木取聲、側鳩切

hùn 梡
㮯木薪也、从木完聲、胡本切

hún 㮯
梡木未析也、从木圂聲、胡昆切

pián 楄
楄部、方木也、从木扁聲、春秋傳曰、楄部薦榦、部田切

bī 楅
以木有所逼束也、从木畐聲、詩曰、夏而楅衡、彼即切

yè 枼
楄也、枼、薄也、从木世聲、臣鉉等曰、當从卅乃得聲、卅、穌合切、与涉切

yǒu 槱
積火燎之也、从木从火、酉聲、詩曰、薪之槱之、周禮、以槱燎祠司中司命、余救切

禉 柴祭天神、或从示、

xiū 休

休 息止也、从人依木、許尤切、庥 休或从广、

gèn 櫃

櫃 竟也、从木恒聲、古鄧切、亙 古文櫃、

xiè 械

械 桎梏也、从木戒聲、一曰器之總名、一曰持也、一曰有盛爲械、無盛爲器、胡戒切、

chǒu 杽

杽 械也、从木、从手、手亦聲、敕九切、

zhì 桎

桎 足械也、从木至聲、之日切、

gù 梏

梏 手械也、从木告聲、古沃切、

lì 櫪

櫪 櫪撕、桿指也、从木歷聲、郎擊切、

xī 撕

撕 櫪撕也、从木斯聲、先稽切、

jiàn 檻

檻 櫳也、从木監聲、一曰圈、胡黯切、

lóng 櫳　檻也、从木、龍聲、盧紅切

xiá 柙　檻也、以藏虎兕、从木、甲聲、烏匣切、古文柙、

guān 棺　關也、所以掩尸、从木、官聲、古丸切、

chèn 櫬　棺也、从木、親聲、春秋傳曰、士輿櫬、初僅切、

huì 槥　棺櫝也、从木、彗聲、祥歲切、

guǒ 椁　葬有木𩫖也、从木、𩫖聲、古博切、

jié 楬　楬桀也、从木、曷聲、春秋傳曰、楬而書之、其謁切、

xiāo 梟　不孝鳥也、日至捕梟磔之、从鳥頭在木上、古堯切

fěi 棐　輔也、从木、非聲、敷尾切

文四百二十一　重三十九

zhī 栀 xiè 榭 shuò 槊 yí 椸 tà 榻 zhì 櫍 zhào 櫂 gāo 槔 zhuāng 樁 yīng 櫻

栀 木實可染。从木，卮聲。章移切。

榭 臺有屋也。从木，䠶聲。詞夜切。

槊 矛也。从木，朔聲。所角切。

椸 衣架也。从木，施聲。以支切。

榻 牀也。从木，𦐇聲。土盍切。

櫍 柎也。从木，質聲。之日切。

櫂 所以進船也。从木，翟聲。或从卓。史記通用濯。直教切。

槔 桔槔，汲水器也。从木，皋聲。古牢切。

樁 橛杙也。从木，舂聲。啄江切。

櫻 果也。从木，嬰聲。烏莖切。

sè 栜 dōng 東 cáo 𣘮 lín 林 wú 𣞤

栜 桋也、从木、策省聲、所厄切

文十二 新附

東 動也、从木、官溥說、从日在木中、凡東之屬皆从東、得紅切

𣘮 二東、曹从此、闕、

文二

林 平土有叢木曰林、从二木、凡林之屬皆从林、力尋切

𣞤 豐也、从林奭、或說規模字、从大、卌、數之積也、林者、木之多也、卌與庶同意、商書曰、庶草繁無、徐鍇曰、或說大卌爲規模之模、諸部無者、不審信也、文甫切

yù 鬱　木叢生者、从林、鬱省聲、迂弗切、

chǔ 楚　叢木、一名荊也、从林疋聲、創舉切、

chēn 棽　木枝條棽儷皃、从林今聲、丑林切、

mào 楙　木盛也、从林矛聲、莫候切、

lù 麓　守山林吏也、从林鹿聲、一曰、林屬於山爲麓、春秋傳曰、沙麓崩、盧谷切、

[seal-script variant] 古文从录、

fèn 棼　複屋棟也、从林分聲、符分切、

sēn 森　木多皃、从林从木、讀若曾參之參、所今切、

文九　重一

fàn 梵　出自西域釋書、未詳意義、扶泛切、

cái
才

文一 新附

才 艸木之初也。从丨上貫一，將生枝葉。一，地也。凡才之屬皆从才。徐鍇曰：「上一，初生歧枝也；下一，地也。」昨哉切

文一

說文解字弟六上

李承緒篆

黎永椿校

劉昌齡覆校

陳昌治校刊

說文解字弟六下

漢太尉祭酒許愼記

宋右散騎常侍徐鉉等校定

叒　日初出東方湯谷所登、榑桑、叒木也、象形、凡叒之屬皆从叒、而灼切　籀文、

桑　蠶所食葉木、从叒木、息郎切

文二　重一

之　出也、象艸過屮、枝莖益大、有所之、一者地也、凡之之屬皆从之、止而切、

㞷　艸木妄生也、从之在土上、讀若皇、徐鍇曰、妄生、謂非所宜生、傳曰門上

zā 帀　shī 師　chū 出　áo 敖　mài 賣　tiào 糶

生莠、从之在土上、土上益高、非所宜也、戶光切

文二　重一

帀 周也、从反之而帀也、凡帀之屬皆从帀、周盛說、子荅切

師 二千五百人爲師、从帀、从𠂤、𠂤四帀衆意也、疎夷切

古文師、

文二　重一

出 進也、象艸木益滋上出達也、凡出之屬皆从出、尺律切

敖 游也、从出、从放、五牢切

賣 出物貨也、从出、从買、莫邂切

糶 出穀也、从出、从糶、糶亦聲、他弔切

niè 䵶

䵶 槷䵶不安也、从出臬聲、易曰、槷䵶、徐鍇曰、物不安則出不在也、五結切

文五

pò 𣎳

𣎳 艸木盛𣎳𣎳然、象形、八聲、凡𣎳之屬皆从𣎳、讀若輩、普活切

wèi 𣑏

𣑏 艸木𣑏孛之皃、从𣎳畀聲、于貴切

suǒ 索

索 艸有莖葉、可作繩索、从𣎳糸、杜林說𣎳亦朱木字、蘇各切

bèi 孛

孛 𣑏也、从𣎳、人色也、从子、論語曰、色孛如也、蒲妹切

zǐ 𠂔

𠂔 止也、从𣎳盛而一橫止之也、即里切

nán 南

南 艸木至南方有枝任也、从𣎳羊聲、那含切 𡴭 古文、

文六　重一

shēng 生
生　進也、象艸木生出土上、凡生之屬皆从生、所庚切、

fēng 丰
丰　艸盛丰丰也、从生、上下達也、敷容切、

chǎn 產
產　生也、从生、彥省聲、所簡切、

lóng 隆
隆　豐大也、从生、降聲、徐鍇曰、生而不已、益高大也、力中切、

ruí 甤
甤　草木實甤甤也、从生、豨省聲、讀若綏、儒隹切、

shēn 甡
甡　衆生並立之皃、从二生、詩曰、甡甡其鹿、所臻切、

文六

zhé 乇
乇　艸葉也、从垂穗、上貫一、下有根、象形、凡乇之屬皆从乇、陟格切、

chuí 𠂹

𠂹 艸木華葉𠂹。象形。凡𠂹之屬皆从𠂹。是爲切 𠂹 古文。

文一

huā 𠌶

𠌶 艸木華也。从𠂹亏聲。凡𠌶之屬皆从𠌶。況于切 𠌶 𠌶。或从艸从夸。

文一　重一

wěi 韡

韡 盛也。从𠌶韋聲。詩曰：萼不韡韡。于鬼切

文二　重一

huā 華

華 榮也。从艸从𠌶。凡華之屬皆从華。戶瓜切

yè 皣

皣 艸木白華也。从華从白。筠輒切

文二

jī 禾　zhǐ 積　jǔ 椒

jī 稽　zhuó 穛　gǎo 𥢶

禾　木之曲頭止不能上也、凡禾之屬皆从禾、古兮切

積　多小意而止也、从禾从支、只聲、一曰木也、職雉切

椒　積椒也、从禾从又、句聲、又者、从丑省、一曰木名、徐鍇曰、丑者、束縛也、積椒不伸之意、俱羽切

文三

稽　畱止也、从禾从尤、旨聲、凡稽之屬皆从稽、古兮切

穛　特止也、从稽省、卓聲、徐鍇曰、特止卓立也、竹角切

𥢶　𥢶椒而止也、从稽省、咎聲、讀若皓、賈侍中說、稽穛𥢶三字、皆木名、古老切

文三

cháo 巢

巢 鳥在木上曰巢、在穴曰窠、从木、象形、凡巢之屬皆从巢、鉏交切、

biǎn 甹

甹 傾覆也、从寸、臼覆之、寸、人手也、从巢省、杜林說以爲貶損之貶、方斂切、

文二

qī 桼

桼 木汁、可以髤物、象形、桼如水滴而下、凡桼之屬皆从桼、親吉切、

xiū 髤

髤 桼也、从桼、髟聲、許由切、

pào 匏

匏 桼垸已、復桼之、从桼、包聲、匹皃切、

文三

shù 束 jiǎn 柬 jiǎn 𣝗 là 剌

gǔn 㯻 tuó 橐 náng 囊 gāo 櫜

束 縛也。从口木。凡束之屬皆从束。書玉切

柬 分別簡之也。从束从八。八，分別也。古限切

𣝗 小束也。从束，幵聲。讀若繭。古典切

剌 戾也。从束从刀。刀者，剌之也。徐鍇曰：剌，乖違也。束而乖違者，莫若刀也。盧達切

文四

㯻 橐也。从束圂聲。凡㯻之屬皆从㯻。胡本切

橐 囊也。从㯻省，石聲。他各切

囊 橐也。从㯻省，襄省聲。奴當切

櫜 車上大橐。从㯻省，咎聲。詩曰：載櫜弓矢。古勞切

pāo 橐 wéi 囗 yuán 圜 tuán 團 xuán 圁 yún 囩 yuán 圓 huí 回 tú 圖

橐 囊張大皃。从橐省，匋省聲。符宵切

文五

囗 回也。象回帀之形。凡囗之屬皆从囗。羽非切

圜 天體也。从囗睘聲。王權切

團 圜也。从囗專聲。度官切

圁 規也。从囗肙聲。似沿切

囩 回也。从囗云聲。羽巾切

圓 圜全也。从囗員聲。讀若員。王問切

回 轉也。从囗，中象回轉形。户恢切　古文。

圖 畫計難也。从囗从啚。啚，難意也。徐鍇曰：規畫之也，故从囗。同都切

yì 圛

回行也、从口、睪聲、尚書曰圛、圛、升雲半有半無、讀若驛、羊益切

guó 國

邦也、从口、从或、古惑切

kǔn 壼

宮中道、从口、象宮垣道上之形、詩曰、室家之壼、苦本切

qūn 囷

廩之圜者、从禾在口中、圜謂之囷、方謂之京、去倫切

juàn 圈

養畜之閑也、从口、卷聲、渠篆切

yòu 囿

苑有垣也、从口、有聲、一曰、禽獸曰囿、于救切

籒文囿、

yuán 園

所以樹果也、从口、袁聲、羽元切

pǔ 圃

穜菜曰圃、从口、甫聲、博古切

yīn 因

就也、从口大、徐鍇曰、左傳曰、植有禮、因重固、能大者衆圍就之、於眞切、

nà 囡

下取物縮藏之、从口从又、讀若聶、女洽切、

líng 囹

獄也、从口、令聲、郎丁切、

yǔ 圄

守之也、从口、吾聲、魚舉切、

qiú 囚

繫也、从人在口中、似由切、

gù 固

四塞也、从口、古聲、古慕切、

wéi 圍

守也、从口、韋聲、羽非切、

kùn 困

故廬也、从木在口中、苦悶切、

古文困、

hùn 圂

廁也、从口、象豕在口中也、會意、胡困切、

é 囮

譯也、从口化、率鳥者繫生鳥以來之、名曰囮、讀若譌、

五禾切。〔篆〕囮或从繇。又音由。

文二十六　重四

yuán 員

〔篆〕物數也。从貝口聲。凡員之屬皆从員。徐鍇曰：古以貝爲貨，故數之。王權切。〔篆〕籀文从鼎。

yún 䞫

〔篆〕物數紛䞫亂也。从員云聲。讀若春秋傳曰宋皇鄖。羽文切。

文二　重一

bèi 貝

〔篆〕海介蟲也。居陸名猋，在水名蜬。象形。古者貨貝而寶龜，周而有泉，至秦廢貝行錢。凡貝之屬皆从貝。博蓋切。

suǒ 𧴪

〔篆〕貝聲也。从小貝。酥果切。

huì 賄
財也、从貝、有聲、呼罪切

cái 財
人所寶也、从貝、才聲、昨哉切

huò 貨
財也、从貝、化聲、呼臥切

guì 䝿
資也、从貝、爲聲、或曰、此古貨字、讀若貴、詭僞切

zī 資
貨也、从貝、次聲、即夷切

wàn 贎
貨也、从貝、萬聲、無販切

zhèn 賑
富也、从貝、辰聲、之忍切

xián 賢
多才也、从貝、臤聲、胡田切

bì 賁
飾也、从貝、卉聲、彼義切

hè 賀
以禮相奉慶也、从貝、加聲、胡箇切

gòng 貢：貢 獻功也、从貝工聲、古送切

zàn 贊：贊 見也、从貝从兟、臣鉉等曰、兟音詵、進也、執贄而進、有司贊相之、則旰切

jìn 賮：賮 會禮也、从貝𡘲聲、徐刃切

jī 齎：齎 持遺也、从貝齊聲、祖雞切

dài 貸：貸 施也、从貝代聲、他代切

tè 貣：貣 从人求物也、从貝弋聲、他得切

lù 賂：賂 遺也、从貝各聲、臣鉉等曰、當从路省、乃得聲、洛故切

shèng 賸：賸 物相增加也、从貝朕聲、一曰送也、副也、以證切

zèng 贈：贈 玩好相送也、从貝曾聲、昨鄧切

bì 貱：貱 迻予也、从貝皮聲、彼義切

gòng 贛 賜也、从貝、竷省聲、臣鉉等曰、竷非聲、未詳、古送切、籀文贛、

lài 賚 賜也、从貝、來聲、周書曰、賚尒秬鬯、洛帶切、

shǎng 賞 賜有功也、从貝、尚聲、書兩切、

cì 賜 予也、从貝、易聲、斯義切、

yì 貤 重次弟物也、从貝、也聲、以豉切、

yíng 贏 有餘賈利也、从貝、𣎆聲、臣鉉等曰、當从嬴省乃得聲、以成切、

lài 賴 贏也、从貝、剌聲、洛帶切、

fù 負 恃也、从人守貝、有所恃也、一曰、受貸不償、房九切、

zhù 貯 積也、从貝、宁聲、直呂切、

èr 貳 副益也、从貝、弍聲、弍、古文二、而至切、

bīn 賓
所敬也、从貝㝉聲、必鄰切 古文、

shē 賒
貰買也、从貝余聲、式車切

shì 貰
貸也、从貝世聲、神夜切

zhuì 贅
以物質錢、从敖貝、敖者猶放貝當復取之也、之芮切

zhì 質
以物相贅、从貝从所、闕、之日切

mào 貿
易財也、从貝丣聲、莫候切

shú 贖
貿也、从貝𧶠聲、殊六切

fèi 費
散財用也、从貝弗聲、房未切

zé 責
求也、从貝朿聲、側革切

gǔ 賈
賈市也、从貝襾聲、一曰坐賣售也、公戶切

shāng 𧶠 fàn 販 mǎi 買 jiàn 賤 fù 賦 tān 貪 biǎn 貶 pín 貧 lìn 賃 qiú 賕

𧶠 行賈也、从貝、商省聲、式陽切、

販 買賤賣貴者、从貝、反聲、方願切、

買 市也、从网貝、孟子曰、登壟斷而网市利、莫蟹切

賤 賈少也、从貝、戔聲、才線切、

賦 斂也、从貝、武聲、方遇切

貪 欲物也、从貝、今聲、他含切

貶 損也、从貝、从乏、方斂切、

貧 財分少也、从貝、从分、分亦聲、符巾切 𡧍 古文从宀分、

賃 庸也、从貝、任聲、尼禁切、

賕 以財物枉法相謝也、从貝、求聲、一曰戴質也、巨畱切

gòu 購 shǔ 貾 zī 貲 cóng 賨 yù 賣 guì 貴 yīng 賏 kuàng 貺

購 以財有所求也。从貝，冓聲。古候切。

貾 齎財卜問爲貾。从貝，疋聲。讀若所。疏舉切。

貲 小罰以財自贖也。从貝，此聲。漢律，民不繇，貲錢二十二。即夷切。

賨 南蠻賦也。从貝，宗聲。徂紅切。

賣 衒也。从貝，𧵍聲。𧵍，古文睦。讀若育。余六切。

貴 物不賤也。从貝，臾聲。臾，古文蕢。居胃切。

賏 頸飾也。从二貝。烏莖切。

文五十九　重三

貺 賜也。从貝，兄聲。許訪切。

fèng 賵　dǔ 賭　tiē 貼　yí 貽　zhuàn 賺　sài 賽　fù 賻　shàn 贍　yì 邑

賵 贈死者、从貝、从冒、冒者、衣衾覆冒之意、撫鳳切、

賭 博簺也、从貝、者聲、當古切、

貼 以物爲質也、从貝、占聲、他叶切、

貽 贈遺也、从貝、台聲、經典通用詒、與之切、

賺 重買也、錯也、从貝、廉聲、佇陷切、

賽 報也、从貝、塞省聲、先代切、

賻 助也、从貝、尃聲、符遇切、

贍 給也、从貝、詹聲、時豔切、

文九 新附

邑 國也、从口、先王之制、尊卑有大小、从卪、凡邑之屬皆

从邑、於汲切

bāng 邦

國也、从邑丰聲、博江切、古文、

jùn 郡

周制、天子地方千里、分爲百縣、縣有四郡、故春秋傳曰、上大夫受郡、是也、至秦初、置三十六郡以監其縣、从邑、君聲、渠運切

dū 都

有先君之舊宗廟曰都、从邑者聲、周禮、距國五百里爲都、當孤切

lín 鄰

五家爲鄰、从邑、粦聲、力珍切

zuǎn 酇

百家爲酇、酇、聚也、从邑、贊聲、南陽有酇縣、作管切、又作旦切

bǐ 鄙

五酇爲鄙、从邑、啚聲、兵美切

jiāo 郊
距國百里爲郊、从邑交聲、古肴切、

dǐ 邸
屬國舍、从邑氐聲、都禮切、

fú 郛
郭也、从邑孚聲、甫無切、

yóu 郵
境上行書舍、从邑垂、垂、邊也、羽求切、

shào 䣈
國甸大夫稍稍所食邑、从邑肖聲、周禮曰、任䣈地在天子三百里之内、所教切、

shàn 鄯
鄯善、西胡國也、从邑、从善、善亦聲、時戰切、

qióng 竆
夏后時諸侯夷羿國也、从邑、窮省聲、渠弓切、

jì 𨛗
周封黃帝之後於𨛗也、从邑契聲、讀若薊、上谷有𨛗縣、古詣切、

tāi 邰

邰 炎帝之後姜姓所封、周棄外家國、从邑、台聲、右扶風斄縣是也、詩曰、有邰家室、土來切、

qí 郊

郊 周文王所封、在右扶風美陽中水鄉、从邑、支聲、巨支切、

岐 郊或从山、支聲、因岐山以名之也、嶅 古文郊、从枝、从山、

bīn 邠

邠 周太王國、在右扶風美陽、从邑、分聲、補巾切、豳 美陽亭、卽豳也、民俗以夜市、有豳山、从山、从豩、闕、

méi 郿

郿 右扶風縣、从邑、眉聲、武悲切、

yù 郁

郁 右扶風郁夷也、从邑、有聲、於六切、

hù 鄠

鄠 右扶風縣名、从邑、雩聲、胡古切、

hù 扈

扈 夏后同姓所封、戰於甘者、在鄠有扈谷甘亭、从邑、戶聲、胡古切、 古文扈、从山马、

péi 𨞏

𨞏 右扶風鄠鄉、从邑、崩聲、沛城父有𨞏鄉、讀若陪、薄回切

jū 䢹

䢹 右扶風鄠鄉、从邑、且聲、子余切

hǎo 郝

郝 右扶風鄠盩厔鄉、从邑、赤聲、呼各切

fēng 酆

酆 周文王所都、在京兆杜陵西南、从邑、豐聲、敷戎切

zhèng 鄭

鄭 京兆縣、周厲王子友所封、从邑、奠聲、宗周之滅、鄭徙潧洧之上、今新鄭是也、直正切

hé 郃

郃 左馮翊郃陽縣、从邑、合聲、詩曰、在郃之陽、候閤切、

kǒu 叩

叩 京兆藍田鄉、从邑、口聲、苦后切、

fán ⿱樊邑
京兆杜陵鄉。从邑，樊聲。附袁切

fū 鄜
左馮翊縣。从邑，麃聲。甫無切

tú ⿰屠阝
左馮翊鄏陽亭。从邑，屠聲。同都切

yóu 邮
左馮翊高陵。从邑，由聲。徒歷切

nián ⿰秊阝
左馮翊谷口鄉。从邑，秊聲。讀若寧。奴顛切

guī 邽
隴西上邽也。从邑，圭聲。古畦切

bù 部
天水狄部。从邑，音聲。蒲口切

dòu 郖
弘農縣庾地。从邑，豆聲。當侯切

rǔ 鄏
河南縣直城門官陌地也。从邑，辱聲。春秋傳曰：成王定鼎于郟鄏。而蜀切

liǎn 鄻 周邑也、从邑、輦聲、力展切、

zhài 䣛 周邑也、从邑、祭聲、側介切、

máng 邙 河南洛陽北亡山上邑、从邑、亡聲、莫郎切、

xún 鄩 周邑也、从邑、尋聲、徐林切、

chī 郗 周邑也、在河內、从邑、希聲、丑脂切、

yùn 鄆 河內沁水鄉、从邑、軍聲、魯有鄆地、王問切、

bèi 邶 故商邑、自河內朝歌以北是也、从邑、北聲、補妹切、

yú 邘 周武王子所封、在河內野王是也、从邑、于聲、又讀若區、況于切、

lí 𨛦 殷諸侯國、在上黨東北、从邑、𥝢聲、𥝢、古文利、商書、西

伯戡⿱𥝢邑、郎奚切

shào 邵 晉邑也、从邑召聲、寔照切

míng 鄍 晉邑也、从邑冥聲、春秋傳曰、伐鄍三門、莫經切

chù 鄐 晉邢侯邑、从邑畜聲、丑六切

hòu 鄇 晉之溫地、从邑侯聲、春秋傳曰、爭鄇田、胡遘切

bì 邲 晉邑也、从邑必聲、春秋傳曰晉楚戰于邲、毗必切

xì 郤 晉大夫叔虎邑也、从邑谷聲、綺戟切

péi ⿱非邑 河東聞喜縣、从邑非聲、薄回切

qián ⿰虔阝 河東聞喜聚、从邑虔聲、渠焉切

kuāng 邼 河東聞喜鄉、从邑匡聲、去王切

kuí 鄈 xíng 邢 wū 鄔 qí 祁 yè 鄴 jǐng 郱 hán 邯 dān 鄲 xún 郇 shū 鄃

鄈 河東臨汾地即漢之所祭后土處、从邑癸聲、揆唯切、

邢 周公子所封、地近河内懷、从邑幵聲、戶經切、

鄔 太原縣、从邑烏聲、安古切、

祁 太原縣、从邑示聲、巨支切、

鄴 魏郡縣、从邑業聲、魚怯切、

郱 鄭地郱亭、从邑井聲、戶經切、

邯 趙邯鄲縣、从邑甘聲、胡安切、

鄲 邯鄲縣、从邑單聲、都寒切、

郇 周武王子所封國、在晉地、从邑旬聲、讀若泓、相倫切、

鄃 清河縣、从邑俞聲、式朱切、

hào 鄗 qiāo 鄡 mò 鄚 zhì 郅 sōu 鄋 xǔ 鄦 kàng 邟 yǎn 郾

鄗 常山縣、世祖所卽位、今爲高邑、从邑高聲、呼各切、

鄡 鉅鹿縣、从邑梟聲、牽遙切、

鄚 涿郡縣、从邑莫聲、慕各切、

郅 北地郁郅縣、从邑至聲、之日切、

鄋 北方長狄國也、在夏爲防風氏、在殷爲汪茫氏、从邑叜聲、春秋傳曰、鄋瞞侵齊、所鳩切、

鄦 炎帝太嶽之胤、甫侯所封、在潁川、从邑無聲、讀若許、虛呂切、

邟 潁川縣、从邑亢聲、苦浪切、

郾 潁川縣、从邑匽聲、於建切、

jiá 郟　qī 郪　xī 鄎　xí 郋　páng ⿰旁阝　jú 郹　dèng 鄧　yōu 鄾

郟 潁川縣、从邑、夾聲、工洽切

郪 新郪、汝南縣、从邑、妻聲、七稽切

鄎 姬姓之國、在淮北、从邑、息聲、今汝南新鄎、相即切

郋 汝南邵陵里、从邑、自聲、讀若奚、胡雞切

⿰旁阝 汝南鮦陽亭、从邑、旁聲、步光切

郹 蔡邑也、从邑、狊聲、春秋傳曰、郹陽封人之女奔之、古闃切

鄧 曼姓之國、今屬南陽、从邑、登聲、徒亘切

鄾 鄧國地也、从邑、憂聲、春秋傳曰、鄧南鄙鄾人攻之、於求切

háo 鄗 南陽淯陽鄉。从邑号聲。乎刀切

cháo 鄛 南陽棗陽鄉。从邑巢聲。鉏交切

ráng 鄸 今南陽穰縣是。从邑襄聲。汝羊切

lú 鄻 南陽穰鄉。从邑婁聲。力朱切

lǐ 郢 南陽西鄂亭。从邑里聲。良止切

yǔ 鄅 南陽舞陰亭。从邑羽聲。王榘切

yǐng 郢 故楚都。在南郡江陵北十里。从邑呈聲。以整切 郢 郢，或省。

yān 鄢 南郡縣。孝惠三年改名宜城。从邑焉聲。於乾切

méng 鄳 江夏縣。从邑黽聲。莫杏切

gé ⿰葛阝 南陽陰鄉、从邑葛聲、古達切

è 鄂 江夏縣、从邑咢聲、五各切

qǐ 邔 南陽縣、从邑己聲、居擬切

zhū 邾 江夏縣、从邑朱聲、陟輸切

yún 鄖 漢南之國、从邑員聲、漢中有鄖關、羽文切

yōng 鄘 南夷國、从邑庸聲、余封切

pí 郫 蜀縣也、从邑卑聲、符支切

chóu ⿰壽阝 蜀江原地、从邑壽聲、市流切

jí ⿰耤阝 蜀地也、从邑耤聲、秦昔切

wàn 鄤 蜀廣漢鄉也、从邑蔓聲、讀若蔓、無販切

fāng 邡
什邡、廣漢縣、从邑方聲、府良切

mà 䣕
存䣕、犍爲縣、从邑馬聲、莫駕切

bì 鄨
牂牁縣、从邑敝聲、讀若鷩雉之鷩、必袂切

bāo ⿰包阝
地名、从邑包聲、布交切

nuó 那
西夷國、从邑冄聲、安定有朝那縣、諾何切

pó 鄱
鄱陽、豫章縣、从邑番聲、薄波切

líng 酃
長沙縣、从邑霝聲、郎丁切

chēn 郴
桂陽縣、从邑林聲、丑林切

lèi ⿰耒阝
今桂陽⿰耒阝陽縣、从邑耒聲、盧對切

mào 鄮
會稽縣、从邑貿聲、莫候切

yín 鄞：會稽縣。从邑堇聲。語斤切

pèi 䢵：沛郡。从邑巿聲。博蓋切

bǐng 邴：宋下邑。从邑丙聲。兵永切

cuó 䣜：沛國縣。从邑虘聲。昨何切

shǎo 𨛬：地名。从邑少聲。書沼切

chén 𨛢：地名。从邑臣聲。植鄰切

chán 酁：宋地也。从邑毚聲。讀若讒。士咸切

zī 鄑：宋魯閒地。从邑晉聲。即移切

gào 郜：周文王子所封國。从邑告聲。古到切

juàn 鄄：衛地。今濟陰鄄城。从邑垔聲。吉掾切

qióng 邛　kuài 鄶　yuán 邧　yán 郔　gěng 郠　yǔ 鄅　zōu 鄒　tú 𨛦

邛　邛地、在濟陰縣、从邑工聲、渠容切、

鄶　祝融之後、妘姓所封、潧洧之間、鄭滅之、从邑會聲、古外切、

邧　鄭邑也、从邑元聲、虞遠切、

郔　鄭地、从邑延聲、以然切、

郠　琅邪莒邑、从邑更聲、春秋傳曰、取郠、古杏切、

鄅　妘姓之國、从邑禹聲、春秋傳曰、鄅人籍稻、讀若規榘之榘、王榘切、

鄒　魯縣、古邾國、帝顓頊之後所封、从邑芻聲、側鳩切、

𨛦　邾下邑地、从邑余聲、魯東有𨛦城、讀若塗、同都切、

shī 邿

邿 附庸國、在東平亢父邿亭、从邑、寺聲、春秋傳曰、取邿、書之切

zōu 郰

郰 魯下邑、孔子之鄉、从邑、取聲、側鳩切

chéng 郕

郕 魯孟氏邑、从邑、成聲、氏征切

yǎn 䣍

䣍 周公所誅䣍國在魯、从邑、奄聲、依檢切

huān 酄

酄 魯下邑、从邑、雚聲、春秋傳曰、齊人來歸酄、呼官切

láng 郎

郎 魯亭也、从邑、良聲、魯當切

pī 邳

邳 奚仲之後、湯左相仲虺所封國、在魯薛縣、从邑、丕聲、敷悲切

zhāng 鄣

鄣 紀邑也、从邑、章聲、諸良切

hán 邗
國也、今屬臨淮、从邑、干聲、一曰、邗本屬吳、胡安切

yí 鄬
臨淮徐地、从邑、義聲、春秋傳曰、徐鄬楚、魚羈切

hòu 郈
東平無鹽鄉、从邑、后聲、胡口切

tán 郯
東海縣、帝少昊之後所封、从邑、炎聲、徒甘切

wú 郚
東海縣、故紀侯之邑也、从邑、吾聲、五乎切

xī 酅
東海之邑、从邑、巂聲、戶圭切

céng 鄫
姒姓國、在東海、从邑、曾聲、疾陵切

yé 邪
琅邪郡、从邑、牙聲、以遮切

fū 邞
琅邪縣、一名純德、从邑、夫聲、甫無切

qī 䣛
齊地也、从邑、桼聲、親吉切

guō 郭

齊之郭氏虛、善善不能進、惡惡不能退、是以亡國也、从邑𩫖聲、古博切

ní 郳

齊地、从邑兒聲、春秋傳曰、齊高厚定郳田、五雞切、

bó 郣

郣海地、从邑孛聲、一曰、地之起者曰郣、臣鉉等曰、今俗作渤、非是、蒲没切

tán ⿰覃阝

國也、齊桓公之所滅、从邑覃聲、臣鉉等曰、今作譚、非是、說文注義有譚長、疑後人傳寫之誤、徒含切

qú 郇

地名、从邑句聲、其俱切

gāi 郂

陳留鄉、从邑亥聲、古哀切

zài ⿰𢦏邑

故國在陳留、从邑𢦏聲、作代切、

yān 酀

地名。从邑燕聲。烏前切

qiū 邱

地名。从邑丘聲。去鳩切

rú 邚

地名。从邑如聲。人諸切

niǔ ⿰丑阝

地名。从邑丑聲。女九切

jǐ ⿰几阝

地名。从邑几聲。居履切

xì ⿰翕阝

地名。从邑翕聲。希立切

qiú ⿰求阝

地名。从邑求聲。巨鳩切

yīng ⿰嬰阝

地名。从邑嬰聲。於郢切

dǎng ⿰尚阝

地名。从邑尚聲。多朗切

píng 郱

地名。从邑并聲。薄經切

hǔ 𨞸
𨞸 地名、从邑虖聲、呼古切

huǒ 邩
邩 地名、从邑火聲、呼果切

liǎo 鄝
鄝 地名、从邑翏聲、盧鳥切

guī 鄬
鄬 地名、从邑爲聲、居爲切

cūn 邨
邨 地名、从邑屯聲、臣鉉等曰、今俗作村、非是、此尊切

shū 𨛬
𨛬 地名、从邑舍聲、式車切

hé 𨞘
𨞘 地名、从邑盇聲、胡蠟切

gān 𨝅
𨝅 地名、从邑乾聲、古寒切

yín 𨟙
𨟙 地名、从邑㐭聲、讀若淫、力荏切

shān 邖
邖 地名、从邑山聲、所間切

táng ⿰臺阝
地名、从邑、臺聲、臺、古堂字、徒郎切

féng ⿰馮阝
姬姓之國、从邑、馮聲、房戎切

kuài ⿰㡀阝
汝南安陽鄉、从邑、蔽省聲、苦怪切

fǔ 郙
汝南上蔡亭、从邑、甫聲、方矩切

lì 酈
南陽縣、从邑、麗聲、郎擊切

qiān ⿰䙴阝
地名、从邑、䙴聲、七然切

yì 𨙨
从反邑、𨛜字从此、闕、

文一百八十四　重六

xiàng 𨛜
鄰道也、从邑、从𨙨、凡𨛜之屬皆从𨛜、闕、胡絳切今隸變作⿰乡阝

xiāng 鄉
國離邑、民所封鄉也、嗇夫別治、封圻之内六鄉、六鄉

治之、从𨛜皀聲、許良切

里中道、从𨛜从共、皆在邑中所共也、胡絳切篆文

从𨛜省、

文三　重一

說文解字弟六下

李承緒篆

黎永椿校

劉昌齡覆校

陳昌治校刊

rì 日　mín 旻　shí 時

說文解字弟七上

漢 太 尉 祭 酒 許 愼 記

宋 右 散 騎 常 侍 徐 鉉 等 校 定

五十六部　七百一十四文　重百一十五

凡八千六百四十七字

文四十二　新附

日 實也、太陽之精不虧、从口一、象形、凡日之屬皆从日、人質切

𡆠 古文象形、

旻 秋天也、从日文聲、虞書曰、仁閔覆下、則稱旻天、武巾切、

時 四時也、从日寺聲、市之切、

旹 古文時、从之日、

zǎo 早

早 晨也、从日在甲上、子浩切

hū 昒

昒 尚冥也、从日、勿聲、呼骨切

mèi 昧

昧 爽、旦明也、从日、未聲、一曰闇也、莫佩切

dǔ 暏

暏 旦明也、从日、者聲、當古切

zhé 晢

晢 昭晣、明也、从日、折聲、禮曰、晣明行事、旨熱切

zhāo 昭

昭 日明也、从日、召聲、止遙切

wù 晤

晤 明也、从日、吾聲、詩曰、晤辟有摽、五故切

dì 的

的 明也、从日、勺聲、易曰、爲的顙、都歷切

huǎng 晄

晄 明也、从日、光聲、胡廣切

kuàng 曠

曠 明也、从日、廣聲、苦謗切

xù 旭

旭 日旦出皃、从日、九聲、若勗、一曰、明也、臣鉉等曰、九非聲、未詳、許玉切、

jìn 晉

晉 進也、日出萬物進、从日、从臸、易曰、明出地上晉、臣鉉等案、臸、到也、會意、卽刃切、

yáng 暘

暘 日出也、从日、昜聲、虞書曰、暘谷、與章切

qǐ 啓

啓 雨而晝姓也、从日、启省聲、康禮切、

yì 晹

晹 日覆雲暫見也、从日、易聲、羊益切、

xū 昫

昫 日出溫也、从日、句聲、北地有昫衍縣、火于切、又火句切、

xiàn 晛

晛 日見也、从日、从見、見亦聲、詩曰、見晛曰消、胡甸切、

yàn 晏

晏 天淸也、从日、安聲、烏諫切、

yàn 曣

曣 星無雲也、从日、燕聲、於甸切、

jǐng 景
景 光也、从日、京聲、居影切、

hào 晧
晧 日出皃、从日、告聲、胡老切、

hào 暤
暤 晧旰也、从日、皐聲、胡老切、

yè 曄
曄 光也、从日、从䒳、筠輒切、

huī 暉
暉 光也、从日、軍聲、許歸切、

gàn 旰
旰 晚也、从日、干聲、春秋傳曰、日旰君勞、古案切、

yí 暆
暆 日行暆暆也、从日、施聲、樂浪有東暆縣、讀若酏、弋支切、

guǐ 晷
晷 日景也、从日、咎聲、居洧切、

zè 𣅔
𣅔 日在西方時側也、从日、仄聲、易曰、日𣅔之離、臣鉉等曰、今俗別作昃、非是、阻力切、

wǎn 晚
晚 莫也、从日、免聲、無遠切、

hūn 昏
昏 日冥也、从日、氐省、氐者、下也、一曰民聲、呼昆切、

luán 㬮
㬮 日旦昏時、从日、䜌聲、讀若新城䜌中、洛官切、

àn 晻
晻 不明也、从日、奄聲、烏感切、

àn 暗
暗 日無光也、从日、音聲、烏紺切、

huì 晦
晦 月盡也、从日、每聲、荒内切、

nài 𣈶
𣈶 埃𣈶、日無光也、从日、能聲、奴代切、

yì 曀
曀 陰而風也、从日、壹聲、詩曰、終風且曀、於計切、

hàn 旱
旱 不雨也、从日、干聲、乎旰切、

yǎo 𣅈
𣅈 望遠合也、从日匕、匕、合也、讀若窈窕之窈、徐鍇曰、比、相近也、故

日合也、烏皎切、

mǎo 昴
昴 白虎宿星、从日、卯聲、莫飽切、

xiàng 曏
曏 不久也、从日、鄉聲、春秋傳曰、曏役之三月、許兩切、

nǎng 曩
曩 曏也、从日、襄聲、奴朗切、

zuó 昨
昨 壘日也、从日、乍聲、在各切、

xiá 暇
暇 閑也、从日、叚聲、胡嫁切、

zàn 暫
暫 不久也、从日、斬聲、藏濫切、

biàn 昪
昪 喜樂皃、从日、弁聲、皮變切、

chāng 昌
昌 美言也、从日、从曰、一曰日光也、詩曰、東方昌矣、臣鉉等曰、日亦言也、尺良切、
昌 籀文昌、

wàng 暀
暀 光美也、从日、往聲、于放切、

bǎn 昄
昄 大也、从日、反聲、補綰切、

yù 昱
昱 明日也、从日、立聲、余六切、

nǎn 㬶
㬶 溫溼也、从日、赧省聲、讀與赧同、女版切、

yē 暍
暍 傷暑也、从日、曷聲、於歇切、

shǔ 暑
暑 熱也、从日、者聲、舒呂切、

nàn 㬮
㬮 安㬮、溫也、从日、難聲、奴案切、

xiǎn 㬎
㬎 衆微杪也、从日中視絲、古文以爲顯字、或曰衆口皃、讀若唫唫、或以爲繭、繭者絮中往往有小繭也、五合切、

pù 㬥
㬥 晞也、从日、从出、从収、从米、薄報切、
𪰛 古文㬥、从日、麃

聲、

shài 曬

曬　暴也、从日、麗聲、所智切

hàn 暵

暵　乾也、耕暴田曰暵、从日、堇聲、易曰、燥萬物者莫暵于離、臣鉉等曰、當从漢省、乃得聲、呼旰切

xī 晞

晞　乾也、从日、希聲、香衣切

xī 昔

昔　乾肉也、从殘肉、日以晞之、與俎同意、思積切　[籒文 form]　籒文从肉、

nì 暱

暱　日近也、从日、匿聲、春秋傳曰、私降暱燕、尼質切　[暱 variant]　暱、或从尼、

xiè 暬

暬　日狎習相慢也、从日、執聲、私列切

mì 𣅽
𣅽 不見也、从日、否省聲、美畢切

kūn 昆
昆 同也、从日、从比、徐鍇曰、日日比之、是同也、古渾切

gāi 晐
晐 兼晐也、从日、亥聲、古哀切

pǔ 普
普 日無色也、从日、从竝、徐鍇曰、日無光、則遠近皆同、故从竝、滂古切

xiǎo 曉
曉 明也、从日、堯聲、呼鳥切

xīn 昕
昕 旦明、日將出也、从日、斤聲、讀若希、許斤切

文七十　重六

tóng 曈
曈 曈曨、日欲明也、从日、童聲、徒紅切

lóng 曨
曨 曈曨也、从日、龍聲、盧紅切

hù 昈
昈 明也、从日、戶聲、侯古切

fǎng 昉　jùn 晙　shèng 晟　chǎng 昶　yùn 暈　zuì 晬　yìng 映　shǔ 曙　dié 昳　tán 曇

昉 明也、从日、方聲、分兩切

晙 明也、从日、夋聲、子峻切

晟 明也、从日、成聲、承正切

昶 日長也、从日永、會意、丑兩切

暈 日月气也、从日、軍聲、王問切

晬 周年也、从日卒、卒亦聲、子內切

映 明也、隱也、从日、央聲、於敬切

曙 曉也、从日、署聲、常恕切

昳 日𥄉也、从日、失聲、徒結切

曇 雲布也、从日雲、會意、徒含切

lì 曆

曆 厤象也、从日、厤聲、史記通用歷、郎擊切

áng 昂

昂 舉也、从日、卬聲、五岡切

shēng 昇

昇 日上也、从日、升聲、古只用升、識蒸切

文十六 新附

dàn 旦

旦 明也、从日見一上、一、地也、凡旦之屬皆从旦、得案切

jì 暨

暨 日頗見也、从旦、既聲、其異切

文二

gàn 倝

倝 日始出、光倝倝也、从旦、㫃聲、凡倝之屬皆从倝、古案切

gàn 𠦜

𠦜 闕、

zhāo 𣈅(朝)

𣈅 旦也、从倝、舟聲、陟遙切

文三

㫃 旌旗之游、㫃蹇之皃、从屮曲而下垂、㫃相出入也、讀若偃、古人名㫃、字子游、凡㫃之屬皆从㫃、於幰切、

㫃（古文） 古文㫃字、象形、及象旌旗之游、

旐 龜蛇四游、以象營室、游游而長、从㫃、兆聲、周禮曰、縣鄙建旐、治小切、

旗 熊旗五游、以象罰星、士卒以爲期、从㫃、其聲、周禮曰、率都建旗、渠之切、

旆 繼旐之旗也、沛然而垂、从㫃、宋聲、蒲蓋切、

旌 游車載旌、析羽注旄首、所以精進士卒、从㫃、生聲、子盈切、

切、

yú 旟

錯革畫鳥其上、所以進士衆、旟旟、衆也、从㫃與聲、周禮曰、州里建旟、以諸切

qí 旂

旗有衆鈴、以令衆也、从㫃斤聲、渠希切

suì 旞

導車所以載全羽、以爲允、允、進也、从㫃遂聲、徐醉切

旞或从遺、

kuài 旝

建大木、置石其上、發以機、以追敵也、从㫃會聲、春秋傳曰、旝動而鼓、詩曰、其旝如林、古外切

zhān 旃

旗曲柄也、所以旃表士衆、从㫃丹聲、周禮曰、通帛爲旃、諸延切

旃或从亶、

yóu 旇

旇 旌旗之流也。从㫃攸聲。以周切。

yǎo 𣄠

𣄠 旗屬。从㫃要聲。烏皎切。

shī 施

施 旗皃。从㫃也聲。亝欒施字子旗，知施者旗也。式支切。

yǐ 旖

旖 旗旖施也。从㫃奇聲。於离切。

piāo 旚

旚 旌旗旚繇也。从㫃㶾聲。匹招切。

biāo 𣄴

𣄴 旌旗飛揚皃。从㫃猋聲。甫遙切。

yóu 游

游 旌旗之流也。从㫃汓聲。以周切。

𨘢 古文游。

pī 旇

旇 旌旗披靡也。从㫃皮聲。敷羈切。

xuán 旋

旋 周旋，旌旗之指麾也。从㫃从疋。疋，足也。徐鍇曰：人足隨旌旗以周旋也。似沿切。

máo 旄　fān 旛　lǚ 旅　zú 族　míng 冥　méng 鼆

旄 幢也、从㫃、从毛、毛亦聲、莫袍切、

旛 幅胡也、从㫃、番聲、臣鉉等曰、胡、幅之下垂者也、孚袁切

旅 軍之五百人爲旅、从㫃、从从、从、俱也、力舉切、 𣃨 古文

旅、古文以爲魯衛之魯、

族 矢鋒也、束之族族也、从㫃、从矢、昨木切

文二十三　重五

冥 幽也、从日、从六、冖聲、日數十、十六日而月始虧、幽也、

凡冥之屬皆从冥、莫經切

鼆 冥也、从冥、黽聲、讀若黽蛙之黽、武庚切

文二

jīng 晶　xīng 曐　shēn 曑　chén 曟　dié 疊　yuè 月　shuò 朔

晶　精光也、从三日、凡晶之屬皆从晶、子盈切、

曐　萬物之精、上爲列星、从晶生聲、一曰象形、从口、古口復注中、故與日同、桑經切、古文星、曐或省、

曑　商星也、从晶㐱聲、臣鉉等曰、㐱非聲、未詳、所今切、曑或省、

曟　房星、爲民田時者、从晶辰聲、植鄰切、晨或省、

疊　楊雄說、以爲古理官決罪、三日得其宜乃行之、从晶从宜、亡新以爲疊从三日太盛、改爲三田、徒叶切、

文五　重四

月　闕也、大陰之精、象形、凡月之屬皆从月、魚厥切、

朔　月一日始蘇也、从月屰聲、所角切、

pěi 朏

月未盛之明、从月出、周書曰、丙午朏、普乃切、又芳尾切、

pò 霸

月始生霸然也、承大月二日、承小月三日、从月䨣聲、周書曰、哉生霸、普伯切臣鉉等曰今俗作必駕切以爲霸王字 古文霸、

lǎng 朗

明也、从月良聲、盧黨切、

tiǎo 朓

晦而月見西方、謂之朓、从月兆聲、土了切、

nǜ 肭

朔而月見東方、謂之縮肭、从月内聲、女六切、

qī 期

會也、从月其聲、渠之切、 古文期、从日丌、

文八　重二

méng 朦

月朦朧也、从月、蒙聲、莫工切、

lóng 朧

朦朧也、从月、龍聲、盧紅切、

文二　新附

yǒu
有
不宜有也。春秋傳曰：日月有食之。从月，又聲。凡有之屬皆从有。云九切。

yù
戫
有文章也。从有，惑聲。於六切。

lóng
龓
兼有也。从有，龍聲。讀若聾。盧紅切。

文三

míng
朙(明)
照也。从月从囧。凡朙之屬皆从朙。武兵切。
古文朙。从日。

huāng
朚(朚)
昱也。从明，亡聲。呼光切。

文二　重一

窻牖麗廔闓明、象形、凡囧之屬皆从囧、讀若獷、賈侍中說、讀與明同、俱永切

周禮曰、國有疑則盟、諸侯再相與會、十二歲一盟、北面詔天之司慎司命、盟、殺牲歃血、朱盤玉敦、以立牛耳、从囧从血、武兵切

篆文从朙、

古文从明、

文二　重二

莫也、从月半見、凡夕之屬皆从夕、祥易切

舍也、天下休舍也、从夕、亦省聲、羊謝切

不明也、从夕、瞢省聲、莫忠切、又亡貢切

轉臥也、从夕、从卪、臥有卪也、於阮切

yín 夤 qíng 姓 wài 外 sù 𡖋(夙) mò 募 duō 多

夤敬惕也、从夕、寅聲、易曰、夕惕若夤、翼眞切 夤籒文夤、

姓雨而夜除星見也、从夕、生聲、臣鉉等曰、今俗別作晴、非是、疾盈切

外遠也、卜尚平旦、今夕卜、於事外矣、五會切 外古文外、

𡖋早敬也、从丮持事、雖夕不休、早敬者也、臣鉉等曰、今俗書作夙、譌、息逐切 㐨古文夙、从人㐭、𠈇亦古文夙、从人西、宿从此、

募宋也、从夕、莫聲、莫白切

文九　重四

多重也、从重夕、夕者、相繹也、故爲多、重夕爲多、重日爲曡、凡多之屬皆从多、得何切 多古文多、

huǒ 夥
夥 齊謂多爲夥。从多，果聲。乎果切

guài 𡖗
𡖗 大也。从多，圣聲。苦回切

zhā 㸗
㸗 厚脣皃。从多，从尚。徐鍇曰：多即厚也。陟加切

文四 重一

guàn 毌
毌 穿物持之也。从一横貫，象寶貨之形。凡毌之屬皆从毌。讀若冠。古丸切

guàn 貫
貫 錢貝之貫。从毌、貝。古玩切

lǔ 虜
虜 獲也。从毌，从力，虍聲。郎古切

文三

hàn 马
马 嘾也。艸木之華未發圅然。象形。凡马之屬皆从马。讀

若含、乎感切

hán 圅

舌也、象形、舌體马马、从马、马亦聲、胡男切　𦚢 俗圅、从肉今、

yóu 𢎘

木生條也、从马、由聲、商書曰、若顛木之有𢎘枿、古文言由枿、徐鍇曰、說文無由字、今尚書只作由枿、蓋古文省马、而後人因省之、通用爲因由等字、从马上象枝條華圅之形、臣鉉等案、孔安國注尚書直訓由作用也、用枿之語不通、以州切

yǒng 甬

艸木華甬甬然也、从马、用聲、余隴切

xián 𢎱

艸木马盛也、从二马、胡先切

文五　重一

hàn 東

木垂華實、从木马、马亦聲、凡東之屬皆从東、胡感切

wéi 韢　tiáo 卤　lì 㮚(栗)　sù 粟(粟)　qí 齊

韢 束也。从束，韋聲。徐鍇曰：言束之象木華實之相累也。千非切

文二

卤 艸木實垂卤卤然。象形。凡卤之屬皆从卤。讀若調。徒遼切

𠧪 籀文三卤爲卤。

㮚 木也。从木，其實下垂，故从卤。力質切

𣡌 古文㮚从西，从二卤。徐巡說：木至西方戰㮚。

粟 嘉穀實也。从卤，从米。孔子曰：粟之爲言續也。相玉切

𥻆 籀文粟。

文三　重三

齊 禾麥吐穗上平也。象形。凡齊之屬皆从齊。徐鍇曰：生而齊者莫

若禾麥、二、地也、兩傍在低處也、徂兮切

qí 齎

齎 等也、从亝妻聲、徂兮切

文二

cì 朿

朿 木芒也、象形、凡朿之屬皆从朿、讀若刺、七賜切

zǎo 棗

棗 羊棗也、从重朿、子皓切

jí 棘

棘 小棗叢生者、从並朿、己力切

文三

piàn 片

片 判木也、从半木、凡片之屬皆从片、匹見切

bǎn 版

版 判也、从片、反聲、布綰切

bì 楅

楅 判也、从片、畐聲、芳逼切

dú 牘
牘 書版也、从片、賣聲、徒谷切

dié 牒
牒 札也、从片、枼聲、徒叶切

biān 牑
牑 牀版也、从片、扁聲、讀若邊、方田切

yǒu 牖
牖 穿壁以木爲交窻也、从片戶甫、譚長以爲甫上日也、非戶也、牖所以見日、與久切

tóu 牏
牏 築牆短版也、从片、俞聲、讀若俞、一曰若紐、度侯切

文八

dǐng 鼎
鼎 三足兩耳、和五味之寶器也、昔禹收九牧之金、鑄鼎荆山之下、入山林川澤、螭魅蝄蜽、莫能逢之、以協承天休、易卦、巽木於下者爲鼎、象析木以炊也、籒文以

鼎爲貞字。凡鼎之屬皆从鼎。都挺切

zī 鼒

鼒 鼎之圜掩上者。从鼎才聲。詩曰：鼐鼎及鼒。子之切

鎡 俗鼒从金从茲。

nài 鼐

鼐 鼎之絕大者。从鼎乃聲。魯詩說：鼐，小鼎。奴代切

jiōng 鼏

鼏 以木橫貫鼎耳而舉之。从鼎冂聲。周禮：廟門容大鼏七箇。即易玉鉉大吉也。莫狄切

文四　重一

kè 克

克 肩也。象屋下刻木之形。凡克之屬皆从克。徐鍇曰：肩，任也。負何之名也。與人肩膊之義通。能勝此物謂之克。苦得切　古文克。　亦古文克。

lù 彔(录)　hé 禾　xiù 秀　jià 稼　sè 穡

彔 刻木彔彔也象形凡彔之屬皆从彔 盧谷切

文一　重二

文一

禾 嘉穀也二月始生八月而孰得時之中故謂之禾禾木也木王而生金王而死从木从𠂹省𠂹象其穗凡禾之屬皆从禾 戶戈切

秀 上諱 漢光武帝名也徐鍇曰禾實也有實之象下垂也 息救切

稼 禾之秀實爲稼莖節爲禾从禾家聲一曰稼家事也一曰在野曰稼 古訝切

穡 穀可收曰穡从禾嗇聲 所力切

zhòng 穜

穜 埶也、从禾、童聲、之用切

zhí 稙

稙 早穜也、从禾、直聲、詩曰、稙稚尗麥、常職切

chóng 種

種 先穜後孰也、从禾、重聲、直容切

lù 稑

稑 疾孰也、从禾、坴聲、詩曰、黍稷種稑、力竹切 〔𥢧〕 稑或从翏、

zhì 稺

稺 幼禾也、从禾、屖聲、直利切

zhěn 稹

稹 穜概也、从禾、眞聲、周禮曰、稹理而堅、之忍切

chóu 稠

稠 多也、从禾、周聲、直由切

jì 概

概 稠也、从禾、既聲、几利切

xī 稀

稀 疏也、从禾、希聲、徐鍇曰、當言从爻从巾、無聲字、爻者、稀疏之義、與爽同意、巾象禾之根莖、

至於莃晞皆當从稀省、何以知之、說文無希字故也、香依切

mìe	mù	sī	fèi	jì	zī	shú	jì	dào
穖	穆	私	𥢶	稷	𪗉	秫	穄	稻

穖 禾也、从禾、蔑聲、莫結切

穆 禾也、从禾、㣎聲、莫卜切

私 禾也、从禾、厶聲、北道名禾主人曰私主人、息夷切

𥢶 稻紫莖不黏也、从禾、糞聲、讀若靡、扶沸切

稷 𪗉也、五穀之長、从禾、畟聲、子力切

稷 古文稷省、

𪗉 稷也、从禾、齊聲、即夷切

秶 𪗉或从次、

秫 稷之黏者、从禾、术象形、食聿切

术 秫或省禾、

穄 糜也、从禾、祭聲、子例切

稻 稌也、从禾、舀聲、徒皓切

tú 稌 稌 稻也、从禾、余聲、周禮曰、牛宜稌、徒古切、

nuò 稬 稬 沛國謂稻曰稬、从禾、耎聲、奴亂切、

xián 稴 稴 稻不黏者、从禾、兼聲、讀若風廉之廉、力兼切、

jīng 秔 秔 稻屬、从禾、亢聲、古行切、稉 秔或从更聲、

hào 秏 秏 稻屬、从禾、毛聲、伊尹曰、飯之美者、玄山之禾、南海之秏、呼到切、

kuàng 穬 穬 芒粟也、从禾、廣聲、古猛切、

lí 秜 秜 稻、今季落、來季自生、謂之秜、从禾、尼聲、里之切、

bài 稗 稗 禾別也、从禾、卑聲、琅邪有稗縣、旁卦切、

yí 移 移 禾相倚移也、从禾、多聲、一曰禾名、臣鉉等曰、多與移聲不相近、蓋古有

此音弋支切

yǐng 穎

穎　禾末也、从禾頃聲、詩曰、禾穎穟穟、余頃切

lái 䅘

䅘　齊謂麥䅘也、从禾來聲、洛哀切

suì 采

采　禾成秀也、人所以收、从爪禾、徐醉切　穗　采或从禾惠聲、

diǎo 䄩

䄩　禾危穗也、从禾勺聲、都了切

suì 穟

穟　禾采之皃、从禾遂聲、詩曰、禾穎穟穟、徐醉切　蓫　穟或从艸、

duān 稀

稀　禾垂皃、从禾耑聲、讀若端、丁果切

jié 𥢔

𥢔　禾舉出苗也、从禾曷聲、居謁切

秒 miǎo
禾芒也、从禾、少聲、亡沼切

穖 jǐ
禾機也、从禾、幾聲、居狶切

秠 pī
一稃二米、从禾、丕聲、詩曰、誕降嘉穀、惟秬惟秠、天賜后稷之嘉穀也、敷悲切

秨 zuó
禾搖皃、从禾、乍聲、讀若昨、在各切

穮 biāo
耕禾閒也、从禾、麃聲、春秋傳曰、是穮是衮、甫嬌切

案 àn
轢禾也、从禾、安聲、烏旰切

秄 zǐ
壅禾本、从禾、子聲、卽里切

穧 jì
穫刈也、一曰撮也、从禾、齊聲、在詣切

穫 huò
刈穀也、从禾、蒦聲、胡郭切

zī 穦 積禾也。从禾資聲。詩曰：穦之秩秩。即夷切

jī 積 聚也。从禾責聲。則歷切

zhì 秩 積也。从禾失聲。詩曰：穦之秩秩。直質切

kǔn 稛 絭束也。从禾囷聲。苦本切

huà 稞 穀之善者。从禾果聲。一曰無皮穀。胡瓦切

huó 秳 舂粟不潰也。从禾昏聲。戶括切

hé 䅂 稭也。从禾气聲。居气切

fū 稃 穭也。从禾孚聲。芳無切

粰 稃或从米付聲。

kuài 穭 穅也。从禾會聲。苦會切

kāng 穅 穀皮也。从禾从米，庚聲。苦岡切

康 穅或省。

zhuó 穛：禾皮也、从禾羔聲、臣鉉等曰、羔聲不相近、未詳、之若切

jiē 稭：禾稾去其皮、祭天以爲席、从禾皆聲、古黠切

gǎn 稈：禾莖也、从禾旱聲、春秋傳曰、或投一秉稈、古旱切

秆：稈或从干、

gǎo 稾：稈也、从禾高聲、古老切

bǐ 秕：不成粟也、从禾比聲、卑履切

juān 䅌：麥莖也、从禾肙聲、古玄切

liè 𥝓：黍穰也、从禾列聲、良薛切

ráng 穰：黍𥝓已治者、从禾襄聲、汝羊切

yāng 秧：禾若秧穰也、从禾央聲、於良切

sū 穌 huāng 穔 dào 䆃 shuì 稅 zū 租 rěn 稔 gǔ 穀 nián 秊 huáng 䅬 páng 䅮

䅮 䅮䅬穀名、从禾旁聲、蒲庚切

䅬 䅮䅬也、从禾皇聲、戶光切

秊 穀孰也、从禾千聲、春秋傳曰、大有秊、奴顛切

穀 續也、百穀之總名、从禾㱿聲、古祿切

稔 穀孰也、从禾念聲、春秋傳曰、鮮不五稔、而甚切

租 田賦也、从禾且聲、則吾切

稅 租也、从禾兌聲、輸芮切

䆃 禾也、从禾道聲、司馬相如曰、䆃一莖六穗、徒到切

穔 虛無食也、从禾荒聲、呼光切

穌 把取禾若也、从禾魚聲、素孤切

shāo 稍　qiū 秋　qín 秦　chēng 稱　kē 科　chéng 程

稍 出物有漸也、从禾、肖聲、所教切、

秋 禾穀孰也、从禾、𪚺省聲、七由切、秋 籀文不省

秦 伯益之後所封國、地宜禾、从禾舂省、一曰秦禾名、匠鄰切、秦 籀文秦从秝、

稱 銓也、从禾、爯聲、春分而禾生、日夏至晷景可度、禾有秒、秋分而秒定、律數十二秒而當一分、十分而寸、其以爲重十二粟爲一分、十二分爲一銖、故諸程品皆从禾、處陵切、

科 程也、从禾从斗、斗者量也、苦禾切、

程 品也、十髮爲程、十程爲分、十分爲寸、从禾、呈聲、直貞切、

zōng 稯 zǐ 秭 chá 秅 shí 䄷 jī 稘 wěn 穩 zhùn 稕

稯 布之八十縷爲稯、从禾、㚇聲、子紅切、 稯 籒文稯省、

秭 五稯爲秭、从禾、𠂔聲、一曰、數億至萬曰秭、將几切、

秅 二秭爲秅、从禾、乇聲、周禮曰、二百四十斤爲秉、四秉曰筥、十筥曰稯、十稯曰秅、四百秉爲一秅、宅加切、

䄷 百二十斤也、稻一䄷爲粟二十升、禾黍一䄷爲粟十六升大半升、从禾、石聲、常隻切、

稘 復其時也、从禾、其聲、虞書曰、稘三百有六旬、居之切、

文八十七 重十三

穩 蹂穀聚也、一曰安也、从禾、隱省、古通用安隱、烏本切、

稕 束稈也、从禾、𦎧聲、之閏切、

lì 秝　jiān 兼　shǔ 黍　méi 䵚　bǐ 䵗　nián 黏　hú 䵺

文二 新附

秝 稀疏適也、从二禾、凡秝之屬皆从秝、讀若歷、郎擊切

兼 并也、从又持秝、兼持二禾、秉持一禾、古甜切

文二

黍 禾屬而黏者也、以大暑而穜、故謂之黍、从禾、雨省聲、孔子曰、黍可爲酒、禾入水也、凡黍之屬皆从黍、舒呂切

䵚 穄也、从黍、麻聲、靡爲切

䵗 黍屬、从黍、卑聲、并弭切

黏 相箸也、从黍、占聲、女廉切

䵺 黏也、从黍、古聲、戶吳切、粘 䵺或从米、

nì 䵒　lí 黎　bó 䵎　xiāng 香　xīn 馨　fù 馥

䵒 黏也、从黍、日聲、春秋傳曰、不義不䵒、尼質切、 𪏮 䵒、或从刃、

黎 履黏也、从黍、𥝢省聲、𥝢、古文利、作履黏以黍米、郎奚切、

䵎 治黍禾豆下潰葉、从黍、畐聲、蒲北切、

文八　重二

香 芳也、从黍、从甘、春秋傳曰、黍稷馨香、凡香之屬皆从香、許良切、

馨 香之遠聞者、从香、殸聲、殸、籒文磬、呼形切、

文二

馥 香气芬馥也、从香、复聲、房六切、

文一 新附

米 粟實也、象禾實之形、凡米之屬皆从米、莫禮切

粱 米名也、从米、梁省聲、呂張切

穛 早取穀也、从米、焦聲、一曰小、側角切

粲 稻重一秳、爲粟二十斗、爲米十斗曰毇、爲米六斗太半斗曰粲、从米、奴聲、倉案切

糲 粟重一秳、爲十六斗太半斗、舂爲米一斛曰糲、从米萬聲、洛帶切

精 擇也、从米、青聲、子盈切

粺 毇也、从米、卑聲、旁卦切

cū 粗 粗 疏也。从米且聲。徂古切

bì 粊 粊 惡米也。从米北聲。周書有粊誓。兵媚切

niè 糱 糱 牙米也。从米辥聲。魚列切

lì 粒 粒 糂也。从米立聲。力入切 𩚁 古文粒。

shì 釋 釋 漬米也。从米睪聲。施隻切

sǎn 糂 糂 以米和羹也。一曰粒也。从米甚聲。桑感切 糣 籀文糂从朁。 糝 古文糂从參。

bò 糪 糪 炊米者謂之糪。从米辟聲。博尼切

mí 糜 糜 糁也。从米麻聲。靡爲切

tán 䊤 䊤 糜和也。从米覃聲。讀若譚。徒感切

mí 麊
麊 潰米也、从米、尼聲、交阯有麊泠縣、武夷切

qū 䊀
䊀 酒母也、从米、䊀省聲、馳六切 𪌂 䊀、或从麥、鞠省聲、

zāo 糟
糟 酒滓也、从米、曹聲、作曹切 醩 籀文从酉、

bèi 糒
糒 乾也、从米、葡聲、平祕切

qiǔ 糗
糗 熬米麥也、从米、臭聲、去九切

jiù ⿱臼米
⿱臼米 舂糗也、从臼米、其九切

xǔ 糈
糈 糧也、从米、胥聲、私呂切

liáng 糧
糧 穀也、从米、量聲、呂張切

róu 粈
粈 雜飯也、从米、丑聲、女久切

dí 糴
糴 穀也、从米、翟聲、他弔切

mò ⿰米蔑

⿰米蔑 麩也、从米、蔑聲、莫撥切

cuì 粹

粹 不雜也、从米、卒聲、雖遂切

xì 氣

氣 饋客芻米也、从米、气聲、春秋傳曰、齊人來氣諸侯、許既切

⿰米既 氣或从既、餼 氣或从食、

hóng ⿰米工

⿰米工 陳臭米、从米、工聲、戶工切

fěn 粉

粉 傅面者也、从米、分聲、方吻切

quǎn ⿰米卷

⿰米卷 粉也、从米、卷聲、去阮切

xiè ⿰米悉

⿰米悉 ⿱殺米也、从米、悉聲、私列切

sà ⿱殺米

⿱殺米 ⿰米悉⿱殺米、散之也、从米、殺聲、桑割切

mí ⿰米靡

⿰米靡 碎也、从米、靡聲、摸臥切

qiè 竊(竊)

zhāng 粻 pò 粕 jù 粔 nǚ 籹 zòng 糭 táng 糖

竊 盜自中出曰竊。从穴，从米，禼廿皆聲。廿，古文疾，禼古文偰。千結切

文三十六　重七

粻 食米也。从米，長聲。陟良切

粕 糟粕，酒滓也。从米，白聲。匹各切

粔 粔籹，膏環也。从米，巨聲。其呂切

籹 粔籹也。从米，女聲。人渚切

糭 蘆葉裹米也。从米，㚇聲。作弄切

糖 飴也。从米，唐聲。徒郎切

文六　新附

huǐ 毇　zuò 糳　jiù 臼　chōng 舂　pò 䑬　chā 臿

毇 米一斛舂爲八斗也从臬从殳凡毇之屬皆从毇 許委切

糳 糲米一斛舂爲九斗曰糳从毇丵聲 則各切

文二

臼 舂也古者掘地爲臼其後穿木石象形中米也凡臼之屬皆从臼 其九切

舂 擣粟也从廾持杵臨臼上午杵省也古者雝父初作舂 書容切

䑬 齊謂舂曰䑬从臼屰聲讀若膊 匹各切

臿 舂去麥皮也从臼干所以臿之 楚洽切

yǎo 舀

抒臼也、从爪臼、詩曰、或簸或舀、以沼切 舀或从手、从穴、 舀或从臼穴、

xiàn 臽

小阱也、从人在臼上、戶猪切

文六 重二

xiōng 凶

惡也、象地穿交陷其中也、凡凶之屬皆从凶、許容切

xiōng 兇

擾恐也、从人在凶下、春秋傳曰、曹人兇懼、許拱切

文二

說文解字弟七上

李承緒篆

黎永椿校

劉昌齡覆校

陳昌治校刊

說文解字弟七下

漢　太　尉　祭　酒　許　愼　記

宋　右　散　騎　常　侍　徐　鉉　等　校定

朩　分枲莖皮也、从屮八、象枲之皮莖也、凡朩之屬皆从朩、匹刃切 讀若髕、

枲　麻也、从朩台聲、胥里切、

𦈢　籀文枲、从林、从辝、

文二　重一

林　葩之總名也、林之爲言微也、微纖爲功、象形、凡林之屬皆从林、匹卦切、

檾　枲屬、从林、熒省、詩曰、衣錦檾衣、去穎切、

sàn 㪔

㪔 分離也。从攴从林。林，分㪔之意也。穌旰切

文三

má 麻

麻 與林同。人所治，在屋下。从广从林。凡麻之屬皆从麻。莫遐切

kū 䵈

䵈 未練治纑也。从麻後聲。臣鉉等曰：後非聲，疑復字譌，當从復省乃得聲。空谷切

zōu 黀

黀 麻藍也。从麻取聲。側鳩切

tóu 䵉

䵉 檾屬。从麻俞聲。度侯切

文四

shū 尗

尗 豆也。象尗豆生之形也。凡尗之屬皆从尗。式竹切

chǐ 敊

敊 配鹽幽尗也。从尗支聲。是義切

豉 俗敊从豆。

文二　重一

耑 物初生之題也、上象生形、下象其根也、凡耑之屬皆从耑、臣鉉等曰中一、地也、多官切、

文一

韭 菜名、一種而久者、故謂之韭、象形、在一之上、一、地也、此與耑同意、凡韭之屬皆从韭、舉友切、

䪞 𩐁也、从韭、隊聲、徒對切、

𩐁 䪞也、从韭、次𠂔皆聲、祖雞切、韲 𩐁、或从齊、

䪥 菜也、葉似韭、从韭、㕡聲、胡戒切、

韱 山韭也、从韭、𢦏聲、息廉切、

䪤 小蒜也。从韭，番聲。附袁切

文六　重一

瓜 㼌也。象形。凡瓜之屬皆从瓜。古華切

瓝 小瓜也。从瓜，交聲。臣鉉等曰：交非聲，未詳。蒲角切

瓞 瓝也。从瓜，失聲。《詩》曰："緜緜瓜瓞。"徒結切

𤬛 瓞或从弗。

𤬪 小瓜也。从瓜，熒省聲。戶扃切

𤬲 瓜也。从瓜，䌛省聲。余昭切

瓣 瓜中實。从瓜，辡聲。蒲莧切

㼌 本不勝末，微弱也。从二瓜。讀若庾。以主切

文七　重一

瓠 匏也、从瓜夸聲、凡瓠之屬皆从瓠、胡誤切

瓢 蠡也、从瓠省、㶾聲、符宵切

文二

宀 交覆深屋也、象形、凡宀之屬皆从宀、武延切

家 居也、从宀、豭省聲、古牙切 𡧖 古文家、

宅 所託也、从宀、乇聲、場伯切 𡨗 古文宅、 𡩜 亦古文宅、

室 實也、从宀、从至、至所止也、式質切

宣 天子宣室也、从宀、亘聲、須緣切

向 北出牖也、从宀、从口、詩曰塞向墐戶、徐鍇曰牖所以通人气故从口 許諒切

yí 宧

宧 養也、室之東北隅、食所居、从宀、𦣞聲、與之切、

yǎo 官

官 戶樞聲也、室之東南隅、从宀、皀聲、烏皎切、

ào 奧

奧 宛也、室之西南隅、从宀、𢍏聲、臣鉉等曰、𢍏非聲、未詳、烏到切、

wǎn 宛

宛 屈草自覆也、从宀、夗聲、於阮切、

㝃 宛或从心、

chén 宸

宸 屋宇也、从宀、辰聲、植鄰切、

yǔ 宇

宇 屋邊也、从宀、于聲、易曰、上棟下宇、王榘切、

寓 籒文宇、从禹、

fēng 寷

寷 大屋也、从宀、豐聲、易曰、寷其屋、敷戎切、

huán 寏

寏 周垣也、从宀、奐聲、胡官切、

院 寏或从𨸏、又爰眷切、

hóng 宏

宏 屋深響也、从宀、厷聲、戶萌切、

hóng 宖 屋響也、从宀、弘聲、戶萌切

wěi 寪 屋皃、从宀、爲聲、韋委切

kāng 㝩 屋㝩㝗也、从宀、康聲、苦岡切

láng 㝗 㝩也、从宀、良聲、音良、又力康切

chéng 宬 屋所容受也、从宀、成聲、氏征切

níng 寍 安也、从宀、心在皿上、人之飲食器、所以安人、奴丁切

dìng 定 安也、从宀、从正、徒徑切

shí 寔 止也、从宀、是聲、常隻切

ān 安 靜也、从女在宀下、烏寒切

mì 宓 安也、从宀、必聲、美畢切

yì 㝞
靜也、从宀、契聲、於計切

yàn 宴
安也、从宀、妟聲、於甸切

jì 宋
無人聲、从宀、尗聲、前歷切
諔 寂或从言、

chá 察
覆也、从宀、祭、臣鉉等曰、祭祀必天質明、明、察也、故从祭、初八切

qīn 親
至也、从宀、親聲、初僅切

wán 完
全也、从宀、元聲、古文以爲寬字、胡官切

fù 富
備也、一曰厚也、从宀、畐聲、方副切

shí 實
富也、从宀、从貫、貫、貨貝也、神質切

bǎo 宲
藏也、从宀、㸒聲、㸒、古文保、周書曰、陳宲赤刀、博袌切

róng 容
盛也、从宀、谷、臣鉉等曰、屋與谷皆所以盛受也、余封切
古文容从公、

rǒng 宂

㪿也、从宀、人在屋下、無田事、周書曰、宮中之穴食、而隴切

mián 㝇

㝇㝇不見也、一曰㝇㝇不見省人、从宀、㝇聲、武延切

bǎo 寶

珍也、从宀、从王、从貝、缶聲、博皓切

古文寶省貝、

qún 宭

羣居也、从宀、君聲、渠云切

huàn 宦

仕也、从宀、从臣、胡慣切

zǎi 宰

辠人在屋下執事者、从宀、从辛、辛、辠也、作亥切

shǒu 守

守官也、从宀、从寸、寺府之事者、从寸、寸、法度也、書九切

chǒng 寵

尊居也、从宀、龍聲、丑壟切

yòu 宥

寬也、从宀、有聲、于救切

yí 宜(宜) xiě 寫 xiāo 宵 sù 宿 qǐn 寑 miàn ⿱宀丏 kuān 寬 wù ⿱宀吾 zǎn 寁

宜 所安也、从宀之下、一之上、多省聲、魚羈切 古文宜、

亦古文宜、

寫 置物也、从宀、舄聲、悉也切

宵 夜也、从宀、宀下冥也、肖聲、相邀切

宿 止也、从宀、佰聲、佰古文夙、息逐切

寑 卧也、从宀、𠬶聲、七荏切 籒文寑省、

⿱宀丏 冥合也、从宀、丏聲、讀若周書若藥不眄眩、莫甸切

寬 屋寬大也、从宀、萈聲、苦官切

⿱宀吾 寤也、从宀、吾聲、五故切

寁 居之速也、从宀、疌聲、子感切

guǎ 寡 少也、从宀、从頒、頒、分賦也、故爲少、古瓦切、

kè 客 寄也、从宀、各聲、苦格切、

jì 寄 託也、从宀、奇聲、居義切、

yù 寓 寄也、从宀、禺聲、牛具切、 庽或从广、

jù 寠 無禮居也、从宀、婁聲、其榘切、

jiù 疚 貧病也、从宀、久聲、詩曰、煢煢在疚、居又切、

hán 寒 凍也、从人在宀下、以茻薦覆之、下有仌、胡安切、

hài 害 傷也、从宀、从口、宀口、言从家起也、丰聲、胡蓋切、

suǒ 索 入家接也、从宀、索聲、所責切、

jū 𥨍 窮也、从宀、簕聲、簕與𥷜同、居六切、 竆或从穴、

guǐ 宄

姦也、外爲盜、内爲宄、从宀、九聲、讀若軌、居洧切 古文宄、亦古文宄

cuì ⿱宀𣪠

塞也、从宀、𣪠聲、讀若虞書曰⿱宀𣪠三苗之⿱宀𣪠、麤最切

dàng 宕

過也、一曰洞屋、从宀、碭省聲、汝南項有宕鄉、徒浪切

sòng 宋

居也、从宀、从木、讀若送、臣鉉等曰木者所以成室以居人也 蘇統切

diàn ⿱宀埶

屋傾下也、从宀、埶聲、都念切

zōng 宗

尊祖廟也、从宀、从示、作冬切

zhǔ 宔

宗廟宔祏、从宀、主聲、之庾切

zhòu 宙

舟輿所極覆也、从宀、由聲、直又切

文七十一 重十六

zhì 寘　huán 寰　cài 寀　gōng 宮　yíng 營　lǚ 呂(吕)　gōng 躳

寘 置也、从宀、眞聲、支義切、

寰 王者封畿内縣也、从宀、睘聲、戶關切、

寀 同地爲寀、从宀、采聲、倉宰切、

文三 新附

宮 室也、从宀、躳省聲、凡宮之屬皆从宮、居戎切、

營 市居也、从宮、熒省聲、余傾切、

文二

呂 脊骨也、象形、昔太嶽爲禹心呂之臣、故封呂矦、凡呂之屬皆从呂、力舉切、膂 篆文呂、从肉、从旅、

躳 身也、从身、从呂、居戎切、躬 躳、或从弓、

xué 穴

穴 土室也。从宀，八聲。凡穴之屬皆从穴。胡決切

mìng 㝠

㝠 北方謂地空，因以爲土穴，爲㝠戶。从穴，皿聲。讀若猛。武永切

文二　重二

yìn 窨

窨 地室也。从穴，音聲。於禁切

yáo 窯

窯 燒瓦竈也。从穴，羔聲。余招切

fù 寝

寝 地室也。从穴，復聲。《詩》曰：「陶寝陶穴。」芳福切

zào 竈

竈 炊竈也。从穴，鼀省聲。則到切

竈 竈或不省。

wā 窐

窐 甑空也。从穴，圭聲。烏瓜切

shēn 㴱

㴱 深也。一曰竈突。从穴，从火，从求省。式鍼切

chuān 穿

通也、从牙在穴中、昌緣切、

liáo 寮

穿也、从穴尞聲、論語有公伯寮、洛蕭切、

yuè 窔

穿也、从穴決省聲、於決切、

yuè ⿱穴抉

深抉也、从穴从抉、於決切、

dòu 竇

空也、从穴瀆省聲、徒奏切、

xuè ⿱穴矞

空皃、从穴矞聲、呼決切、

kē 窠

空也、穴中曰窠、樹上曰巢、从穴果聲、苦禾切、

chuāng 窻

通孔也、从穴悤聲、楚江切、

wā 窊

汚衺下也、从穴瓜聲、烏瓜切、

qiào 竅

空也、从穴敫聲、牽料切、

kōng 空

竅也、从穴工聲、苦紅切

qìng 窒

空也、从穴巠聲、詩曰、瓶之窒矣、去徑切

yà 窆

空大也、从穴乙聲、烏黠切

yǔ 窳

污窬也、从穴瓜聲、朔方有窳渾縣、以主切

dàn 窞

坎中小坎也、从穴从臽、臽亦聲、易曰、入于坎窞、一曰、旁入也、徒感切

jiào 窌

窖也、从穴卯聲、匹皃切

jiào 窖

地藏也、从穴告聲、古孝切

yú 窬

穿木戶也、从穴俞聲、一曰空中也、羊朱切

diào 窵

窵窅、深也、从穴鳥聲、多嘯切

kuī 窺 小視也。从穴規聲。去隓切

chēng 竀 正視也。从穴中正見也，正亦聲。敕貞切

zhuó 窡 穴中見也。从穴叕聲。丁滑切

zhuó 窋 物在穴中皃。从穴中出。丁滑切

tián 窴 塞也。从穴眞聲。待秊切

zhì 窒 塞也。从穴至聲。陟栗切

tū 突 犬从穴中暫出也。从犬在穴中。一曰滑也。徒骨切

cuàn 竄 墜也。从鼠在穴中。七亂切

sū 窣 从穴中卒出。从穴卒聲。蘇骨切

jiǒng 窘 迫也。从穴君聲。渠隕切

tiǎo 窕

窕 深肆極也、从穴兆聲、讀若挑、徒了切

qióng 穹

穹 窮也、从穴弓聲、去弓切

jiù 究

究 窮也、从穴九聲、居又切

qióng 竆

竆 極也、从穴躳聲、渠弓切

yǎo 窅

窅 冥也、从穴皀聲、烏皎切

yào 窔

窔 窅窔、深也、从穴交聲、烏叫切

suì 邃

邃 深遠也、从穴遂聲、雖遂切

yǎo 窈

窈 深遠也、从穴幼聲、烏皎切

tiǎo 窱

窱 杳窱也、从穴條聲、徒弔切

cuì 竁

竁 穿地也、从穴毳聲、一曰小鼠、周禮曰、大喪甫竁、充芮切

biǎn 窆　zhūn 窀　xī 穸　yā ⿱穴甲　mèng 㝱　qǐn ⿱穴⿰爿帚

窆 葬下棺也、从穴乏聲、周禮曰及窆執斧、方驗切

窀 葬之厚夕、从穴屯聲、春秋傳曰窀穸从先君於地下、陟倫切

穸 窀穸也、从穴夕聲、詞亦切

⿱穴甲 入脈刺穴謂之⿱穴甲、从穴甲聲、烏狎切

文五十一　重一

㝱 寐而有覺也、从宀、从疒、夢聲、周禮以日月星辰占六㝱之吉凶、一曰正㝱、二曰咢㝱、三曰思㝱、四曰悟㝱、五曰喜㝱、六曰懼㝱、凡㝱之屬皆从㝱、莫鳳切

⿱穴⿰爿帚 病卧也、从㝱省、𡪢省聲、七荏切

mèi 寐
臥也。从㝱省，未聲。蜜二切

wù 寤
寐覺而有信曰寤。从㝱省，吾聲。一曰晝見而夜㝱也。五故切

籒文寤。

rǔ 㝲
楚人謂寐曰㝲。从㝱省，女聲。依倨切

mǐ 𥧌
寐而未厭。从㝱省，米聲。莫禮切

jì 𥨊
孰寐也。从㝱省，水聲。讀若悸。求癸切

bìng 寎
臥驚病也。从㝱省，丙聲。皮命切

yì 寱
瞑言也。从㝱省，臬聲。牛例切

hū 寣
臥驚也。一曰小兒號寣寣。一曰河內相評也。从㝱省，从言。火滑切

nè	jí	tòng	bìng	huì	ē	pū	qín	zhài
疒	疾	痛	病	瘣	疴	痡	瘽	瘵

文十　重一

疒　倚也、人有疾病、象倚箸之形、凡疒之屬皆从疒、女尼切

疾　病也、从疒、矢聲、秦悉切　𤕫　古文疾、𤶓　籀文疾、

痛　病也、从疒、甬聲、他貢切

病　疾加也、从疒、丙聲、皮命切

瘣　病也、从疒、鬼聲、詩曰、譬彼瘣木、一曰腫旁出也、胡罪切

疴　病也、从疒、可聲、五行傳曰、時即有口痾、烏何切

痡　病也、从疒、甫聲、詩曰、我僕痡矣、普胡切

瘽　病也、从疒、堇聲、巨斤切

瘵　病也、从疒、祭聲、側介切

diān 瘨
病也、从疒、眞聲、一曰腹張、都季切

mò 瘼
病也、从疒、莫聲、慕各切

jiǎo 㽲
腹中急也、从疒、丩聲、古巧切

yǔn 㾓
病也、从疒、員聲、王問切

xián 癇
病也、从疒、閒聲、戶閒切

wù ⿸疒出
病也、从疒、出聲、五忽切

cī 疵
病也、从疒、此聲、疾咨切

fèi 癈
固病也、从疒、發聲、方肺切

tú 瘏
病也、从疒、者聲、詩曰、我馬瘏矣、同都切

zòng 瘲
病也、从疒、從聲、卽容切

shěn 㾕
寒病也、从疒、辛聲、所臻切、

xù 㾄
頭痛也、从疒、或聲、讀若溝洫之洫、吁逼切、

xiāo 痟
酸痟頭痛、从疒、肖聲、周禮曰、春時有痟首疾、相邀切、

bǐ 疕
頭瘍也、从疒、匕聲、卑履切、

yáng 瘍
頭創也、从疒、昜聲、與章切、

yáng 痒
瘍也、从疒、羊聲、似陽切、

mà 㾺
目病、一曰惡气箸身也、一曰蝕創、从疒、馬聲、莫駕切、

xī 𤺋
散聲、从疒、斯聲、先稽切、

wěi 𤸃
口咼也、从疒、爲聲、韋委切、

jué 疦
𤸃也、从疒、決省聲、古穴切、

yīn 瘖 不能言也。从疒，音聲。於今切

yǐng 癭 頸瘤也。从疒，嬰聲。於郢切

lòu 瘻 頸腫也。从疒，婁聲。力豆切

yòu 㽱 顫也。从疒，又聲。于救切

yū 瘀 積血也。从疒，於聲。依倨切

shàn 疝 腹痛也。从疒，山聲。所晏切

zhǒu 疛 小腹病。从疒，肘省聲。陟柳切

pì ⿸疒奰 滿也。从疒，奰聲。平祕切

fù ⿸疒付 俛病也。从疒，付聲。方榘切

jū 痀 曲脊也。从疒，句聲。其俱切

jué 瘚
屰气也、从疒、从屰、从欠、居月切、瘚或省疒、

jì 痵
气不定也、从疒、季聲、其季切、

féi 痱
風病也、从疒、非聲、蒲罪切、

liú 瘤
腫也、从疒、畱聲、力求切、

cuó 痤
小腫也、从疒、坐聲、一曰族絫、臣鉉等曰、今別作瘯蠡、非是、昨禾切、

jū 疽
癰也、从疒、且聲、七余切、

lì ⿸疒麗
癰也、从疒、麗聲、一曰瘦黑、讀若隸、郎計切、

yōng 癰
腫也、从疒、雝聲、於容切、

xī 瘜
寄肉也、从疒、息聲、相即切、

xuǎn 癬
乾瘍也、从疒、鮮聲、息淺切、

jiè 疥
搔也、从疒、介聲、古拜切、

jiā 痂
疥也、从疒、加聲、古牙切、

xiá 瘕
女病也、从疒、叚聲、乎加切、

lì 癘
惡疾也、从疒、蠆省聲、洛帶切、

nüè 瘧
熱寒休作、从疒、从虐、虐亦聲、魚約切

shān 痁
有熱瘧、从疒、占聲、春秋傳曰、齊侯疥、遂痁、失廉切

jiē 痎
二日一發瘧、从疒、亥聲、古諧切

lín 痳
疝病、从疒、林聲、力尋切

zhì 痔
後病也、从疒、寺聲、直里切、

wěi 痿
痹也、从疒、委聲、儒隹切

bì 痹
痹 溼病也。从疒畀聲。必至切

bì 𤺊
𤺊 足气不至也。从疒畢聲。毗至切

zhú 瘃
瘃 中寒腫覈。从疒豖聲。陟玉切

piān 㾫
㾫 半枯也。从疒扁聲。匹連切

zhǒng 瘇
瘇 脛气足腫。从疒童聲。詩曰：既微且瘇。時重切
尰 籀文从尣。

è 𤸷
𤸷 跛病也。从疒盍聲。讀若脅，又讀若掩。烏盍切

zhǐ 疻
疻 毆傷也。从疒只聲。諸氏切

wěi 痏
痏 疻痏也。从疒有聲。榮美切

wěi 𤺢
𤺢 創裂也。一曰疾𤺢。从疒蔿聲。以水切

chān 𤵸 皮剥也。从疒，冄聲。赤占切。籀文从𠬝。

nòng 癑 痛也。从疒，農聲。奴動切。

yí 痍 傷也。从疒，夷聲。以脂切。

bān 瘢 痍也。从疒，般聲。薄官切。

hén 痕 胝瘢也。从疒，艮聲。戶恩切。

jìng 痙 彊急也。从疒，巠聲。其頸切。

tóng 痋 動病也。从疒，蟲省聲。徒冬切。

shòu 瘦 臞也。从疒，叜聲。所又切。

chèn 疢 熱病也。从疒从火。臣鉉等曰：今俗別作疹，非是。丑刃切。

dàn 癉 勞病也。从疒，單聲。丁榦、丁賀二切。

dǎn 疸 黃病也、从疒旦聲、丁榦切

qiè 㾜 病息也、从疒夾聲、苦叶切

pǐ 痞 痛也、从疒否聲、符鄙切

yì 𤺌 脈𤺌也、从疒易聲、羊益切

shù 𤸷 狂走也、从疒术聲、讀若欻、食聿切

pí 疲 勞也、从疒皮聲、符羈切

zǐ 𤵢 瑕也、从疒𠂔聲、側史切

qí 疧 病也、从疒氏聲、渠支切

jí 𤵸 病劣也、从疒及聲、呼合切

ài 𤸎 劇聲也、从疒殹聲、於賣切

lóng 癃　yì 疫　chì 瘛　duò 痑　duó 痥　liáo 㿉　gù 痼　là 瘌　lào 癆　chài 瘥

癃 罷病也、从疒、隆聲、力中切 籀文癃省、

疫 民皆疾也、从疒、役省聲、營隻切

瘛 小兒瘛瘲病也、从疒、恝聲、臣鉉等曰、説文無恝字、疑从疒从心、契省聲、尺制切

痑 馬病也、从疒、多聲、詩曰、痑痑駱馬、丁可切

痥 馬脛瘍也、从疒、兑聲、一曰將傷、徒活切

㿉 治也、从疒、樂聲、力照切 **療** 或从尞、

痼 久病也、从疒、古聲、古慕切

瘌 楚人謂藥毒曰痛瘌、从疒、剌聲、盧達切

癆 朝鮮謂藥毒曰癆、从疒、勞聲、郎到切

瘥 瘉也、从疒、差聲、楚懈切、又才他切

shuāi 㾘　yù 瘉　chōu 瘳　chī 癡　mì 冖　guān 冠　jù 冣　dù 託

㾘 減也、从疒、衰聲、一曰耗也、楚追切

瘉 病瘳也、从疒、俞聲、臣鉉等曰、今別作愈、非是、以主切

瘳 疾瘉也、从疒、翏聲、敕鳩切

癡 不慧也、从疒、疑聲、丑之切

文一百二　重七

冖 覆也、从一下垂也、凡冖之屬皆从冖、臣鉉等曰、今俗作冪、同、莫狄切

冠 絭也、所以絭髮、弁冕之總名也、从冖、从元、元亦聲、冠有法制、从寸、徐鍇曰、取其在首、故从元、古丸切

冣 積也、从冖、从取、取亦聲、才句切

託 奠爵酒也、从冖、託聲、周書曰、王三宿三祭三託、當故切

文四

mǎo 冃

冃 重覆也、从冂一、凡冃之屬皆从冃、莫保切、讀若艸苺苺、

tóng 同

同 合會也、从冃从口、臣鉉等曰、同、爵名也、周書曰、太保受同嚌、故从口、史籀亦从口、李陽冰云、从口非是、徒紅切、

què 青

青 幬帳之象、从冃、㞢其飾也、苦江切、

méng 冡

冡 覆也、从冃豕、莫紅切、

文四

mào 冃

冃 小兒蠻夷頭衣也、从冂、二其飾也、凡冃之屬皆从冃、莫報切

miǎn 冕

冕 大夫以上冠也、邃延垂瑬紞纊、从冃免聲、古者黃帝

zhòu 胄　mào 冒　zuì 最　liǎng 㒳　liǎng 兩　mán 㒼

初作冕、亡辡切 絻 冕或从糸、

胄 兜鍪也、从冃、由聲、直又切、 䩜 司馬法胄从革、

冒 冡而前也、从冃、从目、莫報切、 𠕅 古文冒、

冣 犯而取也、从冃、从取、祖外切、

文五　重三

㒳 再也、从冂、闕、易曰、參天㒳地、凡㒳之屬皆从㒳、良奬切、

兩 二十四銖爲一兩、从一、㒳平分、亦聲、良奬切、

㒼 平也、从廿、五行之數二十分爲一辰、㒳㒼平也、讀若蠻、母官切、

文三

wǎng 网　yǎn 罨　hǎn 罕(罕)　juàn 羂　méi 䍙　xuǎn 䍚　mí 罙

网 庖犧所結繩以漁。从冂，下象网交文。凡网之屬皆从网。今經典變隸作罔。文紡切 罔 网或从亡。䋄 网或从糸。𠔿 古文网。𦉪 籒文网。

罨 罕也。从网，奄聲。於業切

罕 网也。从网，干聲。呼旱切

羂 网也。从网、繯，繯亦聲。一曰綰也。古眩切

䍙 网也。从网，每聲。莫桮切

䍚 网也。从网，巽聲。思沇切 𨇦 逸周書曰：不卵不䍚，以成鳥獸。䍚者，䍚獸足也。故或从足。

罙 周行也。从网，米聲。詩曰：罙入其阻。武移切 𥦗 罙或从

zhào 罩　zēng 罾　zuì 罪　jì 罽　gū 罛　gǔ 罟　liǔ 罶　zhǔ 罜

冂、

罩 捕魚器也、从网、卓聲、都教切、

罾 魚网也、从网、曾聲、作騰切、

罪 捕魚竹网、从网非、秦以罪爲辠字、徂賄切、

罽 魚网也、从网、𠟠聲、𠟠、籒文銳、居例切、

罛 魚罟也、从网、瓜聲、詩曰、施罛濊濊、古胡切、

罟 网也、从网、古聲、公戸切、

罶 曲梁寡婦之笱、魚所畱也、从网畱、畱亦聲、力九切、

䍡 罶或从婁、春秋國語曰、溝罛䍡、

罜 罜麗、魚罟也、从网、主聲、之庾切、

lù 䍡 罜䍡也、从网鹿聲、盧谷切

shèn 罧 積柴水中以聚魚也、从网林聲、所今切

mín 罠 釣也、从网民聲、武巾切

luó 羅 以絲罟鳥也、从网从維、古者芒氏初作羅、魯何切

zhuó 罬 捕鳥覆車也、从网叕聲、陟劣切 輟 罬或从車、

chōng 罿 罬也、从网童聲、尺容切

fú 罦 覆車也、从网包聲、詩曰、雉離于罦、縛牟切 罦 罦或从孚、

wèi 罻 捕鳥网也、从网尉聲、於位切

fú 罘 兔罟也、从网否聲、臣鉉等曰、隸書作罘、縛牟切

hù 䍍

罟也、从网、互聲、胡誤切

jiē 罝

兔网也、从网、且聲、子邪切　罝或从糸、　籒文从虘、

wǔ 𦌾

牖中网也、从网、舞聲、文甫切

shǔ 署

部署、有所网屬、从网、者聲、徐鍇曰、署置之、言羅絡之若罘网也、常恕切

bà 罷

遣有辠也、从网能、言有賢能而入网、而貫遣之、周禮曰、議能之辟、薄蟹切

zhì 置

赦也、从网直、徐鍇曰、从直與罷同意、陟吏切

ǎn 罯

覆也、从网、音聲、烏感切

lì 詈

罵也、从网、从言、网辠人、力智切

mà 罵

罵 詈也。从网，馬聲。莫駕切

jī 羈

羈 馬絡頭也。从网，从馽。馽，馬絆也。居宜切 羈，或从革。

文三十四 重十二

yù 罭

罭 魚網也。从网，或聲。于逼切

sī 罳

罳 罘罳，屏也。从网，思聲。息茲切

lí 罹

罹 心憂也。从网。未詳。古多通用離。呂支切

文三 新附

yà 襾

襾 覆也。从冂，上下覆之。凡襾之屬皆从襾。呼訝切 讀若晋。

fěng 覂

覂 反覆也。从襾，乏聲。方勇切

hé 覈

覈 實也。考事，襾笮邀遮其辤，得實曰覈。从襾，敫聲。下革切

䨱、覈或从雨、

fù 覆

覆、覂也、一曰蓋也、从襾、復聲、敷救切、

文四　重一

jīn 巾

巾、佩巾也、从冂、丨象糸也、凡巾之屬皆从巾、居銀切、

fēn 帉

帉、楚謂大巾曰帉、从巾、分聲、撫文切、

shuài 帥

帥、佩巾也、从巾自、所律切、帨、帥或从兌、又音稅、

shuì 𢅤

𢅤、禮巾也、从巾、从執、輸芮切、

bō 帗

帗、一幅巾也、从巾、犮聲、讀若撥、北末切、

rèn 帎

帎、枕巾也、从巾、刃聲、而振切、

pán 幋

幋、覆衣大巾、从巾、般聲、或以爲首鞶、薄官切、

rú 帤
帤 巾帤也、从巾、如聲、一曰幣巾、女余切

bì 幣
幣 帛也、从巾、敝聲、毗祭切

fú 幅
幅 布帛廣也、从巾、畐聲、方六切

huāng 㡆
㡆 設色之工治絲練者、从巾、巟聲、一曰、㡆隔、讀若荒、呼光切

dài 帶
帶 紳也、男子鞶帶、婦人帶絲、象繫佩之形、佩必有巾、从巾、當蓋切

zé 幘
幘 髮有巾曰幘、从巾、責聲、側革切

xún 㡄
㡄 領耑也、从巾、旬聲、相倫切

pèi 帔
帔 弘農謂帬帔也、从巾、皮聲、披義切

cháng 常
常 下帬也。从巾，尚聲。市羊切 裳 常或从衣。

qún 帬
帬 下裳也。从巾，君聲。渠云切 裙 帬或从衣。

sàn 帴
帴 帬也。一曰帗也。一曰婦人脅衣。从巾，戔聲。讀若末殺之殺。所八切

kūn 幝
幝 幒也。从巾，軍聲。古渾切 褌 幝或从衣。

zhōng 幒
幒 幝也。从巾，忽聲。一曰帙。職茸切 帐 幒或从松。

lán 幋
幋 楚謂無緣衣也。从巾，監聲。魯甘切

mì 幎
幎 幔也。从巾，冥聲。周禮有幎人。莫狄切

màn 幔
幔 幕也。从巾，曼聲。莫半切

chóu 幬
幬 禪帳也。从巾，𠷎聲。直由切

lián 嵰

嵰 帷也。从巾，兼聲。力鹽切

wéi 帷

帷 在旁曰帷。从巾，佳聲。洧悲切 𡚁 古文帷。

zhàng 帳

帳 張也。从巾，長聲。知諒切

mù 幕

幕 帷在上曰幕，覆食案亦曰幕。从巾，莫聲。慕各切

bǐ 帇

帇 㡜裂也。从巾，匕聲。卑履切

xiè 㡜

㡜 殘帛也。从巾，祭聲。先列切，又所例切

shū 㡏

㡏 正耑裂也。从巾，俞聲。山樞切

tiè 帖

帖 帛書署也。从巾，占聲。他叶切

zhì 帙

帙 書衣也。从巾，失聲。直質切 袠 帙或从衣。

jiān 㡘

㡘 幡幟也。从巾，前聲。則前切

huī 幑

幑 幟也、以絳徽帛箸於背、从巾、微省聲、春秋傳曰、揚徽者公徒、許歸切

biāo 幖

幖 幟也、从巾、㶾聲、方招切

yuān ⿱夗巾

⿱夗巾 幡也、从巾、夗聲、於袁切

fān 幡

幡 書兒拭觚布也、从巾、番聲、甫煩切

là ⿱剌巾

⿱剌巾 剌也、从巾、剌聲、盧達切

jiān ⿰巾韱

⿰巾韱 拭也、从巾、韱聲、精廉切

chǎn 幝

幝 車弊兒、从巾、單聲、詩曰、檀車幝幝、昌善切

méng 幏

幏 蓋衣也、从巾、冡聲、莫紅切

miè 幭

幭 蓋幭也、从巾、蔑聲、一曰禪被、莫結切

hū 幠

幠 覆也、从巾、無聲、荒烏切、

shì 飾

飾 㕞也、从巾、从人、食聲、讀若式、一曰襐飾、賞隻切、

wéi 幃

幃 囊也、从巾、韋聲、許歸切、

juàn 帣

帣 囊也、今鹽官三斛爲一帣、从巾、𢍏聲、居倦切、

zhǒu 帚

帚 糞也、从又持巾埽冂内、古者少康初作箕帚秫酒、少康、杜康也、葬長垣、支手切、

xí 席

席 籍也、禮、天子諸侯席、有黼繡純飾、从巾、庶省、臣鉉等曰、席以待賓客之禮、賓客非一人、故从庶、祥易切

㕗 古文席、从石省、

téng 幐

幐 囊也、从巾、朕聲、徒登切、

fèn 幩

幩 以囊盛穀、大滿而裂也、从巾、奮聲、方吻切、

zhūn 帾 載米䉵也、从巾、盾聲、讀若易屯卦之屯、陟倫切、

gé 帢 蒲席䉵也、从巾、及聲、讀若蛤、古沓切、

fén 幩 馬纏鑣扇汗也、从巾、賁聲、詩曰、朱幩鑣鑣、符分切、

néi 㡪 墀地、以巾撋之、从巾、夒聲、讀若水溫䨓也、一曰箸也、乃昆切、

tǎng 帑 金幣所藏也、从巾、奴聲、乃都切、

bù 布 枲織也、从巾、父聲、博故切、

jià 幏 南郡蠻夷賨布、从巾、家聲、古訝切、

xián 𢄼 布、出東萊、从巾、弦聲、胡田切、

mù 𢄊 鬏布也、一曰車上衡衣、从巾、敄聲、讀若頊、莫卜切、

mì 幦

髼布也、从巾、辟聲、周禮曰、駹車大幦、莫狄切、

zhé 㡇

領耑也、从巾、耴聲、陟葉切、

文六十二　重八

chuáng 幢

旌旗之屬、从巾、童聲、宅江切、

zhì 幟

旌旗之屬、从巾、戠聲、昌志切、

yì 帟

在上曰帟、从巾、亦聲、羊益切、

guó 幗

婦人首飾、从巾、國聲、古對切、

qiāo 幧

斂髮也、从巾、喿聲、七搖切、

dài 帒

囊也、从巾、代聲、或从衣、徒耐切、

pà 帊

帛三幅曰帊、从巾、巴聲、普駕切、

fú 幞 xiǎn 幰 fú 市 jiá 韐

幞 帊也、从巾、菐聲、房玉切、

幰 車幔也、从巾、憲聲、虛偃切、

文九 新附

市 韠也、上古衣蔽前而已、市以象之、天子朱市、諸侯赤市、大夫葱衡、从巾、象連帶之形、凡市之屬皆从市、分勿切、

韍 篆文市、从韋、从犮、臣鉉等曰、今俗作紱、非是、

韐 士無市有韐、制如榼、缺四角、爵弁服、其色韎、賤不得與裳同、司農曰、裳纁色、从市、合聲、古洽切、

韐 韐、或从韋、

文二 重二

bó 帛　jǐn 錦　bái 白　jiǎo 皎　xiǎo 皢　xī 晳　pó 皤

帛　繒也。从巾，白聲。凡帛之屬皆从帛。旁陌切

錦　襄邑織文。从帛，金聲。居飲切

文二

白　西方色也。陰用事，物色白。从入合二。二，陰數。凡白之屬皆从白。旁陌切　古文白。

皎　月之白也。从白，交聲。詩曰：月出皎兮。古了切

皢　日之白也。从白，堯聲。呼鳥切

晳　人色白也。从白，析聲。先擊切

皤　老人白也。从白，番聲。易曰：賁如皤如。薄波切　䪭　皤，或从頁。

hé 皠
皠 鳥之白也、从白、隺聲、胡沃切

ái 皚
皚 霜雪之白也、从白、豈聲、五來切

pā 皅
皅 艸華之白也、从白、巴聲、普巴切

jiǎo 皦
皦 玉石之白也、从白、敫聲、古了切

xì 㿥
㿥 際見之白也、从白上下小見、起戟切

xiào 皛
皛 顯也、从三白、讀若皎、烏皎切

文十一　重二

bì 㡀
㡀 敗衣也、从巾、象衣敗之形、凡㡀之屬皆从㡀、毗祭切

bì 敝
敝 帗也、一曰敗衣、从攴、从㡀、㡀亦聲、毗祭切

文二

zhǐ 黹　chǔ 黼　fǔ 黼　fú 黻　zuì 黹卒　fěn 黺

黹　箴縷所紩衣。从㡀，丵省。凡黹之屬皆从黹。臣鉉等曰：丵，衆多也，言箴縷之工不一也。陟几切

黼　合五采鮮色。从黹，虘聲。《詩》曰：「衣裳黼黼。」創舉切

黼　白與黑相次文。从黹，甫聲。方榘切

黻　黑與青相次文。从黹，犮聲。分勿切

黹卒　會五采繒色。从黹，綷省聲。子對切

黺　衮衣山龍華蟲。黺，畫粉也。从黹，从粉省。衞宏說。方吻切

文六

說文解字弟七下

李承緒篆

黎永椿校
劉昌齡覆校
陳昌治校刊

説文解字弟八上

漢太尉祭酒許慎記

宋右散騎常侍徐鉉等校定

三十七部 六百一十一文 重六十三

凡八千五百三十九字

文三十五（新附）

rén 人

人 天地之性最貴者也此籒文象臂脛之形凡人之屬皆从人（如鄰切）

tóng 僮

僮 未冠也从人童聲（徒紅切）

bǎo 保(保)

保 養也从人从𤓽省𤓽古文孚（博袌切） 𠈃 古文保 𠊷

rén 仁 qì 企 rèn 仞 shì 仕 jiāo 佼 zhuàn 僎 qiú 俅 pèi 佩

古文保不省、

仁 親也、从人从二、臣鉉等曰仁者兼愛、故从二、如鄰切 古文仁从千心、 古文仁或从尸、

企 舉踵也、从人止聲、去智切 古文企从足、

仞 伸臂一尋、八尺、从人刃聲、而震切

仕 學也、从人从士、鉏里切

佼 交也、从人从交、下巧切

僎 具也、从人巽聲、士勉切

俅 冠飾皃、从人求聲、詩曰弁服俅俅、巨鳩切

佩 大帶佩也、从人从凡从巾、佩必有巾、巾謂之飾、臣鉉等曰

rú 儒　jùn 俊　jié 傑　wén 倱　jí 伋　kàng 伉　bó 伯　zhòng 仲　yī 伊

今俗別作珮、非是蒲妹切

儒　柔也、術士之偁、从人、需聲、人朱切

俊　材千人也、从人、夋聲、子峻切

傑　傲也、从人、桀聲、渠列切

倱　人姓、从人、軍聲、吾昆切

伋　人名、从人、及聲、居立切

伉　人名、从人、亢聲、論語有陳伉、苦浪切

伯　長也、从人、白聲、博陌切

仲　中也、从人、从中、中亦聲、直衆切

伊　殷聖人阿衡、尹治天下者、从人、从尹、於脂切　[古文字形] 古文

xiè 偰　qiàn 倩　yú 伃　zhōng 伀　xuān 儇　tán 倓　xùn 侚　yǒng 傛　yè 僷

伊、从古文死、

偰 高辛氏之子、堯司徒、殷之先、从人契聲、私列切、

倩 人字、从人青聲、東齊壻謂之倩、倉見切、

伃 婦官也、从人予聲、以諸切、

伀 志及眾也、从人公聲、職茸切、

儇 慧也、从人瞏聲、許緣切、

倓 安也、从人炎聲、讀若談、徒甘切、

倓 倓或从剡、

侚 疾也、从人旬聲、辭閏切、

傛 不安也、从人容聲、一曰華、余隴切、

僷 宋衞之間謂華僷僷、从人葉聲、與涉切、

jiā 佳　gāi 侅　guī 傀　wěi 偉　bīn 份　liǎo 僚　bì 佖　zhuàn 僝

佳 善也、从人、圭聲、古膎切、

侅 奇侅、非常也、从人、亥聲、古哀切、

傀 偉也、从人、鬼聲、周禮曰、大傀異、公回切、瓌 傀、或从玉、褱聲、

偉 奇也、从人、韋聲、于鬼切、

份 文質僣也、从人、分聲、論語曰、文質份份、府巾切、彬 古文份、从彡林、林者从焚省聲、臣鉉等曰、今俗作斌、非是、

僚 好皃、从人、尞聲、力小切、

佖 威儀也、从人、必聲、詩曰、威儀佖佖、毗必切、

僝 具也、从人、孨聲、讀若汝南潺水、虞書曰、旁救僝功、士戀切

切

liè 儠
儠 長壯儠儠也、从人巤聲、春秋傳曰、長儠者相之、良涉切、

biāo 儦
儦 行皃、从人麃聲、詩曰、行人儦儦、甫嬌切、

nuó 儺
儺 行人節也、从人難聲、詩曰、佩玉之儺、諾何切

wēi 倭
倭 順皃、从人委聲、詩曰、周道倭遟、於爲切、

tuǐ 僓
僓 嫺也、从人貴聲、一曰長皃、吐猥切、又魚罪切、

qiáo 僑
僑 高也、从人喬聲、巨嬌切、

sì 俟
俟 大也、从人矣聲、詩曰、伾伾俟俟、牀史切、

tōng 侗
侗 大皃、从人同聲、詩曰、神罔時侗、他紅切、

jí 佶
佶 正也、从人吉聲、詩曰、既佶且閑、巨乙切、

yǔ 俁 大也。从人，吴聲。詩曰：碩人俁俁。魚禹切

hóng 仜 大腹也。从人，工聲。讀若紅。戸工切

dàn 僤 疾也。从人，單聲。周禮曰：句兵欲無僤。徒案切

jiàn 健 伉也。从人，建聲。渠建切

jìng 倞 彊也。从人，京聲。渠竟切

ào 傲 倨也。从人，敖聲。五到切

yì 仡 勇壯也。从人，气聲。周書曰：仡仡勇夫。魚訖切

jù 倨 不遜也。从人，居聲。居御切

yǎn 儼 昂頭也。从人，嚴聲。一曰好皃。魚儉切

cān 傪 好皃。从人，參聲。倉含切

lǐ 俚

俚 聊也、从人、里聲、良止切、

bàn 伴

伴 大皃、从人、半聲、薄滿切、

yàn 俺

俺 大也、从人、奄聲、於業切、

xiàn 僩

僩 武皃、从人、閒聲、詩曰、瑟兮僩兮、下簡切、

pī 伾

伾 有力也、从人、丕聲、詩曰、以車伾伾、敷悲切、

cāi 偲

偲 彊力也、从人、思聲、詩曰、其人美且偲、倉才切、

zhuō 倬

倬 箸大也、从人、卓聲、詩曰、倬彼雲漢、竹角切、

tǐng 侹

侹 長皃、一曰箸地、一曰代也、从人、廷聲、他鼎切、

péng 倗

倗 輔也、从人、朋聲、讀若陪位、步崩切、

shàn 傓

傓 熾盛也、从人、扇聲、詩曰、豔妻傓方處、式戰切、

jǐng 儆　chù 俶　chōng 傭　ài 僾　fǎng 仿　fú 佛　xiè 僁　jī 僟　tuó 佗　hè 何

儆 戒也、从人、敬聲、春秋傳曰、儆宮、居影切

俶 善也、从人、叔聲、詩曰、令終有俶、一曰始也、昌六切

傭 均直也、从人、庸聲、余封切

僾 仿佛也、从人、愛聲、詩曰、僾而不見、烏代切

仿 相似也、从人、方聲、妃罔切

㐹 籀文仿、从丙、

佛 見不審也、从人、弗聲、敷勿切

僁 聲也、从人、悉聲、讀若屑、私列切

僟 精謹也、从人、幾聲、明堂月令、數將僟終、巨衣切

佗 負何也、从人、它聲、臣鉉等案、史記匈奴奇畜有橐佗、今俗譌誤謂之駱駝、非是、徒何切

何 儋也、从人、可聲、臣鉉等曰、儋何即負何也、借爲誰何之何、今俗別作擔荷、非是、胡歌切

dān 儋 gòng 供 zhì 偫 chǔ 儲 bèi 備 wèi 位 bìn 儐 wò 偓 quán 佺 chè 㒤

儋 何也。从人詹聲。都甘切

供 設也。从人共聲。一曰供給。俱容切

偫 待也。从人从待。直里切

儲 偫也。从人諸聲。直魚切

備 慎也。从人𤰈聲。平祕切　古文備。

位 列中庭之左右謂之位。从人立。于備切

儐 導也。从人賓聲。必刃切　擯 儐或从手。

偓 佺也。从人屋聲。於角切

佺 偓佺，仙人也。从人全聲。此緣切

㒤 心服也。从人聶聲。齒涉切

dí 伔
𠊊約也。从人勺聲。徒歷切

chái 儕
儕等輩也。从人齊聲。春秋傳曰：吾儕小人。仕皆切

lún 倫
倫輩也。从人侖聲。一曰道也。力屯切

móu 侔
侔齊等也。从人牟聲。莫浮切

xié 偕
偕彊也。从人皆聲。詩曰：偕偕士子。一曰俱也。古諧切

jū 俱
俱偕也。从人具聲。舉朱切

zǎn 儹
儹最也。从人贊聲。作管切

bìng 併
併並也。从人并聲。卑正切

fù 傅
傅相也。从人尃聲。方遇切

chì 侙
侙惕也。从人式聲。春秋國語曰：於其心侙然。恥力切

fǔ 俌：輔也、从人、甫聲、讀若撫、芳武切、

yǐ 倚：依也、从人、奇聲、於綺切、

yī 依：倚也、从人、衣聲、於稀切、

réng 仍：因也、从人、乃聲、如乘切、

cì 佽：便利也、从人、次聲、詩曰、決拾既佽、一曰遞也、七四切、

èr 佴：佽也、从人、耳聲、仍吏切、

jié 倢：佽也、从人、疌聲、子葉切、

shì 侍：承也、从人、寺聲、時吏切、

qīng 傾：仄也、从人、从頃、頃亦聲、去營切、

cè 側：旁也、从人、則聲、阻力切、

ān 侒

侒 宴也、从人、安聲、烏寒切

xù 侐

侐 靜也、从人、血聲、詩曰、閟宮有侐、況逼切

fù 付

付 與也、从寸、持物對人、臣鉉等曰、寸、手也、方遇切

pīng 俜

俜 使也、从人、甹聲、普丁切

xiá 俠

俠 俜也、从人、夾聲、胡頰切

chán 儃

儃 儃何也、从人、亶聲、徒干切

shēn 侁

侁 行皃、从人、先聲、所臻切

yǎng 仰

仰 舉也、从人、从卬、魚兩切

shù 侸

侸 立也、从人、豆聲、讀若樹、常句切

lěi 儽

儽 垂皃、从人、纍聲、一曰嬾解、落猥切

zuò 侳　chēng 偁　wǔ 伍　shí 什　bǎi 佰　huó 佸　gé 佮　wéi 𢼸　yuàn 傆

侳 安也、从人、坐聲、則臥切

偁 揚也、从人、爯聲、處陵切

伍 相參伍也、从人、从五、疑古切

什 相什保也、从人、十、是執切

佰 相什伯也、从人、百、博陌切

佸 會也、从人、昏聲、詩曰、曷其有佸、一曰、佸佸、力皃、古活切

佮 合也、从人、合聲、古沓切

𢼸 妙也、从人、从攴、豈省聲、臣鉉等案、豈字从𢼸省、𢼸不應从豈省、蓋傳寫之誤、疑从耑省、耑、物初生之題、尚𢼸也、無非切

傆 黠也、从人、原聲、魚怨切

zuò 作
jiǎ 假
jiè 借
qīn 侵
yù 儥
hòu 候
cháng 償
jǐn 僅
dài 代

作 起也。从人从乍。則洛切。

假 非眞也。从人叚聲。古疋切。一曰至也。虞書曰：假于上下。古頟切。

借 假也。从人昔聲。資昔切。

侵 漸進也。从人又持帚，若埽之進。又，手也。七林切。

儥 賣也。从人𧶠聲。余六切。

候 伺望也。从人矦聲。胡遘切。

償 還也。从人賞聲。食章切。

僅 材能也。从人堇聲。渠吝切。

代 更也。从人弋聲。臣鉉等曰：弋，非聲。說文忒字與此義訓同，疑兼有忒音。徒耐切。

yí 儀

儀 度也、从人、義聲、魚羈切、

bàng 傍

傍 近也、从人、旁聲、步光切、

sì 佀

佀 象也、从人、㠯聲、詳里切、

pián 便

便 安也、人有不便、更之、从人更、房連切、

rén 任

任 符也、从人、壬聲、如林切、

qiàn 俔

俔 譬諭也、一曰間見、从人从見、詩曰俔天之妹、苦甸切、

yōu 優

優 饒也、从人、憂聲、一曰倡也、於求切、

xī 僖

僖 樂也、从人、喜聲、許其切、

chǔn 偆

偆 富也、从人、春聲、尺允切、

hùn 俒

俒 完也、逸周書曰朕實不明、以俒伯父、从人从完、胡困切、

jiǎn 儉
約也、从人、僉聲、巨險切、

miǎn 偭
鄉也、从人、面聲、少儀曰、尊壺者偭其鼻、彌箭切、

sú 俗
習也、从人、谷聲、似足切、

bǐ 俾
益也、从人、卑聲、一曰俾門侍人、并弭切、

ní 倪
俾也、从人、兒聲、五雞切、

yì 億
安也、从人、意聲、於力切、

shǐ 使
伶也、从人、吏聲、疏士切、

kuí 傒
傒、左右兩視、从人、癸聲、其季切、

líng 伶
弄也、从人、令聲、益州有建伶縣、郎丁切、

lí 儷
棽儷也、从人、麗聲、呂支切、

傳 zhuàn
傳 遽也。从人專聲。直戀切

倌 guān
倌 小臣也。从人从官。詩曰：命彼倌人。古患切

价 jiè
价 善也。从人介聲。詩曰：价人惟藩。古拜切

仔 zī
仔 克也。从人子聲。子之切

倴 yìng
倴 送也。从人灷聲。呂不韋曰：有侁氏以伊尹倴女。古文以爲訓字。臣鉉等曰：灷不成字，當从朕省。案：勝字从朕聲，疑古者朕或音倴。以證切

徐 xú
徐 緩也。从人余聲。似魚切

偋 bìng
偋 僻窶也。从人屏聲。防正切

伸 shēn
伸 屈伸。从人申聲。失人切

伹 qū
伹 拙也。从人且聲。似魚切

rǎn 㒄 意膬也、从人然聲、臣鉉等曰、膬耎易破也、人善切

ruǎn 偄 弱也、从人从耎、奴亂切

bèi 倍 反也、从人咅聲、薄亥切

yàn 傿 引爲賈也、从人焉聲、於建切

jiàn 僭 假也、从人朁聲、子念切

nǐ 儗 僭也、一曰相疑、从人从疑、魚已切

piān 偏 頗也、从人扁聲、芳連切

chāng 倀 狂也、从人長聲、一曰什也、楮羊切

hōng ⿰亻薨 惛也、从人薨聲、呼肱切

dào 儔 翳也、从人壽聲、直由切

zhōu 侜

有廱蔽也、从人、舟聲、詩曰、誰侜予美、張流切

jiàn 俴

淺也、从人、戔聲、慈衍切

diàn 佃

中也、从人、田聲、春秋傳曰、乘中佃、一轅車、堂練切

cǐ 佌

小皃、从人、囟聲、詩曰、佌佌彼有屋、斯氏切

guāng 侊

小皃、从人、光聲、春秋國語曰、侊飯不及一食、古橫切

tiāo 佻

愉也、从人、兆聲、詩曰、視民不佻、土彫切

pì 僻

避也、从人、辟聲、詩曰、宛如左僻、一曰从旁牽也、普擊切

xián 伭

很也、从人、弦省聲、胡田切

jì 伎

與也、从人、支聲、詩曰、鞫人伎忒、渠綺切

chǐ 侈

掩脅也、从人、多聲、一曰奢也、尺氏切

ǎi 佁

癡皃、从人、台聲、讀若騃、夷在切

sāo ⿰亻蚤

⿰亻蚤、騷也、从人、蚤聲、鮮遭切

wěi 僞

詐也、从人、爲聲、危睡切

yì 伿

隋也、从人、只聲、以豉切

kòu 佝

務也、从人、句聲、苦候切

piào 僄

輕也、从人、票聲、匹妙切

chāng 倡

樂也、从人、昌聲、尺亮切

pái 俳

戲也、从人、非聲、步皆切

shàn 僐

作姿也、从人、善聲、堂演切

chán 儳

儳互、不齊也、从人、毚聲、士咸切

yì 佚 佚民也。从人，失聲。一曰佚，忽也。夷質切

é 俄 行頃也。从人，我聲。詩曰：仄弁之俄。五何切

yáo 傜 喜也。从人，䚻聲。自關以西，物大小不同謂之傜。余招切

jué 御 徼御受屈也。从人，卻聲。其虐切

suō 傞 醉舞皃。从人，差聲。詩曰：屢舞傞傞。素何切

qī 僛 醉舞皃。从人，欺聲。詩曰：屢舞僛僛。去其切

wǔ 侮 傷也。从人，每聲。文甫切　古文从母。

jí 㑵 妎也。从人，疾聲。一曰毒也。秦悉切　㑵或从女。

yì 傷 輕也。从人，易聲。一曰交傷。以豉切

xī 俙 訟面相是。从人，希聲。喜皆切

fèn 僨
僨 僵也、从人賁聲、匹問切、

jiāng 僵
僵 僨也、从人畺聲、居良切、

pū 仆
仆 頓也、从人卜聲、芳遇切、

yǎn 偃
偃 僵也、从人匽聲、於幰切、

shāng 傷
傷 創也、从人𥏫省聲、少羊切、

yáo 倄
倄 刺也、从人肴聲、一曰痛聲、胡茅切、

kuā 侉
侉 備詞、从人夸聲、苦瓜切、

cuī 催
催 相儔也、从人崔聲、詩曰、室人交徧催我、倉回切、

yǒng 俑
俑 痛也、从人甬聲、他紅切、又余隴切、

fú 伏
伏 司也、从人从犬、臣鉉等曰、司、今人作伺、房六切、

cù 促
促 迫也、从人足聲、七玉切

lì 例
例 比也、从人㓹聲、力制切

xì 係
係 絜束也、从人、从系、系亦聲、胡計切

fá 伐
伐 擊也、从人持戈、一曰敗也、房越切

fū 俘
俘 軍所獲也、从人孚聲、春秋傳曰、以爲俘聝、芳無切

dàn 但
但 裼也、从人旦聲、徒旱切

yǔ 傴
傴 僂也、从人區聲、於武切

lóu 僂
僂 尪也、从人婁聲、周公韤僂、或言背僂、力主切

lù 僇
僇 癡行僇僇也、从人翏聲、讀若雡、一曰且也、力救切

qiú 仇
仇 讎也、从人九聲、巨鳩切

léi 儡
相敗也、从人畾聲、讀若雷、魯回切

jiù 咎
災也、从人从各、各者、相違也、其久切

pǐ 仳
別也、从人比聲、詩曰、有女仳離、芳比切

jiù 倃
毀也、从人咎聲、其久切

suī 倠
仳倠、醜面、从人隹聲、許惟切

zhí 值
措也、从人直聲、直吏切

tuō 侂
寄也、从人厇聲、厇古文宅、他各切

zǔn 僔
聚也、从人尊聲、詩曰、僔沓背僧、慈損切

xiàng 像
象也、从人从象、象亦聲、讀若養、徐兩切

juàn 倦
罷也、从人卷聲、渠眷切

zāo 傮 終也、从人曹聲、作曹切

ǒu 偶 桐人也、从人禺聲、五口切

diào 弔 問終也、古之葬者、厚衣之以薪、从人持弓、會敺禽、多嘯切

zhāo 佋 廟佋穆、父爲佋、南面、子爲穆、北面、从人召聲、市招切

shēn 㑗 神也、从人身聲、失人切

xiān 僊 長生僊去、从人从䙴、䙴亦聲、相然切

bó 僰 犍爲蠻夷、从人棘聲、蒲北切

xiān 仚 人在山上、从人从山、呼堅切

yáo 僥 南方有焦僥、人長三尺、短之極、从人堯聲、五聊切

duì 對

對 帀也、从人對聲、都隊切

guàng 俇

俇 遠行也、从人狂聲、居況切

jiàn 件

件 分也、从人从牛、牛大物、故可分、其輦切

文二百四十五　重十四

lǚ 侶

侶 徒侶也、从人呂聲、力舉切

zhèn 侲

侲 僮子也、从人辰聲、章刃切

cuì 倅

倅 副也、从人卒聲、七內切

qiàn 傔

傔 從也、从人兼聲、苦念切

tì 倜

倜 倜儻、不羈也、从人从周、未詳、他歷切

tǎng 儻

儻 倜儻也、从人黨聲、他朗切

yì 佾

佾 舞行列也、从人、肙聲、夷質切、

dǎo 倒

倒 仆也、从人、到聲、當老切、

kuài 儈

儈 合市也、从人會、會亦聲、古外切、

dī 低

低 下也、从人氐、氐亦聲、都兮切、

zhài 債

債 債負也、从人責、責亦聲、側賣切、

jià 價

價 物直也、从人賈、賈亦聲、古訝切、

tíng 停

停 止也、从人、亭聲、特丁切、

jiù 僦

僦 賃也、从人就、就亦聲、即就切、

sì 伺

伺 候望也、从人、司聲、相吏切、自低已下六字、从人、皆後人所加、

sēng 僧

僧 浮屠道人也、从人、曾聲、穌曾切、

佇 久立也。从人、从宁。直呂切。

偵 問也。从人、貞聲。丑鄭切。

文十八　新附

匕 變也。从到人。凡匕之屬皆从匕。呼跨切。

𠤕 未定也。从匕、吴聲。吴、古文矢字。語期切。

眞 僊人變形而登天也。从匕、从目、从乚。音隱。八、所乘載也。

側鄰切。𡗜 古文眞。

化 教行也。从匕、从人，匕亦聲。呼跨切。

文四　重一

匕 相與比敘也。从反人。匕亦所以用比取飯，一名柶。凡

gèn 艮　zhuō 卓　yǎng 卬　nǎo 匘　qīng 頃　qì 𠤢　bǎo 𠤏　chí 匙

匕之屬皆从匕、卑履切、

匙 匕也、从匕、是聲、是支切、

𠤏 相次也、从匕从十、鴇从此、博抱切、

𠤢 頃也、从匕、支聲、匕、頭頃也、詩曰、跂彼織女、去智切、

頃 頭不正也、从匕从頁、臣鉉等曰、匕者、有所比附、不正也、去營切、

匘 頭髓也、从匕、匕、相匕著也、巛象髮、囟象匘形、奴皓切、

卬 望欲有所庶及也、从匕从卪、詩曰、高山卬止、伍岡切、

卓 高也、早匕爲卓、匕卪爲卬、皆同義、竹角切、𠧟 古文卓、

艮 很也、从匕目、匕目、猶目相匕、不相下也、易曰、艮其限、匕目爲艮、匕目爲眞也、古恨切、

文九 重一

cóng 从

从 相聽也。从二人。凡从之屬皆从从。疾容切

cóng 從

從 隨行也。从辵从从，从亦聲。慈用切

bìng 并

并 相從也。从从幵聲。一曰从持二爲幷。府盈切

文三

bǐ 比

比 密也。二人爲从，反从爲比。凡比之屬皆从比。毗至切

古文比。

bì 毖

毖 慎也。从比必聲。周書曰：無毖于卹。兵媚切

文二 重一

bèi 北

北 乖也。从二人相背。凡北之屬皆从北。博墨切

jì 冀 qiū 丘 xū 虛 ní 屔

冀 北方州也。从北，異聲。几利切

文二

丘 土之高也，非人所爲也。从北，从一。一，地也，人居在丘南，故从北。中邦之居，在崐崘東南。一曰四方高，中央下爲丘。象形。凡丘之屬皆从丘。去鳩切。今隸變作丘。𡴆 古文从土。

虛 大丘也。崐崘丘謂之崐崘虛。古者九夫爲井，四井爲邑，四邑爲丘。丘謂之虛。从丘，虍聲。臣鉉等曰：今俗別作墟，非是。丘如切，又朽居切

屔 反頂受水丘。从丘，泥省聲。奴低切

文三　重一

㐺　眾立也。从三人。凡㐺之屬皆从㐺。讀若欽崟。魚音切

眾　多也。从㐺目，眾意。之仲切

聚　會也。从㐺取聲。邑落云聚。才句切

臮　眾詞與也。从㐺自聲。虞書曰：臮咎繇。其冀切　𣅀　古文臮。

文四　重一

𡈼　善也。从人士。士，事也。一曰象物出地挺生也。凡𡈼之屬皆从𡈼。臣鉉等曰：人在土上，𡈼然而立也。他鼎切

徵　召也。从微省，𡈼爲徵。行於微而文達者，即徵之。陟陵切

wàng 朢　yín 𡈼　zhòng 重　liáng 量　wò 臥(卧)

徵 古文徵、

朢 月滿、與日相朢、以朝君也、从月、从臣、从壬、壬、朝廷也、無放切 朢 古文朢省

𡈼 近求也、从爪壬、壬、徼幸也、余箴切

文四　重二

重 厚也、从壬、東聲、凡重之屬皆从重、徐鍇曰、壬者人在土上、故爲厚也、柱用切

量 稱輕重也、从重省、曏省聲、呂張切 量 古文量、

文二　重一

臥 休也、从人臣、取其伏也、凡臥之屬皆从臥、吾貨切

jiān 監

監 臨下也。从臥，衉省聲。古銜切。 古文監从言。

lín 臨

臨 監臨也。从臥，品聲。力尋切。

nè 𦦶

𦦶 楚謂小兒嬾𦦶。从臥、食。尼見切。

文四　重一

shēn 身

身 躳也。象人之身。从人，厂聲。凡身之屬皆从身。失人切。

qū 軀

軀 體也。从身，區聲。豈俱切。

文二

yī 㐆

㐆 歸也。从反身。凡㐆之屬皆从㐆。徐鍇曰：古人所謂反身修道，故曰歸也。於機切。

yīn 殷

殷 作樂之盛稱殷。从㐆从殳。易曰：殷薦之上帝。於身切。

文二

衣 依也、上曰衣、下曰裳、象覆二人之形、凡衣之屬皆从衣、於稀切

裁 制衣也、从衣𢦏聲、昨哉切

衮 天子享先王、卷龍繡於下幅、一龍蟠阿上鄉、从衣公聲、古本切

襢 丹縠衣、从衣㠭聲、知扇切

褕 翟、羽飾衣、从衣俞聲、一曰、直裾謂之襜褕、羊朱切

袗 玄服、从衣㐱聲、之忍切 **裖** 袗或从辰、

表 上衣也、从衣从毛、古者衣裘、以毛爲表、陂矯切 【古文】古

lǐ	qiǎng	jí	bó	rèn	lǚ	wèi	qì	jīn
裏	襁	襋	襮	衽	褸	褽	⿰衤疌	䘳

文表从麃

裏 衣内也、从衣、里聲、良止切、

襁 負兒衣、从衣、强聲、居兩切、

襋 衣領也、从衣、棘聲、詩曰、要之襋之、己力切、

襮 黼領也、从衣、暴聲、詩曰素衣朱襮、蒲沃切、

衽 衣䘳也、从衣、壬聲、如甚切、

褸 衽也、从衣、婁聲、力主切、

褽 衽也、从衣、尉聲、於胃切、

⿰衤疌 䘳緣也、从衣、疌聲、七入切、

䘳 交衽也、从衣、金聲、居音切、

huī 褘

褘 蔽厀也、从衣韋聲、周禮曰、王后之服褘衣、謂畫袍、許歸切

fū 衭

衭 襲衭也、从衣夫聲、甫無切

xí 襲

襲 左衽袍、从衣、龖省聲、似入切

𧟌 籒文襲、不省、

páo 袍

袍 襺也、从衣包聲、論語曰、衣弊縕袍、薄褒切

jiǎn 襺

襺 袍衣也、从衣繭聲、以絮曰襺、以縕曰袍、春秋傳曰、盛夏重襺、古典切

dié 褋

褋 南楚謂禪衣曰褋、从衣枼聲、徒叶切

mào 袤

袤 衣帶以上、从衣矛聲、一曰南北曰袤、東西曰廣、莫候切

𧝓 籒文袤从楙、

guì 禬

禬 帶所結也。从衣會聲。春秋傳曰：衣有禬。古外切

jiǒng 褧

褧 檾也。詩曰：衣錦褧衣。示反古。从衣耿聲。去潁切

dī 袛

袛 袛裯，短衣。从衣氐聲。都兮切

dāo 裯

裯 衣袂袛裯。从衣周聲。都牢切

lán 襤

襤 裯謂之襤褸。襤，無緣也。从衣監聲。魯甘切

duò 䙃

䙃 無袂衣謂之䙃。从衣惰省聲。徒臥切

dū 𧝓

𧝓 衣躬縫。从衣毒聲。讀若督。冬毒切

qū 袪

袪 衣袂也。从衣去聲。一曰：袪，褎也。褎者，褱也。袪，尺二寸。春秋傳曰：披斬其袪。去魚切

xiù 褎

褎 袂也。从衣采聲。似又切　袖 俗褎从由。

mèi 袂：袖也、从衣夬聲、彌弊切

huái 褢：袖也、一曰藏也、从衣鬼聲、戶乖切

huái 褱：俠也、从衣眔聲、一曰橐、臣鉉等曰、眔非聲、未詳、戶乖切

bào 袌：褱也、从衣包聲、臣鉉等曰、今俗作抱、非是、抱與捊同、薄保切

chān 襜：衣蔽前、从衣詹聲、處占切

tuō 袥：衣衸、从衣石聲、他各切

xiè 衸：袥也、从衣介聲、胡介切

duó 襗：絝也、从衣睪聲、徒各切

tuó 袉：裾也、从衣它聲、論語曰、朝服袉紳、唐左切

jū 裾：衣袍也、从衣居聲、讀與居同、九魚切

yú 衧

衧 諸衧也。从衣于聲。羽俱切

qiān 褰

褰 絝也。从衣，寒省聲。春秋傳曰：徵褰與襦。去虔切

lóng 襱

襱 絝踦也。从衣龍聲。丈冢切

襩 襱或从賣。

shào 袑

袑 絝上也。从衣召聲。市沼切

tǎn 襑

襑 衣博大。从衣尋聲。他感切

bāo 褒

褒 衣博裾。从衣，保省聲。保，古文保。博毛切

tì 禘

禘 緥也。从衣啻聲。詩曰：載衣之禘。臣鉉等曰：緥即褓褓，緥也。今俗別作褯，非是。他計切

duān 褍

褍 衣正幅。从衣耑聲。多官切

wéi 褌

褌 重衣皃。从衣圍聲。爾雅曰：褌褌䙡䙡。臣鉉等曰：說文無䙡字，爾雅亦

無此語疑後人所加羽非切

fù 複
複 重衣皃、从衣复聲、一曰褚衣、方六切

tí 禔
禔 衣厚禔禔、从衣是聲、杜兮切

nóng 襛
襛 衣厚皃、从衣農聲、詩曰何彼襛矣、汝容切

dú 裻
裻 新衣聲、一曰背縫、从衣叔聲、冬毒切

chǐ 袳
袳 衣張也、从衣多聲、春秋傳曰、公會齊侯于袳、尺氏切

yì 裔
裔 衣裾也、从衣㕯聲、臣鉉等曰、㕯非聲、疑象衣裾之形、余制切 𧘂 古文裔、

fēn 衯
衯 長衣皃、从衣分聲、撫文切

yuán 袁
袁 長衣皃、从衣、叀省聲、羽元切

diāo ⿰衤鳥
⿰衤鳥 短衣也、从衣、鳥聲、春秋傳曰有空⿰衤鳥、都僚切、

dié 褺 péi 裴 shǔ 襡 zhuó 䙅 rú 襦 biǎn 褊 jiā 袷 dān 襌 xiāng 襄(襄) bèi 被

褺 重衣也。从衣，執聲。巴郡有褺虹縣。徒叶切

裴 長衣皃。从衣，非聲。臣鉉等案：漢書裴回用此。今俗作徘徊，非是。薄回切

襡 短衣也。从衣，蜀聲。讀若蜀。市玉切

䙅 衣至地也。从衣，斲聲。竹角切

襦 短衣也。从衣，需聲。一曰㬈衣。人朱切

褊 衣小也。从衣，扁聲。方沔切

袷 衣無絮。从衣，合聲。古洽切

襌 衣不重。从衣，單聲。都寒切

襄 漢令：解衣耕謂之襄。从衣，𤕦聲。息良切 𡕗 古文襄。

被 寢衣，長一身有半。从衣，皮聲。平義切

qīn 衾　xiàng 褖　yì 衵　xiè 褻　zhōng 衷　zhū 袾　jù 袓　bì 裨　fán 袢　zá 襍

衾 大被、从衣、今聲、去音切、

褖 飾也、从衣、彖聲、徐兩切、

衵 日日所常衣、从衣、从日、日亦聲、人質切、

褻 私服、从衣、埶聲、詩曰、是褻袢也、臣鉉等曰、从埶省乃得聲、私列切、

衷 裏褻衣、从衣、中聲、春秋傳曰、皆衷其衵服、陟弓切、

袾 好佳也、从衣、朱聲、詩曰、靜女其袾、昌朱切、

袓 事好也、从衣、且聲、才與切、

裨 接、益也、从衣、卑聲、府移切、

袢 無色也、从衣、半聲、一曰、詩曰、是紲袢也、讀若普、博幔切、

襍 五彩相會、从衣、集聲、徂合切、

yù 裕

衣物饒也、从衣谷聲、易曰、有孚裕無咎、羊孺切

bì 襞

韏衣也、从衣辟聲、臣鉉等曰、韏、革中辨也、衣襞積如辨也、必益切

gǎn 衦

摩展衣、从衣干聲、古案切

liè 裂

繒餘也、从衣列聲、良辥切

ná 袈

弊衣、从衣奴聲、女加切

zhàn 袒

衣縫解也、从衣旦聲、丈莧切

bǔ 補

完衣也、从衣甫聲、博古切

zhǐ 䘨

紩衣也、从衣黹、黹亦聲、豬几切

chǐ 褫

奪衣也、从衣虒聲、讀若池、直离切

luǒ 臝

袒也、从衣𣎆聲、郎果切

裸　臝或从果、

zī yè guǒ zhuāng cáo jié xié xié xī chéng

齌 裛 裹 裝 褿 袺 襭 衺 裼 裎

裎 袒也、从衣、呈聲、丑郢切、

裼 袒也、从衣、易聲、先擊切、

衺 厦也、从衣、牙聲、似嗟切、

襭 以衣衽扱物謂之襭、从衣、頡聲、胡結切、

擷 襭或从手、

袺 執衽謂之袺、从衣、吉聲、格八切、

褿 帴也、从衣、曹聲、昨牢切、又七刀切

裝 裹也、从衣、壯聲、側羊切、

裹 纏也、从衣、果聲、古火切、

裛 書囊也、从衣、邑聲、於業切、

齌 緶也、从衣、齊聲、卽夷切、

shù 裋
豎使布長襦、从衣、豆聲、常句切、

yǔ 褔
編枲衣、从衣、區聲、一曰頭褔、一曰次裹衣、於武切、又於矦切、

hè 褐
編枲韤、一曰粗衣、从衣、曷聲、胡葛切、

yǎn 䙀
褔領也、从衣、匽聲、於幰切、

yǎn 裺
䙀謂之裺、从衣、奄聲、依檢切、

suō 衰
艸雨衣、秦謂之萆、从衣、象形、穌禾切、古文衰、

zú 卒
隸人給事者衣爲卒、卒衣有題識者、臧沒切、

chǔ 褚
卒也、从衣、者聲、一曰製衣、丑呂切、

zhì 製
裁也、从衣、从制、征例切、

bō 䘤
蠻夷衣、从衣、犮聲、一曰蔽厀、北末切、

suì 襚：衣死人也、从衣、遂聲、春秋傳曰、楚使公親襚、徐醉切

diāo ⿰衤弔：棺中縑裏、从衣弔、讀若雕、都僚切

shuì 裞：贈終者衣被曰裞、从衣兑聲、輸芮切

yíng 褮：鬼衣、从衣、熒省聲、讀若詩曰葛藟縈之、一曰、若靜女其袾之袾、於營切

shān 䘰：車溫也、从衣、延聲、式連切

niǎo 褭：以組帶馬也、从衣、从馬、奴鳥切

文一百一十六　重十一

xuàn 袨：盛服也、从衣、玄聲、黄絢切

shān 衫：衣也、从衣、彡聲、所銜切

ǎo 襖 qiú 裘 kè 𧟌 lǎo 老 dié 耋 mào 耄

襖 裘屬。从衣，奥聲。烏皓切

文三　新附

裘 皮衣也。从衣，求聲。一曰象形，與衰同意。凡裘之屬皆从裘。巨鳩切　求 古文省衣。

𧟌 裘裏也。从裘，鬲聲。讀若擊。楷革切

文二　重一

老 考也。七十曰老。从人毛匕，言須髮變白也。凡老之屬皆从老。盧皓切

耋 年八十曰耋。从老省，从至。徒結切

耄 年九十曰耄。从老，从蒿省。莫報切

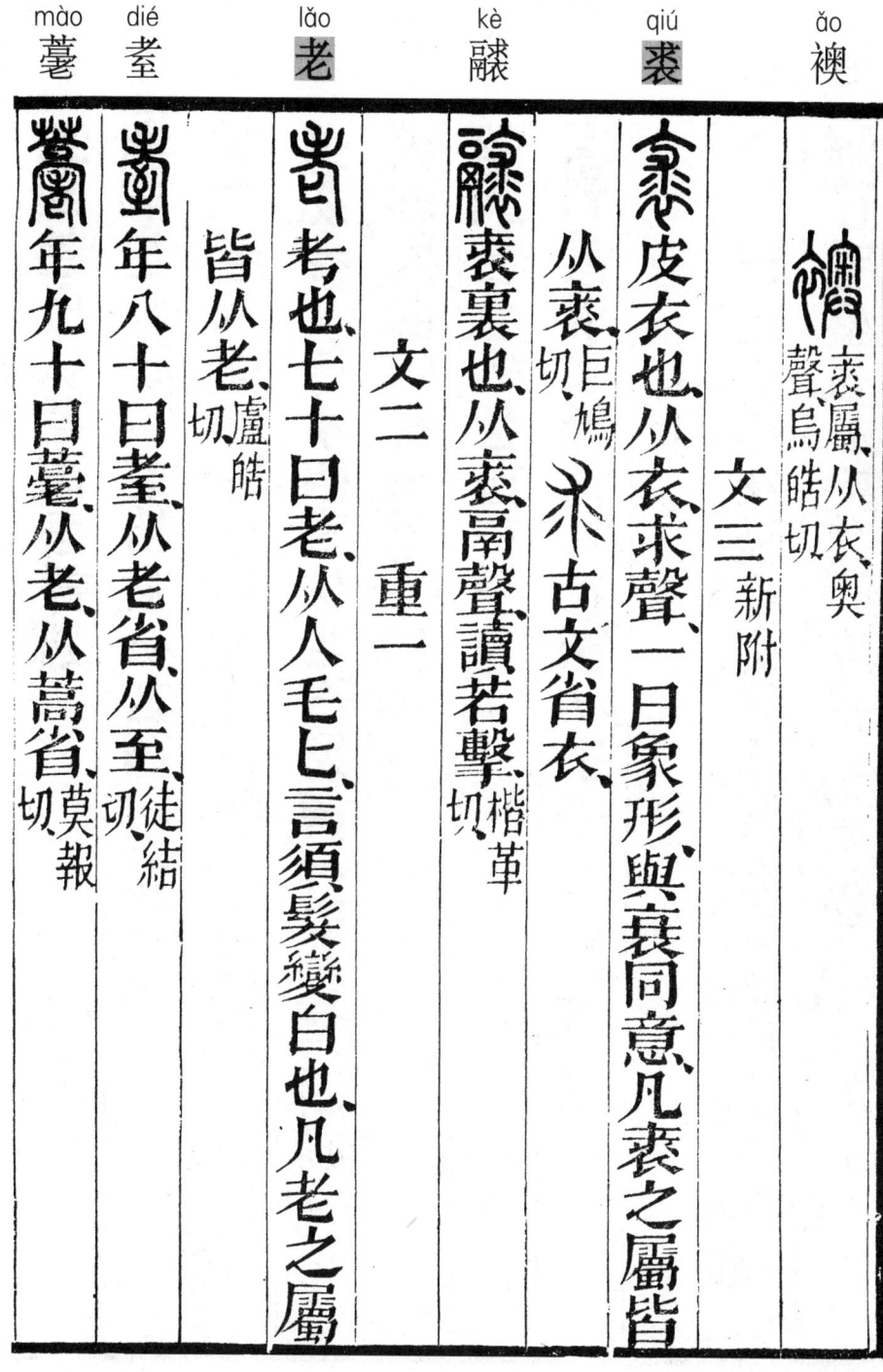

qí 耆　gǒu 耇　diàn ⿱耂占　shù ⿱耂易　shòu 壽　kǎo 考　xiào 孝　máo 毛　rǔn ⿰毛隼

耆 老也、从老省、旨聲、渠脂切

耇 老人面凍黎若垢、从老省、句聲、古厚切

⿱耂占 老人面如點也、从老省、占聲、讀若耿介之耿、丁念切

⿱耂易 老人行才相逮、从老省、易省、行象、讀若樹、常句切

壽 久也、从老省、𠷎聲、殖酉切

考 老也、从老省、丂聲、苦浩切

孝 善事父母者、从老省、从子、子承老也、呼教切

文十

毛 眉髮之屬、及獸毛也、象形、凡毛之屬皆从毛、莫袍切

⿰毛隼 毛盛也、从毛、隼聲、虞書曰、鳥獸⿰毛隼髦、而尹切、又人勇切

⿰𠦝毛 hàn 獸豪也。从毛，倝聲。侯幹切

毨 xiǎn 仲秋鳥獸毛盛，可選取以爲器用。从毛，先聲。讀若選。穌典切

⿺毛㒼 mén 以毳爲罽，色如虋，故謂之⿺毛㒼。虋，禾之赤苗也。从毛，㒼聲。詩曰：毳衣如⿺毛㒼。莫奔切

氈 zhān 撚毛也。从毛，亶聲。諸延切

文六

毦 èr 羽毛飾也。从毛，耳聲。仍吏切

氍 qú 氍毹、毾㲪，皆氈緂之屬，蓋方言也。从毛，瞿聲。其俱切

毹 yú 氍毹也。从毛，俞聲。羊朱切

tà 毾

毾 毾㲪也。从毛，𦐇聲。土盍切。

dēng 㲪

㲪 毾㲪也。从毛，登聲。都滕切。

qiú 毬

毬 鞠丸也。从毛，求聲。巨鳩切。

chǎng 氅

氅 析鳥羽爲旗纛之屬。从毛，敞聲。昌兩切。

文七　新附

cuì 毳

毳 獸細毛也。从三毛。凡毳之屬皆从毳。此芮切。

fēi 𣰣

𣰣 毛紛紛也。从毳，非聲。甫微切。

文二

shī 尸

尸 陳也。象臥之形。凡尸之屬皆从尸。式脂切。

diàn 𡱒

𡱒 偫也。从尸，奠聲。堂練切。

jū 居

居，蹲也。从尸、古者居从古。臣鉉等曰：居从古者，言法古也。九魚切。俗居从足。

xiè 屓

屓，臥息也。从尸、自。臣鉉等曰：自，古者以為鼻字，故从自。許介切。

xiè 屑

屑，動作切切也。从尸、佾聲。私列切。

zhǎn 㞡(展)

㞡，轉也。从尸、襄省聲。知衍切。

jiè 屆

屆，行不便也。一曰極也。从尸、凷聲。古拜切。

kāo 尻

尻，脽也。从尸、九聲。苦刀切。

tún 屍

屍，髀也。从尸下丌居几。臣鉉等曰：丌、几，皆所以凥止也。徒魂切。屍或从肉隼。屍或从骨殿聲。

qì 㞓

㞓，屍也。从尸、旨聲。詰利切。

ní 尼 從後近之。从尸，匕聲。女夷切

qì ⿸尸臿 從後相臿也。从尸，从臿。楚洽切

zhé 𡰪 ⿸尸臿𡰪也。从尸，乇聲。直立切

niǎn 㞋 柔皮也。从申尸之後。尸或从又。臣鉉等曰：注似闕脫，未詳。人善切

zhěn 屒 伏皃。从尸，辰聲。一曰屋宇。珍忍切

xī 屖 屖遟也。从尸，辛聲。先稽切

fèi 屝 履也。从尸，非聲。扶沸切

shī 屍 終主。从尸，从死。式脂切

tú 屠 刳也。从尸，者聲。同都切

xiè 屟 履中薦也。从尸，枼聲。穌叶切

wū 屋　píng 屏　céng 層　lǚ 屢

屋 居也。从尸，尸，所主也。一曰尸象屋形。从至，至，所至止。室屋皆从至。烏谷切 屋 籀文屋从厂。屋 古文屋。

屏 屏蔽也。从尸，并聲。必郢切

層 重屋也。从尸，曾聲。昨稜切

文二十三　重五

屢 數也。案今之婁字本是屢空字，此字後人所加，从尸，未詳。丘羽切

文一　新附

説文解字弟八上

李承緒篆

黎永椿校

廖廷相覆校
陳昌治校刊

chǐ 尺　zhǐ 咫　wěi 尾

說文解字弟八下

漢太尉祭酒許愼記

宋右散騎常侍徐鉉等校定

尺 十寸也、人手卻十分動脈爲寸口、十寸爲尺、尺、所以指尺規榘事也、从尸、从乙、乙、所識也、周制、寸尺咫尋常仞諸度量、皆以人之體爲法、凡尺之屬皆从尺、昌石切

咫 中婦人手長八寸、謂之咫、周尺也、从尺、只聲、諸氏切

文二

尾 微也、从到毛在尸後、古人或飾系尾、西南夷亦然、凡

尾之屬皆从尾、無斐切今隸變作尾、

zhǔ 屬 連也、从尾、蜀聲、之欲切、

qū 屈 無尾也、从尾、出聲、九勿切、

niào 尿 人小便也、从尾、从水、奴弔切、

文四

lǚ 履 足所依也、从尸、从彳、从夂、舟象履形、一曰尸聲、凡履之屬皆从履、良止切、古文履、从頁、从足、

jù 屨 履也、从履省、婁聲、一曰鞮也、九遇切、

lì ⿸尸歷 履下也、从履省、歷聲、郎擊切、

xù ⿸尸予 履屬、从履省、予聲、徐呂切、

juē 屩　jī 屐　zhōu 舟　yú 俞　chuán 船　chēn 𦨈　zhú 舳

屩　屐也。从履省，喬聲。居勺切

屐　屩也。从履省，支聲。奇逆切

文六　重一

舟　船也。古者共鼓、貨狄刳木為舟，剡木為楫，以濟不通。象形。凡舟之屬皆从舟。職流切

俞　空中木為舟也。从亼从舟从巜。巜，水也。羊朱切

船　舟也。从舟，鉛省聲。食川切

𦨈　船行也。从舟，彡聲。丑林切

舳　艫也。从舟，由聲。漢律名船方長為舳艫。一曰舟尾。臣鉉等曰：當从冑省，乃得聲。直六切

lú 艫

wù 𦨈

zōng 艐

zhèn 朕

fǎng 舫

pán 般

fú 𦨃(服)

艫 舳艫也、一曰船頭、从舟、盧聲、洛乎切

𦨈 船行不安也、从舟、从刖省、讀若兀、五忽切

艐 船著不行也、从舟、㚇聲、讀若莘、子紅切

朕 我也、闕、直禁切

舫 船師也、明堂月令曰舫人、習水者、从舟、方聲、甫妄切

般 辟也、象舟之旋、从舟、从殳、殳、所以旋也、北潘切 𣪠 古文般、从支、

𦨃 用也、一曰車右騑、所以舟旋、从舟、𠬝聲、房六切 𠬝 古文服、从人、

文十二 重二

gě 舸 tǐng 艇 yú 艅 huáng 艎 fāng 方 háng 斻

舸 舟也。从舟，可聲。古我切

艇 小舟也。从舟，廷聲。徒鼎切

艅 艅艎，舟名。从舟，余聲。經典通用餘皇。以諸切

艎 艅艎也。从舟，皇聲。胡光切

文四 新附

方 併船也。象兩舟省總頭形。凡方之屬皆从方。府良切

汸 方或从水。

斻 方舟也。从方，亢聲。禮：天子造舟，諸侯維舟，大夫方舟，士特舟。臣鉉等曰：今俗別作航，非是。胡郎切

文二 重一

rén 儿

仁人也、古文奇字人也、象形、孔子曰、在人下、故詰屈、凡儿之屬皆从儿、如鄰切、

wù 兀

高而上平也、从一在人上、讀若夐、茂陵有兀桑里、五忽切、

ér 兒

孺子也、从儿、象小兒頭囟未合、汝移切、

yǔn 允

信也、从儿㠯聲、樂準切、

duì 兊(兑)

說也、从儿㕣聲、臣鉉等曰、㕣、古文兖字、非聲、當从口从八、象气之分散、易曰、兊爲巫爲口、大外切、

chōng 充

長也、高也、从儿、育省聲、昌終切、

文六

xiōng 兄　jīng 兢　zēn 先　jīn 兟　mào 皃

兄　長也。从儿、从口。凡兄之屬皆从兄。許榮切

兢　競也。从二兄。二兄，競意。从丰聲。讀若矜。一曰：兢，敬也。居陵切

文二

先　首笄也。从人、匕，象簪形。凡先之屬皆从先。側岑切

簪　俗先。从竹、从簪。

兟　簪簪，鋭意也。从二先。子林切

文二　重一

皃　頌儀也。从人，白象人面形。凡皃之屬皆从皃。莫教切

貌　皃或从頁，豹省聲。

貌　籒文皃。从豹省。

biàn 覍　gǔ 𠑹　dōu 兜　xiān 先　shēn 兟

覍　冕也。周曰覍，殷曰吁，夏曰收。从皃，象形。皮變切　𥎈　籒文覍从廾，上象形。弁　或覍字。

文二　重四

𠑹　廱蔽也。从人，象左右皆蔽形。凡𠑹之屬皆从𠑹。讀若瞽。公戶切

兜　兜鍪，首鎧也。从𠑹，从皃省。皃象人頭也。當侯切

文二

先　前進也。从儿，从之。凡先之屬皆从先。臣鉉等曰：之人上，是先也。穌前切

兟　進也。从二先。贊从此。闕。所臻切

tū 禿　tuí 穨　jiàn 見　shì 視　lì 覼　wēi 覣

文二

禿 無髮也、从人、上象禾粟之形、取其聲、凡禿之屬皆从禿、王育說、蒼頡出、見禿人伏禾中、因以制字、未知其審、他谷切

穨 禿皃、从禿、貴聲、杜回切

文二

見 視也、从儿、从目、凡見之屬皆从見、古甸切

視 瞻也、从見示、神至切 眎 古文視 眂 亦古文視、

覼 求也、从見、麗聲、讀若池、郎計切

覣 好視也、从見、委聲、於爲切

nì 覞 旁視也。从見兒聲。五計切

luó 覶 好視也。从見𤔔聲。洛戈切

lù 䚄 笑視也。从見彔聲。力玉切

xuǎn 䚯 大視也。从見爰聲。況晚切

lián 覝 察視也。从見㶊聲。讀若鎌。力鹽切

yùn 䚋 外博衆多視也。从見員聲。讀若運。王問切

guān 觀 諦視也。从見雚聲。古玩切 古文觀从囧。

dé 㝵 取也。从見从寸。寸度之，亦手也。臣鉉等案：彳部作古文得字，此重出。多則切

lǎn 覽 觀也。从見監，監亦聲。盧敢切

lài 䚅
内視也、从見、來聲、洛代切、

tí 覟
顯也、从見、是聲、杜兮切、

piǎo 覫
目有察省見也、从見、票聲、方小切、

cī 䚍
䚍覷、闚觀也、从見、朿聲、七四切、

qù 覷
拘覷、未致密也、从見、虘聲、七句切、

míng 覭
小見也、从見、冥聲、爾雅曰、覭髳弗離、莫經切、

dān 䚲
内視也、从見、甚聲、丁含切、

gòu 覯
遇見也、从見、冓聲、古后切、

kuī 䙶
注目視也、从見、歸聲、渠追切、

chān 覘
窺也、从見、占聲、春秋傳曰、公使覘之信、敕豔切、

wéi 覹
覹 司也。从見，微聲。無非切。

xū 覢
覢 暫見也。从見，炎聲。春秋公羊傳曰：覢然公子陽生。失冄切。

bìn 覕
覕 暫見也。从見，賓聲。必刃切。

fán 䙷
䙷 覕䙷也。从見，樊聲。讀若幡。附袁切。

mí 覛
覛 病人視也。从見，氐聲。讀若迷。莫兮切。

yóu 𧢈
𧢈 下視深也。从見，𠧪聲。讀若攸。以周切。

chēn 覙
覙 私出頭視也。从見，彤聲。讀若郴。丑林切。

mào 覒
覒 突前也。从見冃。臣鉉等曰：冃，重覆也。犯冃而見，是突前也。莫紅、亡萩二切。

jì 覬
覬 𣢟幸也。从見，豈聲。几利切。

yú 覦
[seal] 欲也。从見俞聲。羊朱切

chuāng 䚎
[seal] 視不明也。一曰直視。从見舂聲。丑尨切

yào 𧢱
[seal] 視誤也。从見龠聲。弋笑切

jué 覺
[seal] 寤也。从見，學省聲。一曰發也。古岳切

jí 𧢄
[seal] 目赤也。从見，𥈤省聲。臣鉉等曰：𥈤非聲，未詳。才的切

jìng 靚
[seal] 召也。从見青聲。疾正切

qīn 親
[seal] 至也。从見亲聲。七人切

jìn 覲
[seal] 諸侯秋朝曰覲，勞王事。从見堇聲。渠吝切

tiào 覜
[seal] 諸侯三年大相聘曰頫。頫，視也。从見兆聲。他弔切

máo 覒
[seal] 擇也。从見毛聲。讀若苗。莫袍切

miè 覕 shī 䙾 dōu 䚷 dí 覿 yào 覞 qiān 䙺 xì 䨘

覕 蔽不相見也。从見必聲。莫結切

䙾 司人也。从見它聲。讀若馳。式支切

䚷 目蔽垢也。从見豆聲。讀若兜。當侯切

文四十五 重三

覿 見也。从見賣聲。徒歷切

文一 新附

覞 並視也。从二見。凡覞之屬皆从覞。弋笑切

䙺 很視也。从覞肩聲。齊景公之勇臣有成䙺者。苦閑切

䨘 見雨而比息。从覞从雨。讀若歊。虛器切

文三

qiàn 欠　qīn 欽　luán 𣤶　xì 欯　chuī 吹　xū 欨　hū 歑　yù 𣢾　yú 歟

欠 張口气悟也、象气从人上出之形、凡欠之屬皆从欠、去劒切

欽 欠皃、从欠、金聲、去音切

𣤶 欠皃、从欠、䜌聲、洛官切

欯 喜也、从欠、吉聲、許吉切

吹 出气也、从欠、从口、臣鉉等案、口部已有吹噓、此重出、昌垂切

欨 吹也、一曰笑意、从欠、句聲、況于切

歑 溫吹也、从欠、虖聲、虎烏切

𣢾 吹气也、从欠、或聲、於六切

歟 安气也、从欠、與聲、以諸切

xié 歙 翕气也。从欠脅聲。虚業切

pēn 歕 吹气也。从欠賁聲。普魂切

xiē 歇 息也。一曰气越泄。从欠曷聲。許謁切

huān 歡 喜樂也。从欠雚聲。呼官切

xīn 欣 笑喜也。从欠斤聲。許斤切

shěn 弞 笑不壞顏曰弞。从欠，引省聲。式忍切

kuǎn 款 意有所欲也。从欠，𣪠省。臣鉉等曰：𣪠，塞也。意有所欲而猶塞，款款然也。苦管切

款或从柰。

jì 𣢟 㚔也。从欠气聲。一曰口不便言。居气切

yù 欲 貪欲也。从欠谷聲。余蜀切

gē 歌
歌 詠也。从欠，哥聲。古俄切。謌 謌或从言。

chuǎi 歂
歂 口气引也。从欠，耑聲。讀若車輇。市緣切。

wū 歍
歍 心有所惡若吐也。从欠，烏聲。一曰口相就。哀都切。

zú ⿰鼀欠
⿰鼀欠 歍⿰鼀欠也。从欠，鼀聲。才六切。噈 俗⿰鼀欠，从口，从就。

zú ⿰尗欠
⿰尗欠 㤥然也。从欠，尗聲。孟子曰：曾西⿰尗欠然。才六切。

qiān 欦
欦 含笑也。从欠，今聲。丘嚴切。

yí 歋
歋 人相笑相歋瘉。从欠，虒聲。以支切。

xiāo 歊
歊 歊歊，气出皃。从欠，高，高亦聲。許嬌切。

xū 欻
欻 有所吹起。从欠，炎聲。讀若忽。許物切。

xī 欪
欪 欪欪，戲笑皃。从欠，之聲。許其切。

yáo 歋
歋歈气出皃、从欠䍃聲、余招切

xiào 歗
吟也、从欠肅聲、詩曰、其歗也謌、臣鉉等案、口部此籀文嘯字此重出、穌弔切

tàn 歎
吟也、从欠鷬省聲、池案切
籀文歎不省、

xī 歖
卒喜也、从欠从喜、許其切

xiè 欸
訾也、从欠矣聲、凶戒切又烏開切

zì 欪
歐也、从欠此聲、前智切

ǒu 歐
吐也、从欠區聲、烏后切

xū 歔
欷也、从欠虛聲、一曰出气也、朽居切

xī 欷
歔也、从欠稀省聲、香衣切

chù 歜
盛气怒也、从欠蜀聲、尺玉切

yòu ⿰鹵欠
言意也、从欠从鹵、鹵亦聲、讀若酉、與久切

kě ⿰渴欠
欲歠歠、从欠渴聲、苦葛切

jiào ⿰皀欠
所謌也、从欠噭省聲、讀若叫呼之叫、古弔切

xì ⿰嗇欠
悲意、从欠嗇聲、火力切

jiào ⿰⿰米焦欠
盡酒也、从欠⿰米焦聲、子肖切

jiān ⿰緘欠
監持意、口閉也、从欠緘聲、古咸切

shèn ⿰辰欠
指而笑也、从欠辰聲、讀若蜃、時忍切

kūn ⿰鰥欠
昆干、不可知也、从欠鰥聲、古渾切

shà 歃
歠也、从欠臿聲、春秋傳曰、歃而忘、山洽切

shuò 欶
吮也、从欠、朿聲、所角切

kǎn 歁
食不滿也、从欠、甚聲、讀若坎、苦感切

kǎn 欿
欲得也、从欠、臽聲、讀若貪、他含切

hē 欱
歠也、从欠、合聲、呼合切

qiàn 歉
歉食不滿、从欠、兼聲、苦簟切

wā 歄
咽中息不利也、从欠、骨聲、烏八切

yì 欭
嚘也、从欠、因聲、乙冀切

kài 欬
屰气也、从欠、亥聲、苦蓋切

xì 㱤
且唾聲、一曰小笑、从欠、毄聲、許壁切

xī 歙
縮鼻也、从欠、翕聲、丹陽有歙縣、許及切

yǒu ⿰咎欠
⿰咎欠 蹴鼻也。从欠咎聲。讀若爾雅曰麔豭短脰。於糾切

yǒu ⿰幼欠
⿰幼欠 愁皃。从欠幼聲。臣鉉等案：口部呦字或作⿰幼欠，此重出。於糾切

chù 欪
欪 咄欪，無慙。一曰無腸意。从欠出聲。讀若卉。丑律切

yù 欥
欥 詮詞也。从欠从曰，曰亦聲。詩曰：欥求厥寧。余律切

cì 次
次 不前不精也。从欠二聲。七四切
古文次。

kāng ⿰康欠
⿰康欠 飢虛也。从欠康聲。苦岡切

qī 欺
欺 詐欺也。从欠其聲。去其切

xīn 歆
歆 神食气也。从欠音聲。許今切

文六十五　重五

yú 歈
歈 歌也。从欠俞聲。切韻云：巴歈歌也。案史記：渝水之人善歌舞，漢高祖采其聲。後人因加此字。羊

yǐn 㱃　chuò 歠　xián 次　xiàn 羨　yí ⿸厂次

朱切

文一 新附

歠也、从欠酓聲、凡㱃之屬皆从㱃、於錦切 古文㱃、从今水、 古文㱃从今食、

㱃也、从㱃省叕聲、昌說切 歠或从口、从叏、

文二　重三

慕欲口液也、从欠从水、凡次之屬皆从次、叙連切 次或从侃、 籀文次、

貪欲也、从次、从羑省、羑呼之羑、文王所拘羑里、似面切

歠也、从次厂聲、讀若移、以支切

dào 盜 jì 旡 huò 旤 liàng 𣄴

盜 私利物也。从次，次欲皿者。徒到切

文四 重二

旡 㱃食气屰不得息曰旡。从反欠。凡旡之屬皆从旡。居未切。今變隸作旡。

旡 古文旡。

旤 屰惡驚詞也。从旡咼聲。讀若楚人名多夥。乎果切

𣄴 事有不善言𣄴也。爾雅：𣄴，薄也。从旡京聲。臣鉉等曰：今俗隸書作亮。力讓切

文三 重一

說文解字弟八下

李承緒篆

黎永椿校
廖廷相覆校
陳昌治校刊